트리비움
일상 수업

트리비움
Trivium
일상 수업

AI 시대에 맞춤형 인재로 키우는 기적의 하브루타 교육법

장대은 지음

평단

차례

3장 유대인 교육의 비밀, 트리비움하라!

유대 교육이라 쓰고
트리비움이라 읽는다!

많은 사람이 유대 교육에 관심을 둔다. 그들이 이루어 온 결과 때문이다. 유대인은 여느 분야에서나 다름을 창조해 왔다. 분야의 난제를 해결하고 대안을 제시했다. 아무도 관심을 두지 않는 곳에서 새로움을 창조해 냈다. 분야를 선점하고 선도해 갔다. 유대인이 하면 뭔가 다르다는 기대를 하도록 만들었다. 유대인이라는 브랜드 파워는 21세기에도 그 가치를 더욱 높여 가고 있다.

유대인은 누구인가

수많은 사람이 유대 민족이 여러 분야에서 성공한 원인을 찾기 위해 힘써 왔다. 유대인의 교육과 문화에서 원인을 찾고자 했다. 고난의 역사 속에서 혹은 종교와 신앙생활에서 그 비밀을 풀고자 했다. 이 비밀을 풀기 위해 유대인의 가정 교육에 관심을 두었다. 유대인의 질문에는 다른 뭔가가 있으리라 생각했다. 유대인의 질문법에 우리가 집중하는 이유다. 하브루타나 유대인 가정 교육에 대한 관심도 마찬가지다. 그 자체에 대한 관심이 아니다. 유대인과 같은 능력을 하브루타를 통해 얻을 수 있다고 생각하는 사람들의 관심이다. 유대인 가정 교육 자체를 배우고자 함이 아니다. 그 속에 유대인 성공의 비밀 코드가 있는 것은 아닐까 하는 기대 때문에 우리는 유대인의 가정 교육에 관심을 두는 것이다.

어느 국가든 자신만의 고유한 문화를 가지고 있다. 문제는 문화의 영향력이 장소와 시대에 국한되어 왔다는 것이다. 장소가 바뀌면 통하지 않았다. 시간이 지나면서 영원할 것 같았던 문화의 영향력이 시들해져 갔다. 그러나 유대인의 문화는 달랐다. 자신만의 종교와 가르침에 근거하여 인간과 사회, 시대와 역사를 가로지르는 삶의 문화를 만들어 왔다. 시대를 거치며 이것을 더욱 견고히 세워 갔다. 분야를 막론하고 영향력을 확대해 갔다. 국가의 번영에 뒤따른 영향력이 아니었다. 차별과 멸시, 고난과 역경을 딛고 일궈 낸 결과다. 한곳에 오랫동안 모여 살며 일궈 낸 문화와 전통을 기초로 하지 않았다. 쓰러지고 사라질 듯 위태로운 상황은 2,000년 내내 이어져 왔다. 하지만 유대인은 잡초처럼 다시 뿌리를 내리고 생명력을 이어 갔다. 이제는 생명 자체만을 근근이 이어 가는 것이 아니다. 전 세계에 유대인의 영향력이 미치지 않은 곳이 없는 세상을 만들고 그 세상을 주도하고 있다. 이러한 일이

가능했던 원인은 무엇일까? 시대를 관통하며 세계적인 영향력의 기반이 된 유대 교육과 문화는 어떻게 그 오랜 시간 영향력을 잃지 않고 전승될 수 있었을까?

우선은 토라를 바탕으로 한 그들의 신앙 체계에서 그 이유를 찾을 수 있다.

둘째는 공동체 안에 공유된 그들의 비전에서 또 다른 이유를 발견할 수 있다. 이스라엘의 회복에 대한 유대 민족 절대다수의 기다림은 모든 문화와 교육의 바탕이 되었다. 유대인은 개인으로 존재할 수 없었다. All for One, One for All의 가치 체계를 지닌 민족으로 그들은 하나가 되었다. 민족을 위해 한 사람 한 사람이 최선을 다했다. 한 개인이 공동체 안에 있을 때 의미 있다는 의식이 어느 민족보다 강했다. 그것이 한 인간 존재의 개별성과 창조성을 가로막지 않았다. 도리어 유대인의 특별함을 세워 가는 배경이 되었다. 유대 공동체도 유대인 하나하나를 특별하게 여겼다. 유대인 한 사람을 살리고 세우는 일에 온 유대 공동체가 힘을 모았다.

유대 교육은
유대 공동체를 이해해야 알 수 있다

역사 속에서 공동체와 개인의 관계를 강조한 국가는 그리스, 로마, 독일, 유대 이스라엘이 대표적이다. 그리스와 로마는 개인의 교육에도 관심을 두었지만 공동체와의 관계도 중요하게 여겼다. 고대 그리스의 플라톤은 개인의 교육을 강조하면서 동시에 국가와의 관계를 강조했던 첫 번째 인물로 언급되곤 한다. 교육의 궁극적인 목적이 개별화와 개별성이라는 것은 그도 인정했다. 그렇지만 플라톤은 개인을 둘러싼 공동체의 건강함과 올바른 관계를 맺지 못하는 개인적 차원의 교육은 사상누각에 지나지 않는다고 보았다. 그리스는 개인과 공동체의 균형을 이루며 문화, 예술, 학문의 전성시대를 이룬다. 그러나 시간이 흘러 찬란하던 그리스와 로마 문명은 기독교의 번성과 맞물려 역사 속으로 사라진다. 르네상스를 기점으로 그 놀라운 유산을 되찾으려는 노력이 있었지만, 그것은 문화와 사상적인 동경 및 추구였지 국가 공동체적인 차원의 회복과 전승은 아니었다.

독일은 국가와 민족정신의 위상을 공교육을 통해 세우려 노력한 대표적인 나라다. 프로이센의 프리드리히 대제가 시도했던 국가의 부국강병과 문화, 예술, 교육의 진흥에 대한 노력도 이러한 인식 위에서 진행되었다. 역사학자이자 철학 및 교육학자인 독일의 빌헬름 딜타이는 인문학적 소양을 바탕으로 한 독일 정신을 세우기 위해 힘썼을 뿐 아니라 이를 추앙하기까지 했다. 철학자 니체와 음악가 바그너가 보인 독일 정신의 우수성에 대한 사랑 역시 마찬가지다. 어쩌면 이러한 강조가 도를 넘어 히틀러와 같은 이들에 의해 극단 이기주의적 국가사회주의로 오용되었는지 모른다. 독일이 시대를 불문하고 추구했던 개인의 교육과 국가·민족정신의 균형을 위한 노력은 두 차례의 세계대전을 거치며 수정이 불가피해졌다. 독일인은 과거의 지나친 민족주의적 태도에 대해 사죄하고 용서를 구하며 변화한 독일의 모습을 세상에 보여주려 애썼다. 하지만 오늘날에도 여전히 독일인의 오래된 의식인 국가와 가정, 민족정신과 가정의 교육은 하나가 되어야 한다는 의견은 조심스럽게 유지되고 있는 듯하다. 세계에서 유일하게 홈스쿨링을 법으로 제재하는 나라가 독일이라는 사실도 그것을 보여주는 사례다.

역사는 우리에게 반복되는 흥망성쇠를 보여 주었다. 찬란한 문명을 자랑했던 그리스, 천하를 호령했던 로마 제국, 시대를 풍미했던 나폴레옹도 쇠락의 길을 걸었고 역사의 뒤안길로 쓸쓸히 사라져 갔다. 그것이 역사의 교훈이다. 지금은 그 자취를 박물관과 역사책에서 찾을 수 있을 뿐이다.

그러나 유대인은 달랐다. 그들의 과거는 절대 화려하지 않다. 수백 년 동안 바벨론, 페르시아, 그리스 문화의 지배와 영향 아래 있었다. 로마 제국의 지배에 격렬히 항거했지만 그 결과는 2,000여 년 동안 디아스포라이산, 離散 민족으로 전 세계를 떠돌아야 하는 비참함이었다.

유대 민족에 대한 박해는 직접적이었다. 기독교의 부흥과 맞불려 유대인은 고통의 세월을 지내야 했다. 유대인의 모든 것을 말

살하려는 여러 시도 속에서 끊임없는 핍박을 받았다. 유대인은 그 고난의 기나긴 세월을 직면하며 통과해야만 했다. 그 어려움 속에서도 종교적 가치와 사상, 공동체 교육과 문화적 전통을 잃지 않았다. 유대인은 어느 민족보다 균형 잡힌 가치 체계를 전승한 민족으로 오늘날 인정받고 있다.

민족의 발전은 한두 사람이 뛰어난 것과는 별개의 문제다. 교육을 통한 개인의 발전을 넘어 문화와 가치 유산을 후대에 성공적으로 전승할 때라야 민족의 발전이 가능하다. 유대인의 특별함이 여기에 있다. 지금 이 순간에도 이스라엘 건국을 주도한 유대인은 정치, 제도, 교육을 통해 개인을 넘어 공동체의 성장과 번영을 이뤄 가고 있다.

우리 주변에는 이름이 오르내리는 걸출한 유대인이 많다. 그 수를 헤아리기 힘들 정도다. 시대의 석학 쟈크 데리다, 노암 촘스키, 유럽 사회민주주의의 거두 브루노 크라이스키, 세계 경제 및 금융 대통령이라 불리는 벤 버냉키와 조지 소로스, 낭만주의 저항 시인 하인리히 하이네, 실존주의 문학의 선구자 프란츠 카프카, 색채 미술가 마르크 샤갈, 고전 음악을 대중화한 레너드 번스타인, 예언가 노스트라다무스, 철학자 스피노자……. 이외에도 다양한 방면의 영향력 있는 유대인이 분야를 선도하고 있다.

수많은 유대인이 오늘을 살면서도 유대 종교의 역사와 전통을 잊지 않기 위해 노력했다. 그것이 유대인의 자랑이고 유대인 신드

롬을 불러일으키는 근거가 되기도 한다. 놀라운 사실은 유대인 가운데 반 시오니즘유대인들의 민족 국가 건설을 위한 민족주의 운동의 선봉에 서거나 유대교를 떠난 사람이 적지 않다는 사실이다. 솔직히 우리나라를 제외하고 유대인에 대해 이토록 긍정적이고 신비로운 시각으로 바라보는 민족은 거의 없다. 도리어 시오니즘에 대한 반대와 혐오하는 시각이 생각 이상으로 전 세계에 널리 퍼져 있다.

이 책을 쓰는 이유는 유대인의 사상과 업적을 일방적으로 흠모하거나 비판적인 시각에서 논하기 위해서가 아니다. 나는 유대인에게 보이는 성취와 업적, 그것을 가능하게 만든 요인을 객관적으로 정리하고 살펴보기 위해 이 책을 집필하였다. 우리가 주목하고자 하는 것은 유대인의 종교와 경전에 있지 않다. 이 책은 얼마나 많은 세계인이 유대인에 대해 관용적이고 적대적인지 토론하려는 시도가 아니다. 오로지 '왜 유대인은 다른가?' '그들에게 나타나는 일관된 영향력의 근원은 무엇인가?' 하는 질문의 해답을 찾아보고자 하는 것이다.

유대 교육의
비밀을 풀어라

어디서부터 시작해야 할까? 질문법일까, 독서일까, 하브루타일까? 어느 것 하나 정답이나 오답이 아니다. 우리가 아는 유대인의 빛나는 결과는 비단 한두 가지 프로그램으로 인해 주어진 것이 아니기 때문이다. 이런 것은 충분히 논의된 바 있고 가치 있는 것이 분명하지만 유대인 교육을 이야기할 때는 지엽적인 방법과 기술, 하나의 요소에 지나지 않는다. 독서, 질문, 하브루타뿐이 아니라 수십, 수백의 다른 성공 요인을 이야기해도 여전히 부족하다.

이 책에서는 유대 교육의 비밀을 풀어낼 마지막 퍼즐로 '트리비움Trivium'을 소개한다. 트리비움은 삼학三學 즉, '문법', '논리학', '수사학'이라는 세 가지 배움을 뜻하는 라틴어로, 고대 그리스부터 1,000년 동안 유럽 교육의 중심을 이루었던 커리큘럼 중 하나다. 이는 유대인 교육의 비밀을 풀기 위한 지금까지의 시도와는 다른 새로운 접근 방법, 새로운 시각이다. 하지만 트리비움의 원리가 전혀 새로운 것은 아니다. 인간 사고의 작동 원리, 인간 지능의 핵심 구성 요소와도 맥을 같이 하기 때문이다. 트리비움은 하나의 요소가 아닌 언급되는 모든 유대 교육의 주제를 관통하며 포괄하여 설명할 수 있는 핵심 키워드다. 교육 이면에 숨겨진 법칙과 질서일 뿐 아니라 훈련의 과정을 통해 과정의 진보를 이룰 방법과 기술이기도 하다.

이 책의 1장과 2장은 유대인의 오늘을 알아 가는 데 할애하였다. 1장에서는 위기를 기회로 삼아 차이를 만든 유대인의 독특한 정신 일곱 가지를, 2장에서는 역사의 현장에서 만들어 간 일상의 문화 코드에 관해 이야기한다.

3장에서는 트리비움의 3원리인 문법, 논리학, 수사학을 각각 나누어 유대인에게 일어나고 있는 변화와 혁신, 그것을 가능하게 한 교육 프로세스를 증명하는 데 집중한다.

수많은 유대 교육 전문가가 유대 교육의 해법으로 제시해 온 독서, 질문, 하브루타가 어떻게 유대인을 특별하게 만들었는지 '트리비움'의 원리로 하나씩 풀어 보았다. 다시 말해 유대인의 독서, 질문, 하브루타와 우리의 독서, 질문, 토론의 차이가 어떤 신비한 힘 때문에 생긴 것이 아니라 트리비움 능력을 일상에서 얼마나 세워 갔느냐에서 비롯된 차이라는 것을 이야기했다. 트리비움 프로세스로 우리 역시 유대인에게 나타난 특별한 변화와 혁신을 나의 삶 가운데에서 실현할 수 있다. 더 나아가 우리가 트리비움을 익힌다면 유대인과 같은 능력을 소유하기 위해 그들의 종교적인 관습, 학습 프로그램을 모방하는 데 더는 에너지를 소비할 필요가 없다. 오늘날의 우리 문화, 일상에서 그 변화를 이루어 갈 수 있다.

문화와 종교가 다른 대한민국의 학부모와 성인에게 유대인의 특별한 '다름'의 원리를 알리고 그것을 각자의 삶에서 누리며 살기를 바라는 마음을 갖고 이 책을 썼다. 이 책에서 소개하는 특별하면서도 모든 사람이 이미 삶에서 사용하던 트리비움이 누구나 가지고 있는 평범한 그것이 아니기를 바란다. 훈련된 트리비움, 문제를 발견하고 해결하는 능력으로서의 트리비움을 세워 가는 지침서로 이 책을 활용하기를 바란다. 더는 유대인의 특별함을 부러워하지 말고 자신의 삶에서 누리며 살아가는 독자가 되기를 바란다. 책에 대한 평가는 독자 개개인에게 맡기며 부디 어제보다 나은 오늘, 오늘의 나보다 멋진 내일의 나로 살아가는 저와 여러분 되기를 소망해 본다.

2019년 새해

호도애 서재에서

장대은

1장

유대인을 이노베이터로 만든
일곱 가지 정신

다브카Davca

히브리어로 '그럼에도 불구하고'를
뜻하는 말로 실패와 고난을 두려워하지
않는 이스라엘의 정신.

다브카 정신

: 다시 일어서는 힘

우리나라와 이스라엘은 여러 면에서 닮았다. 작은 영토, 부족한 자원, 협소한 내수 시장은 물론이고 지정학적 특성으로 인한 고난의 역사도 비슷하다. 동아시아의 반도 국가인 우리나라는 역사적으로 외침이 잦았다. 지중해 연안의 약소국 이스라엘도 상황은 마찬가지였다. 여러 강대국의 이해관계 속에서 전쟁에 휩쓸리고 약자로서 굴욕적인 시간을 보낼 때가 많았다.

나라 잃은 설움의 역사도 닮은꼴이다. 우리가 당해야 했던 일제 강점기는 슬픔과 치욕스러운 역사다. 아직도 해결되지 않은 아픔의 흔적이 우리나라와 일본을 긴장 관계로 남게 한다. 이스라엘의 지난 역사는 우리에 비할 바 아니다. 이스라엘의 과거는 처참

했다. 로마에 오랜 기간 식민 통치를 받았고 수많은 유대인이 죽임을 당했다. 마지막 항전지 마사다에서의 최후는 참혹했다. 최후까지 투쟁하던 960명 전원이 스스로 죽음을 선택할 수밖에 없었다. A.D. 73년 마사다 전투에서 패배한 유대인은 디아스포라 민족으로 살아가게 된다. 무려 1,900여 년간 전 세계로 흩어져 살아야 했다. 그 기간 유대인이 당해야 했던 아픔은 말로 형용할 수 없다. 대표적인 사건이 홀로코스트다. 제2차 세계대전 중 나치스 독일이 자행한 유대인 대학살 홀로코스트는 유대인을 넘어 인류사의 가장 큰 아픔으로 기억된다. 그것이 전부가 아니다. 십자군 전쟁을 비롯한 역사의 순간순간, 1,900여 년이라는 이산의 세월 자체가 그들에게는 고통의 세월이었다. 유대인은 냉대와 혐오의 대상으로 살아야 했다. 차별과 핍박은 디아스포라 유대인의 일상이었다.

국권 회복을 위한 두 나라의 염원과 노력도 닮은꼴이다. 1948년 우리나라는 대한민국 정부를 수립했다. 같은 해 이스라엘은 건국을 선언하며 1,900여 년 만에 새로운 국가로 재탄생한다. 이스라엘은 건국 이후 공동 농장 키부츠 운동을 통해 척박한 광야를 개척해 간다. 젖과 꿀이 흐르는 가나안 땅에 대한 유대인의 비전은 조금씩 현실이 되어 갔다. 우리나라는 그들의 이러한 성과를 벤치마킹한다. 새마을 운동을 시작으로 한강의 기적이라 불리는 세계에서 유례없는 성과를 일궈 낸다.

1,900여 년 동안 디아스포라로 살던 전 세계 유대인이 이스라

엘로 몰려들었다. 70여 개 국가에서 수백만 명이 약속의 땅을 찾아왔고 건국 이스라엘은 유대인이라면 누구나 국민으로 받아들였다. 이러한 상황 속에서 강조된 유대인의 정신이 바로 '다브카'다. 히브리어로 '그럼에도 불구하고'를 의미하는 다브카는 단시간 내에 기적을 일궈 낸 유대인이 마음속으로 늘 간직하고 있는 대표적인 정신이다. 작은 나라임에도 불구하고, 자원이 부족함에도 불구하고, 토지 대부분이 척박한 사막화된 땅임에도 불구하고, 내수 시장이 협소함에도 불구하고, 적대 국가에 둘러싸여 있음에도 불구하고, 오랜 세월 떨어져 살아야 했던 다양한 피부의 유대인이 함께 살아가야 하는 환경에도 불구하고 주어진 상황과 여건, 고난을 두려워하지 않는 다브카 정신은 사막의 땅 이스라엘을 젖과 꿀이 흐르는 가나안 땅으로 변모시켰다. 어떠한 상황에도 불구하고 실패와 고난을 두려워하지 않는 다브카 정신이야 말로 이스라엘 성공의 중요한 요소 중 하나다.

다브카 정신은 자연스럽게 '어떤 일이든지 이루고 말겠다.'는 이스라엘의 기업가 정신 '비추이즘'으로 발전된다. 모험적인 시도를 두려워하지 않고 위험이 도사리는 영역으로 도전하는 것을 기꺼이 선택하는 유대인들. 어쩌면 이러한 선택은 어쩔 수 없는 것이었는지도 모른다. 수많은 외부적인 환경적 한계, 이스라엘에 이민자로 자리 잡은 유대인에게 안정적인 직장이 기다리고 있을 리 만무했다. 자신이 개척해야 했다. 블루오션을 만들어야 했다. 사업의 비전이 아니라 당장 해결해야만 하는 생존의 문제였다. 생존보다 더 절실한 이유가 있다. 그것은 그들이 품었던 희망이다. 남북으로 분단된 우리의 소원이 통일이듯 1,900여 년 동안 흩어져 살던 유대인의 소원은 이스라엘의 회복이었다. 이스라엘의 회복을 꿈꾸며 다른 민족의 문화와 언어 속에서도 히브리어를 잊지 않기 위해 노력했다. 회복에 대한 희망 가운데 토라를 읽고 암송했다. 안식일을 지키며 율법과 규례를 따르는 삶을 살 수 있었던 것도 바라보는 언약의 성취, 이스라엘의 회복에 대한 희망이 있었기에 가능했다. 종교적 신앙, 인생의 비전을 갖고 살아온 험난한 세월 자체가 유대인에게 다브카 정신과 비추이즘을 가져다주었는지도 모른다.

"한겨울에도 움트는 봄이, 밤의 장막 뒤에는 미소 짓는 새벽이 있다."라는 칼릴 지브란의 시구는 다브카 정신을 잘 드러낸다. 다브카를 통해 희망을 꿈꿨다. 유대인에게 희망은 삶을 살아갈 이유요 근거였다. 희망이 있었기에 고통으로 가득 찬 하루라 할지라도 가치가 있었다. 오늘의 시간은 희망을 향해 나아가는 힘찬 발걸음이요 과정은 진보이기 때문이다. 이스라엘 국가 '하티크바_{희망}'에 이러한 그들의 마음이 잘 표현되어 있다.

'오랜 세월 속에서
유대인의 영혼은 갈망하리.
머나먼 동방의 끝에서

모두의 시선이 시온을 향하리.

2천 년 동안의 희망이 있기에

우리는 결코 희망을 잃지 않으리.

우리의 땅에서 사람들이 자유롭게 살기 위해

시온과 예루살렘의 땅으로 가리라.

우리의 땅에서 사람들이 자유롭게 살기 위해

시온과 예루살렘의 땅으로 가리라.'

희망이 없는 사람에게 주어진 하루는 무의미하다. 아무 변화도 일어나지 않는 하루의 일상이요 반복되는 시간에 지나지 않는다. 그 가치를 아는 것은 불가능하다. 인생의 변화를 꿈꾸는가? 자신의 희망을 확인하라! 희망을 점검하라! 희망의 가치를 이야기하라! 주어진 한계와 여건을 핑계하지 말자. 과정의 진보를 점검하라! 과정의 진보는 큰 희망의 작은 증거다. 희망의 씨를 가진 이에게 다브카의 새싹이 움 돋는다. '어떠한 상황이 닥친다 할지라도' 이겨 낼 힘을 얻게 된다. 다브카의 새싹은 희망의 빛 아래 비추이즘으로 줄기를 뻗고 가지를 뻗어 간다. '반드시 성취하고야 말리라!'

다브카의 정신으로 나에게 기회를 주자. 나를 둘러싼 실패의 요인을 핑계하지 말자. 실패는 나를 가로막는 장애물이 아니라 넘어설 수 있는 과정에 지나지 않는다. 비추이즘으로 한 단계 전진하

자. 사막에 샘이 넘쳐흐르는 기적을 만들어 낸 유대인의 그것은 나의 삶 속에서도 실현 가능한 현실이다. 이 책을 통한 나눔은 방법과 기술에 대한 강조를 넘어 동기와 삶의 태도를 바꿔 줄 것이다. 흩어졌던 지식과 정보에 질서가 부여되는 경험을 하게 될 것이다. 그 뒤에야 독서도 의미 있고 글쓰기도 의미 있다. 그때야 방법으로서의 하브루타가 아니라 꿈을 이루는 수단으로서의 하브루타, 그 참모습을 확인하게 될 것이다.

후츠파 정신

: 놀라운 용기가 된 뻔뻔함

1948년 5월 1일, 초대 수상 벤 구리온의 독립 헌장 낭독으로 이스라엘의 건국이 선포된다. 당시 이스라엘은 사람이 살 만한 땅이 아니었다. 말 그대로 불모지였다. 1860년대에 팔레스타인 땅을 여행한 미국의 소설가 마크 트웨인은 이야기한다. "목자들이 양 떼를 지키고 천사들이 노래하던 거룩한 땅 팔레스타인에는 더는 살아 있는 생명체가 없다. 황폐한 땅에 맹수와 여우만이 고독의 침묵 속에서 잠을 잔다."

그때와 크게 달라진 것이 없었다. 유대인이 기다리던 약속의 땅 가나안은 기대와는 전혀 다른 곳이었다. 젖과 꿀이 흐르는 땅이 아니었다. 영토는 좁았고 지리적으로는 이스라엘을 반대하는 아랍 국가에 둘러싸여 있었다. 풍족한 물도, 개발할 지하자원도 없었다.

강수량이 부족하고 사막화된 땅에서 유대인은 생존해야 했다. 농사를 지어야 했다. 물은 무엇보다도 소중했다. 농업과 생존을 위해서만이 아니었다. 나라의 발전을 위해서도 물은 꼭 필요했다. 피해갈 수 없는, 해결해야만 하는 문제였다. 모든 정치가와 과학자는 문제 해결을 위해 힘을 모았다. 그 과정을 통해 해수(바닷물) 담수(민물)화 기술을 개발하고 노하우를 쌓게 된다. 지금도 해수를 담수화하는 원천 기술 대부분을 이스라엘이 가지고 있다.

물의 효율적인 관리 체계에서도 이스라엘의 기술력은 압도적이다. 하수의 80퍼센트 가까이 재활용하여 사용했다. 이스라엘은 농업이 자연에서 벌어지는 일만이 아닌 과학의 영역임을 현실에서 입증해 냈다. 풍요로운 자연 환경을 기반으로 하는 농사가 아니라 첨단 기술력으로 세워 가는 미래 농업 세계를 선보였다. 유대인의 도전 정신은 사막을 초원으로 탈바꿈시켜 놓았다. 유대인은 인간이 살기 힘든 척박한 땅, 한계가 분명하고 열악한 조건 속에서 세계를 놀라게 할 수많은 업적을 일구었다.

오늘날 우리가 알고 있는 유대인의 영향력은 어디에서 비롯된 것일까? 그들이 보여 준 결과를 만들어 낸 요인은 무엇일까? 이러한 질문 앞에 우리는 '후츠파' 정신을 만나게 된다. 후츠파 정신은 다른 민족과 차별되는 대표적인 유대 정신이다. 이스라엘의 도전과 창의적인 영향력의 중심에 있는 것이 후츠파 정신이라고 유대인은 자신 있게 말한다.

유대인 학자 레오 로스텐은 후츠파를 다음과 같이 정의한다.

"주제넘은, 뻔뻔스러운, 철면피, 놀라운 용기, 오만이라는 뜻을 담고 있지만, 다른 단어나 언어가 제대로 형언할 수 없는 이스라엘만의 고유 단어가 후츠파다."

댄 세노르와 사울 싱어는 그들의 저서 《창업 국가》에서 후츠파를 다음과 같이 소개한다.

'이스라엘 어디서나 후츠파를 볼 수 있다. 가령 대학생이 교수와 이야기할 때, 직원이 상사를 대할 때, 병장이 대장을 대할 때, 서기가 정부 장관을 비판할 때 말이다. 그러나 이스라엘 사람에게는 뻔뻔함이 아니라 그저 몸에 밴 태도라고 할 수 있다. 이스라엘 사람은 성장하면서 학교, 집, 군대에서 강한 주장을 내세우는 것을 올바른 태도라고 배웠다. 오히려 그렇게 하지 않을 때 자기 발전과 경쟁 상황으로부터 낙오자가 될 가능성을 염두에 두며 생활한다.'

1장 유대인을 이노베이터로 만든 일곱 가지 정신

유대인은 권력자에게도 자기 생각을 과감하게 이야기한다. 권위자에게 자기 생각을 표현하는 것을 두려워하지 않는다. 높은 위치에 있는 장군이나 정부의 총리에게도 별명을 부르는 것이 일반적이다. 우리나라에서 아이들이 선생님을 부르는 속어 '담탱이'나 경찰을 부르는 '짭새'같이 그들이 없는 곳에서 비밀리에 부르는 호칭이 아니다. 이병이라 할지라도 장군의 별명을 그의 앞에서 부를 수 있는 곳이 이스라엘이며 이것이 후츠파 정신의 일면이다.

후츠파 정신은 상사의 별명을 마음껏 부르는 언어유희에 머무르지 않는다. 후츠파는 관계 속의 무례함과 뻔뻔함만이 아니다. 새로움을 대하는 그들의 자세며 의견 제시를 중시하는 유대인의 적극적인 태도다. 표현의 자유와 적극적 자세에 대한 관용적인 태도는 이스라엘의 문화적 기반이다. 유대 사회 전반에서 후츠파 정신을 요구한다. 새로운 도전을 요구하고 독려한다. 실패를 경험한 사람에게도 기꺼이 다른 기회를 준다. 윤종록 교수는 자신의 저서 《후츠파로 일어서라》에서 유대 명사가 정의한 후츠파의 개념을 소개하고 있다.

"후츠파는 '안 된다'는 답에 굴복하지 않는 것을 의미한다. 처음에 '노'라는 대답을 받더라도 어떻게 하면 '예스'라는 답을 얻어 낼 수 있는지 궁리한다."

_ 마이어 브랜드, 이스라엘 구글 CEO

"후츠파는 무엇이든지 할 수 있다는 자신감이다."

_ 조하르 지사펠, 라드 그룹 회장

"후츠파의 궁극적인 정의는 딱히 영양가가 없거나 현재 주목받기 어려운 일을 하면서도 기꺼이 위험을 감수하고 미지의 세계에 뛰어드는 용기와 모든 것이 잘되길 기대하는 긍정적인 태도를 의미하다."

_ 지오라 아론, 이타마르 CEO

"후츠파는 도전이다. 현재에 도전하는 것이다. 국가와 세계를 바꿀 수 있는 좋은 아이디어가 있다면 과감히 도전해야 한다. 이것이 후츠파다."

_ 댄 세노르, 사울 싱어 《창업 국가》의 저자

"후츠파는 대담성이다. 능력이 못 미치는 일을 할 때 대담해지고, 한계에 도전하고, 기회를 잡기 위해서는 긍정적인 마인드를 가져야 한다."

_ 헤츠르 아리엘리, 글로벌 엑설런스 회장

요즈마 프로젝트
: 사막에 샘이 넘쳐흐르게 하라

후츠파 정신은 '요즈마 프로젝트'에서도 잘 드러난다. 이스라엘의 전 총리 후드 올메르트가 주도한 요즈마 프로젝트는 이스라엘의 벤처 회사를 지원하는 창업 지원 펀드다. 요즈마는 히브리어로 '창의' '독창' '창업'을 의미하는 말로 1993년 이스라엘 정부가 1억 달러를 출자하며 민간과 함께 공동 출범시킨 국가 주도 펀드다. 이후 민간으로 이양되었지만 그 정신만큼은 초기 그대로 지금까지 유지되고 있다. 요즈마 펀드는 국민의 상상력과 창의력을 사업으로 만들 방안을 모색하는 과정 속에서 생겨났다. 민간이 주도할 수 없는 일을 정부가 앞장서서 이끌어 주어야 한다는 유대 정치 지도자들의 후츠파 정신이 있었기에 가능한 프로젝트다. 후츠파 정신은 유대인 개인의 정신이기 전에 민족 전체에 깃든 태도며 세상을 대하는 자세다.

요즈마 펀드는 정부가 투자자를 유치하며 직접 기금을 마련한다. 이후 참신한 아이디어를 지닌 벤처 회사를 선정하고 창업에 도전할 수 있도록 투자금을 제공한다. 흉내 정도가 아니다. 창업 비용의 60% 이상을 제공한다. 요즈마 펀드에 깃든 후츠파 정신은 후속 조치에서 더욱 두드러지게 나타난다. 요즈마 펀드는 펀드가 실패했을 때 정부가 손실을 떠안는 구조로 기획되었다. 정부가 주도하고 정부가 책임지겠다는 것이다. 거기에서 그치지 않는다. 벤처 기업이 창업에 성공하면 정부는 초기 투자금만 회수한다. 성공의 대가 대부분을 회사가 갖게 하고 그들이 또 다른 도전으로 나아가도록 독려한다. 이스라엘 기업인에게는 '참신한 아이디어만 있다면 누구에게라도 기회는 주어진다.'라는 믿음이 있다.

누구도 실패를 원하지 않지만 실패는 누군가에게는 찾아든다. 후츠파는 이러한 실패조차 이스라엘의 자산으로 삼아야 한다는 정신이며, 유대인은 실제로 그것을 현실에서 실현한다. 기업인만의 생각이 아니라 정부 지도자의 생각도 이러한 입장에서 벤처 회사를 지원하기에 이스라엘은 전 세계에서 제일가는 벤처 강국으로 설 수 있었다. 실패를 두려워하지 않고 창업에 뛰어들 수 있도록 제도를 만든 정치 지도자와 벤처인의 도전 정신 속에서 우리는 이스라엘 민족만의 독특한 후츠파 정신을 엿볼 수 있다.

오늘날 우리 사회에 필요한 것도 후츠파 정신이다. 새로움에 대한 도전이 필요하다. 실패에 대한 두려움 때문에 머뭇거려서는 아무것도 할 수 없다. 물론 혼자만의 힘으로 모든 문제를 헤쳐 갈 수는 없다. 이스라엘 정부와 정치인 집단이 주도적으로 모든 일을 지원했기에 요즈마 프로젝트가 가능했듯이 기업과 정부의 도움이 절실하다. 다만 그때를 기다려서는 안 된다. 때를 기다리는 것이 아니라 모두가 힘들 것이라 말하는 한계의 상황에서 첫걸음을 내딛는 것이 후츠파 정신이다. 지금 당장, 내가 할 수 있는 일부터 시작하면 된다. 후츠파는 요행을 바라는 자세가 아니다. 될 대로 되라는 무모함도 아니다. 삶의 목적과 목표가 분명한 사람의 도전과 자신감이다. 이런 사람에게 고난과 실패는 결과가 아닌 성공담의 과정, 그 기억과 추억이 된다. 모두가 힘든 오늘, 유대인을 세계 무대로 끌어올린 후츠파 정신이 필요할 때다. 큰 것만을 기대하는 망상이 아닌, 눈은 먼 곳을 바라보되 손, 발, 마음은 오늘에 최선을 다하는 정신이 바로 내일을 디자인하는 후츠파 정신이다.

티쿤 올람 정신

: 문제가 있는 곳에 비전이 있다

에단 라지엘은 자신의 책《맥킨지는 일하는 마인드가 다르다》와 《맥킨지는 일하는 방식이 다르다》를 통해 세계적인 컨설팅 회사 맥킨지를 소개한다. 그는 이 두 책에서 맥킨지가 컨설팅 세계에서 어떻게 성공할 수 있었는지를 구체적으로 소개한다. 라지엘이 본 맥킨지의 성공 요인은 '다르다'는 것이다. 일하는 마인드와 방식이 달랐다. 보는 시각이 다른 경쟁사와 달랐을 뿐 아니라 접근 방법에서도 차이가 있었다. 에단 라지엘은 이것이 오늘날의 맥킨지를 만들었다고 말한다.

다르다는 것은 그 어떤 차이가 있다는 말이다. 어느 분야건 차이가 성패를 좌우한다. 맥킨지뿐 아니다. 성공하는 기업과 사람을 보면 그렇지 못한 이들과 분명한 차이를 보인다. 벤치마킹의 핵심은 이 차이를 발견하는 데서 시작한다.

차이를 본받기 위해서는 먼저 그것을 볼 수 있는 눈이 있어야 한다. 본다는 것은 지식적인 앎만이 아니라 직관과 통찰이며 어떤 것에 대한 깨달음이다. 깨달음의 핵심은 앎과 삶의 균형이다. 아는 것을 실천으로 옮기느냐 옮기지 않느냐가 차이를 만든다. 차이를 보았다면 깊이 생각하고 자신의 삶에 적용해야 한다. 이것이 우리의 삶을 풍요롭게 만드는 유일한 길이다.

문제를 바라보는 시각이
차이를 결정짓는다

사람과 사람 사이에 생기는 큰 차이를 결정하는 것이 문제를 바라보는 시각이다. 책을 통해서든 주위 사람이 살아가는 모습을 통해서든 문제를 바라보는 시각의 차이가 있음을 보게 된다.

첫째는 문제가 아닌 것을 문제로 보는 사람이다. 모든 일에 불만의 마음을 품는다. 건설적인 이야기보다는 단점을 들추며 불평불만으로 일관한다. 바라보는 시각이 언제나 부정적이다. 이들은 자신이 속한 공동체의 문제 제공자들이다. 타인을 향해서만이 아니다. 자신의 삶을 바라보는 시각도 다르지 않다. 우리는 이들을 불행한 사람이라 부른다.

둘째, 문제를 문제로 보지 못하는 사람이다. 이로 인해 더 큰 문제가 생긴다. 인간관계에서 이들은 이기적인 모습을 보인다. 자신의 문제를 보지 못함으로써 원만한 관계를 유지하지 못한다. 이런 지도자가 이끄는 기관은 생명력이 길지 못하고 따르는 이들 또한 큰 문제에 휩싸이기 쉽다. 우리는 이들을 어리석은 사람이라 부른다.

셋째, 문제를 문제로 보는 사람이다. 절대다수의 대중이 여기에 속한다. 문제를 볼 수 있는 안목은 있으나 문제를 두려워한다. 문제를 직면하려 하지 않는다. 회피하려 한다. 문제를 보는 시각은 있으나 해결하기 힘들어한다. 이들에게는 문제를 해결할 능력이 준비되어 있지 않다. 능력이 있으나 자신감이 결여된 사람도 여기에 속한다.

넷째, 문제를 기회로 여기는 사람이다. 보통 이상의 삶을 사는 뛰어난 사람이다. 문제를 있는 그대로 받아들인다. 문제를 시작점으로 보며 해결할 수 있는 것으로 생각한다. 문제로 인해 큰 실패를 맛보더라도 이에 굴하지 않는다. 7전 8기 정신의 소유자이다. 시대적인 영향을 끼치는 많은 지도자가 여기에 속한다.

다섯째, 문제를 찾아다니는 사람이다. 각 분야의 문제 해결사다. 이들은 문제를 기다리지 않고 직접 찾아다닌다. 적극적으로 임무를 완수하기 위해 힘쓰며 문제를 해결한다. 타인의 문제를 바라만 보지 않는다. 해결하기 위해 문제의 현장 속으로 뛰어든다. 주위 사람은 이러한 사람의 삶을 고난과 고통이라는 단어로 설명한다. 하지만 그들 자신은 다르게 바라본다. 다른 사람이 고난과 고통이라 이야기하는 삶의 현장에서 행복을 느낀다. 타인의 즐거움을 자신의 기쁨으로 여기며 문제 해결이 주는 기쁨을 최고의 보상으로 여기며 살아간다.

　유대인에게는 '티쿤 올람' 정신이 있다. 히브리어로 '세상을 좋은 곳으로 바꾼다.'는 의미를 지닌 말이다. 유대인은 세상을 더 좋은 곳, 오늘보다 나은 세상으로 만드는 것이 자신들을 향한 신의 명령이라고 여긴다. 그것을 인생의 사명으로 보았다. 그들은 '신이 인간을 창조하고 세상의 운영과 관리를 유대인에게 맡겼다'고 생각한다. '신이 인간을 파트너 삼아 세상을 온전하게 만들어 가는 과정이 인생'이라 여겼다. 이것이 티쿤 올람 정신이다. 세상과 문제를 바라보는 유대인의 독특한 시각이다. 문제를 문제로 보았으며 문제를 기회로 여기는 삶의 자세다. 티쿤 올람 정신을 바탕으로 유대 민족은 문제를 찾아 해결하는 문제 해결사로서의 길을 걸었다. 유대인의 영향력은 시간이 지날수록 커졌다.
　역사 속으로 사라져 간 히브리어를 현대 히브리어로 되살려 낸 엘리 에제르 벤 예후다의 삶도 그러했다. 이스라엘의 초대 총리를 지낸 데이비드 벤 구리온과 이스라엘 건국에 힘썼던 모든 사람이 지녔던 자세 또한 티쿤 올람 정신이다. 그들은 유대인의 비전, 이스라엘의 건국을 위해 해결해야 할 문제에 집중했다. 그 가운데 문제점을 발견하고 해결하기 위해 힘쓰는 티쿤 올람의 삶을 실현하며 살아갔다.

나 혼자 잘 먹고 잘 사는 것에 관심을 두지 않았다. 자신과 가족의 행복과 즐거움만을 선택하지 않았다. 자신과 가정을 넘어 유대 공동체가 어떻게 성장해 갈 것인지에 관해 고민했다. 민족에 관한 관심과 민족의 비전을 이루기 위해 하는 수고는 모든 유대인의 최고 바람이었다.

경제적 독립을 이루고 막대한 부를 얻은 유대인도 마찬가지다. 자신에게 주어진 부를 세상의 문제를 해결하고 유대인의 문제를 해결하는 데 사용하기를 원한다. 그 일을 위해 신이 자신에게 부를 허락해 주었다고 생각한다. 그 바람은 유대인의 삶이 되었고 누구에게나 영향력 있는 민족으로 인정받았다. 이것이 유대인이 추구하는 티쿤 올람의 삶이다.

영화 〈투스카니의 태양〉의 마지막에 이런 구절이 나온다. "오스트리아와 이탈리아 사이에 있는 알프스 지역엔 세머링이란 곳이 있어요. 높은 경사가 말도 못 하게 가파른 곳이지요. 그곳에 빈과 베네치아를 잇는 철도를 만들었어요. 기차가 다니기 전에 철로를 만든 것이지요. 언젠가 기차가 들어오리라고 생각했기 때문이지요." 이 영화의 포스터에는 다음과 같은 문구도 함께 쓰여 있다. '인생은 당신에게 기회 천번을 준다. 당신은 그중 하나만 선택하면 되는 것이다.' 실패와 좌절 속에서도 희망을 노래할 수 있는 이유다.

유대인은 결코 독자적으로 행동하지 않는다. 공동체를 우선시한 공동체 구성원 한 사람 한 사람이 다른 사람을 배려하고 그들의 문제를 자신의 문제로 여긴다. 티쿤 올람 정신은 나와 다른 이들이 연결되어 있다는 인식을 전제하기 때문이다. 유대인의 비전은 노벨상에 있지 않다. 기업의 성공 자체에 있지 않다. 나에게 온 한 번의 성공에 만족하지 않는다. 공동체의 성공으로 지속적인 결과를 얻기 위해 시스템을 구축하고 실현해 가는 일에 집중한다. 자신을 변화하고 변화된 자신의 능력으로 민족을 사랑하는 삶을 추구한다. 신의 명령에 따라 오늘보다 아름다운 세상을 추구하는 유대인의 티쿤 올람 정신이 있었기에 유대인의 오늘이 있었음을 생각하게 된다.

세상에서의 성공을 꿈꾸는가! 티쿤 올람의 삶을 살아라! 자녀에게 희망을 선물하고 싶은가! 티쿤 올람의 삶을 살도록 가르쳐라. 동기를 부여하고 본을 보여라. 문제를 해결해 가는 과정을 바라볼 수 있는 기회를 선물하라! 자녀에게도 문제를 비껴가기보다는 문제의 중심에서 문제 해결자로서의 경험을 갖도록 이끌어 주어야 한다. 살다 보면 마주하게 되는 위기를 문제로 여기며 두려워하기보다 기회로 여기는 자세를 키워 주어야 한다. 꿈의 크기만큼 다가오는 고난의 크기도 크다. 고난이 두려워 꿈을 포기하는 것이 아니라 고난을 직면하여 해결하려는 자세가 필요하다. 나아가 해결해야 할 문제가 있는 곳을 찾고 그곳에서 비전을 찾는 이들에게 세상은 자신의 자리를 내어 줄 것이다.

바르 미츠바 정신

: 성인이 된다는 것

몇 년 전부터 대학가에 헬리콥터 맘이라는 신조어가 등장했다. 대학생이 된 자녀를 과잉보호하는 엄마를 가리키는 말이다. 항상 자녀 주위를 맴돌다 어느 순간엔가 나타나 간섭을 일삼는다. 자녀의 일상, 시시콜콜한 문제는 그들의 관리 대상이다. 그들은 이성 문제에도 관여한다. 교육 문제에서는 더 적극적이다. 성인이 된 대학생 자녀지만 성적 관리도 엄마의 몫이라 여긴다. 초·중·고 시절 한국 교육을 대변하는 용어 중 하나인 '치맛바람'이 이제는 더 강력한 헬리콥터의 날갯짓을 하며 성인 자녀의 일상을 맴돈다.

대학생 자녀의 성적이 좋지 않다며 담당 교수 교체를 요구한 부모가 있다는 뉴스도 보았다. 자녀의 전과轉科를 요청하기도 하며 자녀의 학점을 올려 달라고 교수 연구실을 찾는 부모도 적지 않다고 한다.

헬리콥터 맘의 날갯짓은 대학 생활의 관여에 그치지 않는다. 입사入社 문제로 면접장을 찾는 자녀에게까지 그들의 과잉보호는 이어진다. 부모의 입장에서는 사랑의 표현일지 모른다. 그러나 이 정도면 병적인 과잉보호라 할 수 있다. 자녀가 성인이 되었음에도 아기 다루듯 육아적 태도로 일관하는 것은 정상적이지 않다.

문제는 부모의 이러한 태도가 부모의 문제 있는 태도로 끝나지 않는다는 점이다. 자녀의 주도성과 독립성을 방해한다. 더 큰 문제는 정신적으로 성숙하지 못한 상태에서 몸만 성인이 되어 사회로 내몰리는 자녀가 생겨난다는 사실이다. 부모의 왜곡된 사랑이 일으킨 치맛바람과 헬리콥터의 날갯짓이 자녀의 눈을 멀게 한다. 이 정도면 비극이라는 말이 어울릴 법하다. 주도적인 성인으로 비상飛上하도록 하는 것이 아니라 광풍에 어찌할 바를 몰라 이리저리 흔들리는 존재로 만들어 간다. 성인이 되었음에도 의존적인 존재로 살아가는 인생, 과연 행복한 삶이라 할 수 있을까!

유대인은 어느 민족보다 이른 성인식 문화를 가지고 있다. 남자는 13세에 바르 미츠바 Bar Mitzvah를, 여자는 12세에 바트 미츠바 Bat Mitzvah를 치른다. 성인식은 그 어떤 기념일보다 화려하게 치러진다. 가족, 친지, 이웃이 함께 모여 즐기고 축하한다.

바르 미츠바는 축제 이상의 의미를 지닌다. 그들이 어린아이에서 성인으로 나아가는 시간이며 자기 인생의 주도권을 부여받는 시간이기 때문이다. 어린아이의 의존성을 벗어 던지고 진정한 성인으로 공동체의 일원이 됨을 축하하고 기뻐하는 공동체적 선포의 자리다. 바르 미츠바 이전은 그날을 위한 준비 과정이라고 말하기까지 한다.

바르와 바트는 히브리어로 아들과 딸을 의미한다. 바르 미츠바, 바트 미츠바는 율법의 사람, 말씀의 사람이 되었다는 선포다. 성인식을 치른 이들에게는 유대교 율법, 전통 준수의 의무와 책임이 뒤따른다. 성인이 되기까지 그 모든 책임은 부모가 졌다. 율법과 유대 전통을 자녀에게 가르쳐 지키게 하는 것은 유대 부모의 제일 된 의무다. 바르 미츠바는 부모가 지녔던 이 책임을 자녀에게 이양하는 자리다. 유대인에게 성인이란 유대 공동체의 유산을 이어받아 공동체의 일원이 됨을 의미한다.

자녀에게 무엇을 유산으로 남겨 주기를 원하는가! 돈도 그중 하나일 수 있다. 건강도 소중하게 관리하도록 해야 할 것이다. 부모가 마중물이 되어 좋은 관계를 선물해 주는 것도 필요하다. 그중에서도 가장 중요한 부모의 유산은 정신적 유산이다. 부모가 죽어 자녀 곁을 떠나도 자녀가 삶을 살며 되뇔 수 있는 정신을 유산으로 상속해 주어야 한다. 고상한 것만을 의미하는 게 아니다. 부모와 함께한 추억의 이름으로 정신의 유산은 상속되기도 한다. 부모가 삶을 살며 지켜 온 원칙과 선택도 정신적인 유산이다. 부모 삶의 가치가 깃들여 있기 때문이다. 많은 돈을 물려준다고 모두가 행복한 것이 아님을 우리는 알고 있다. 있으면 좋고 없으면 불편한 것이 돈이다. 돈이 행복의 전부가 아님을 우리는 알고 있다. 물질적 유산은 탕진하고 줄어가지만 정신적 유산은 소진되지 않는다. 시간이 지날수록 그 힘은 커진다. 삶의 고난, 위기의 순간에 그를 지탱해 주는 버팀목이 되어 준다. 부모와의 추억, 가르침에 대한 기억, 부모의 모습을 따르고 싶은 마음을 일으킨다. 부모 세대의 정신 유산을 상속받은 이들은 이 사회의 성인으로 든든히 서 간다. 세상을 사는 자신만의 기준을 세워간다. 다른 사람의 생각이 아니라 주도적으로 선택하고 실행하며 책임지는 삶을 살아간다.

유대 성인식이 바로 그렇다. 주변의 어른들이 물질적인 토대를 제공해 주기도 하지만 핵심은 정신적 유산을 상속받음에 대한 선포인 것이다. 유대인은 어린 시절부터 부모와 함께 토라를 읽고 암송한다. 율법과 함께 유대인 전통을 배우고 민족의 역사를 자신의 것으로 받아들이는 어린 시절을 보낸다. 그러고는 성인식을 맞이한다.

유대 성인식 바르 미츠바는 유대 경전 토라를 직접 다룰 수 있는 나이가 되었음을 선포하는 날이다. 성인식 이후로는 좀 더 적극적으로 토라를 배워 가기 시작한다. 수동적인 배움을 넘어 적극적으로 토라를 연구한다. 공부의 차원이 아니다. 이제는 부모만의 신앙이 아니다. 자신의 독립적인 신앙과 가치관을 세워 간다. 가정의 가치에 머물지 않는다. 유대인이 추구하는 민족적 가치에 대해서도 깊이 고민한다. 민족의 역사적 사명을 감당해야 하는 책임도 부여받는다. 한 소년이 유대 사회의 성인으로 성장했음을 선포한다. 가정의 구성원을 넘어 사회와 민족의 일원이 되는 전환점이 바르 미츠바다. 이것이 유대인을 하나 되게 하는 힘의 원천이다.

우리는 유대인의 차별성과 독특성, 뛰어남의 비밀을 어린 시절 그들이 받은 교육에서 찾으려 한다. 유대인의 독서 문화, 질문 문화에서 성공의 비밀을 캐내려 한다. 하브루타에 관한 관심도 마찬가지다. 잊지 말아야 할 것은 이 모든 것이 유대인 한 사람을 온전한 성인으로 만들어 가는 도구라는 것이다. 이스라엘의 차별성과 이스라엘의 특별성은 성인이 된다는 것에 관한 의미를 다르게 정의하고 그것을 개인과 사회에 적용해 나간 유대인의 삶에 있다고 할 수 있다.

오늘날 우리 사회의 성인식을 생각해 본다. 부모는 자녀가 성인이 되었음에 즐거워하고 기뻐할 뿐만 아니라 성인에 걸맞은 역할을 감당하는 자가 되도록 도와주어야 한다. 성인으로 준비해 가는 과정에 대한 진지한 논의도 잊지 말아야 할 것이다. 우리의 자녀를 어떻게 키울 것인가 하는 질문은 부모가 정의하는 '성인이 된다는 것'의 정의에 뒤따르는 선택이어야 한다. 그것이 바로 부모의 진정한 역할인 동시에 이 사회에 주어진 과제다.

'한 아이를 키우려면 한 마을이 필요하다.'는 말이 있다. 유대 사회가 가정과 사회가 하나 되어 한 아이를 바른 성인으로 세워 가기 위해 힘쓰듯 우리 사회의 문화와 교육, 법과 제도도 그것을

뒷받침해야 한다. 또한 이 모든 출발이 나로부터, 우리 가정으로
부터 시작됨을 잊지 말아야 한다. 지금 이 순간이 그 일이 진행되
어야 할 때다.

토라 정신

: 원함이 된 의무

'올 포 원 원 포 올All for One, One for All!' 영화 삼총사에 등장하는 구호다. '모두를 위한 한 사람, 한 사람을 위한 모두'라는 의미다. 이 표어에 가장 적합한 민족이 있다면 바로 유대인이다. 역사는 유대 민족의 하나 되기 위한 수많은 노력을 증언해 주고 있다. 2천 년 가까운 시간을 흩어져 살며 모두가 함께하는 그날을 꿈꿨다. 외로운 타지에서 유대인 동족의 어려움을 자기 일처럼 여기며 돌봐 주었다. 먼 타국에서 동족의 아픈 소식이 들려오면 할 수 있는 최선을 다했다. 물품을 보내거나 지원금을 보내 마음을 전하고자 했다. 무엇이 유대인의 이러한 하나됨을 가능하게 했을까? 우리처럼 긴 역사를 지닌 단일 민족이기 때문일까? 그렇지 않다. 오늘날의 유대인은 한 혈통에서 난 단일 민족이 아니다. 유대인의 정통성은 민족, 혈통에 있지 않다. 유대인을 유대인이 되게 만드는 것은 종교다. 오랜 역사, 고통의 세월을 지나오며 그들을 유대인이 되게 만들고 하나가 되게 한 것은 종교의 가르침과 전통이었다.

1948년 건국한 이래 전 세계에 흩어져 있던 유대인이 이스라엘로 몰려들었다. 언어가 다르고 피부색이 달랐다. 70여 개국에서 오랜 기간 흩어져 살던 이들이 하나가 되어 나라를 세워 간다는 것은 쉬운 일이 아니었다. 환경적 요인도 도와주지 않았다. 이러한 어려움을 극복해 가며 오늘의 이스라엘을 건국할 수 있었던 주된 이유는 유대인을 하나로 엮어 주던 토라가 있었기 때문이다.

토라는 무엇인가

히브리어로 율법을 의미하는 토라는 구약성경의 창세기, 출애굽기, 레위기, 민수기, 신명기를 일컫는 말이다. 현대에는 유대교의 경전이라는 종교적 차원을 떠나 성공을 추구하는 사람에게까지 성공의 원리처럼 언급되는 것이 유대인의 토라다. 토라란 구체적으로 무엇이고 토라의 어떠한 요인이 이러한 관심을 불러일으키는 것일까!

유대인에게 토라는 종교적 율법이다. 노동과 범죄, 인간관계 등 삶의 전반에 대한 윤리며 민족의 법 체계다. 유대인은 토라를 떠나서 산 적이 없다. 아니, 살 수 없다고 여긴다. 토라가 삶의 일부가 아닌 전부로 받아들이기 때문이다.

유대인에게 있어 토라는 종교 경전 이상의 것이다. 토라는 역사에 대한 기억이며 유대교의 신 여호와의 약속과 믿음 그 자체다. 유대 민족은 토라를 전승하며 디아스포라와 고난의 시절을 이겨낼 수 있었다. 온 세상을 다스리는 기준이며 인생을 사는 가장 확실한 해답이 토라이기에 고난 앞에서도 쓰러지지 않을 수 있었다. 토라의 약속, 이스라엘 회복에 대한 믿음의 근거로서 토라는 글로 쓰인 경전을 넘어 유대인의 마음에 품은 비전이었다.

쉐마,
들으라 이스라엘

토라의 말씀 그 중심에 쉐마가 있다. 쉐마는 '들으라'를 의미하는 히브리어로 신명기 6:4~9절에 기록된 말씀이다. 이스라엘 사람들은 '이스라엘아 들으라'는 쉐마의 말씀을 매일 읽고 암송하며 그들의 삶의 제일 된 목적과 오늘을 사는 태도를 점검한다.

'이스라엘아 들으라 우리 하나님 여호와는 오직 유일한 여호와이시니 너는 마음을 다하고 뜻을 다하고 힘을 다하여 네 하나님 여호와를 사랑하라. 오늘 내가 네게 명하는 이 말씀을 너는 마음에 새기고 네 자녀에게 부지런히 가르치며 집에 앉았을 때든지 길을 갈 때든지 누워 있을 때든지 일어날 때든지 이 말씀을 강론할 것이며 너는 또 그것을 네 손목에 매어 기호로 삼으며 네 미간

에 붙여 표로 삼고 또 네 집 문설주와 바깥문에 기록할지니라.'

그들은 여호와를 유일신으로 믿고 받아들였다. 힘을 다해 그를 사랑했다. 사랑하는 존재에게서 나오는 말씀을 마음에 새기며 매일의 삶에서 기억해 내기 위해 힘썼다.

자녀에게도 가르쳤다. 잠깐 동안의 강조가 아니었다. 스치며 수강하는 과목이 아니었다. 쉐마의 가르침으로 삶을 채운다. 부지런히 가르쳤다. 집에 앉아 있을 때도 자녀에게 가르쳤다. 길을 갈 때에도 신의 가르침을 기억하여 가르쳤다. 누워 잠드는 시간에도 다시 한번 토라의 말씀을 기억하며 신앙을 고백한다. 잠들기 전 마지막 생각도 신의 가르침으로 채워 넣었다. 아침에 일어나 처음 만나는 생각도 신의 가르침이었다. 집안 곳곳마다 그 말씀을 필사하여 붙여 놓고 오고 가며 읽고 잊지 않도록 강조하고 또 강조하였다. 토라는 유대인의 제일 된 계명이며 삶의 원리다. 유대인의 의무인 동시에 그들 최고의 원함이었다.

토라의 말씀 가운데 율법 613개를 선별하여 힘써 지키기 위해 노력한다. 1년의 날수를 의미하는 365가지의 율법을 정하고 유대인으로서 하지 말아야 할 삶의 계명으로 순종했다. 인간의 뼈와 장기의 수를 상징하는 248개의 율법을 정하고 유대인으로서 반드시 해야만 하는 삶의 율법도 힘써 지켰다. 유대인은 토라와 613 계명을 형식적인 규범으로 생각하지 않는다. 613가지 율법을 완벽한 것으로 여긴다. 다른 것으로 채워져야 할 필요가 없는 완전체로 받아들인다. 나아가 그것에 대한 순종의 결과로 구원이 주어진다고 생각한다. 유대인에게 토라는 하늘로부터 온 축복이다.

기억의 반대는 망각이 아니라 상상이라는 말이 있다. 유대인에게 토라는 기억이며 상상의 산물이다. 토라를 암송하며 신의 말씀을 기억하기 위해 힘쓰며 신의 약속을 기다리며 그날을 상상했다. 이스라엘의 국가 '하티크바'에서 노래하는 꿈은 디아스포라 유대인 모두가 2,000년 동안 상상하며 꿈꾸던 미래였다. 유대인에게 있어서는 기억의 반대는 상상이 아니었다. 어제의 기억, 오늘의 삶, 꿈꾸는 미래, 상상의 세계가 일치하는 삶을 살았다.

내 삶에서 가장 소중한 계명

내 삶에서 제1의 계명은 무엇인가?

많은 사람의 마음의 생각과 삶의 선택이 서로 다르다. 말과 행동도 다르다. 바라는 꿈과 오늘의 일상도 연결되지 않는다. 유대인은 달랐다. 토라와 삶이 연결되어 있었다. 믿음과 생각이 연결되어 있었고 생각이 삶의 태도와 습관으로 연결되었다. 자신의 신 여호와를 사랑했기에 그의 말에 귀를 기울였다.

사람을 변화시키는 것은 사랑이 아니라 정보라는 말이 있다. 사랑은 사랑하는 사람의 마음의 문을 열고, 사랑하는 대상에게서 나오는 정보가 사랑하는 자의 삶을 변화시킨다는 것이다. 이스라엘의 신 여호와를 유대인은 사랑했다. 그들의 마음의 문은 여호와를 향해 열렸고 신의 가르침은 열린 유대인의 마음속 깊은 곳으로 들어가 그들을 변화시켰다.

　내가 사랑하는 것은 무엇인가? 사랑의 대상으로부터 어떤 정보가 나에게 흘러 들어오는가? 나의 사랑과 관심은 나의 삶에 변화로 이어져 왔는가? 실상은 그러하지 못하다. 동양의 현자는 말한다.

"생각이 중요하다며 배우지 않는 자는 어리석은 자가 되고,
인덕이 중요하다며 배우지 않는 자는 우둔한 자가 된다.
슬기가 중요하다며 배우지 않는 자는 무절제한 자가 되고,
믿음이 중요하다며 배우지 않는 자는 의를 해치는 자가 된다.
정직이 중요하다며 배우지 않는 자는 가혹한 자가 되고,
용기가 중요하다며 배우지 않는 자는 난폭한 자가 된다.
성실이 중요하다며 배우지 않는 자는 남에게 이용당하고,
경험이 중요하다며 배우지 않는 자는 실패자가 된다.
관계가 중요하다며 배우지 않는 자는 소외자가 되고,
주장이 중요하다며 배우지 않는 자는 고집쟁이가 된다."

원함이 된 의무
: 마음의 법

성공을 꿈꾸는가? 내 삶의 제1이 된 계명을 세워라! 그 계명이 나의 삶을 붙들게 만들어라. 꿈이 나를 붙잡아 오늘 하루를 의미 있는 시간이 되게 만들 듯, 나의 삶의 계명이 나를 더 가치 있게 만들어 가도록 해야 한다. 유대인에게 토라가 있듯, 오늘 나의 토라가 필요하다! 그들이 마음을 다하고 뜻을 다하고 힘을 다하여 유대인의 하나님을 사랑하고 순종하며 힘을 다하듯이 나의 마음과 뜻과 힘, 감성과 지성과 의지를 다 해 사랑할 나의 하나님, 나의 계명, 나의 토라가 필요하다. 그 어떤 고난과 역경 속에서도 놓지 않을 나의 계명, 나의 토라! 그것이 바르고 참되고 옳은 것일수록 삶 가운데로 들어와 나를 변화해 갈 것이다. 들으라 이스라엘! 내가 들어야 할 나의 토라, 그것이 나를 만들어 갈 것이다.

나를 제어하는 기준이 외부의 법이 아닌 내부의 법, 마음의 법일 때 그 법의 힘은 강력하다. 누구나 지켜야 하는 법의 테두리 안에서가 아니라 아무도 보지 않는 것에서 스스로 지켜 가기로 한 법의 테두리가 한 사람의 인생을 결정한다.

'아무도 보지 않는 곳에서 나는 누구인가?'

스스로 묻고 답해 보아야 할 질문이다. 그것이 내 삶의 넓이와 깊이를 결정하기 때문이다.

자녀에게도 마찬가지다. 물질은 유산으로 남겨 줄 수 있다. 가문의 명예와 권력을 남겨 줄 수도 있다. 중요한 것은 그것과 더불어 보이지 않는 유산, 마음의 법이 상속되었느냐의 문제다. 질을 높여 가며 상속한 마음의 법이 자녀 교육의 과정에서 상속되지 않는다면 많은 돈을 물려주어도 머지않아 탕진할 것이다. 명예와 권력도 오랜 시간이 지나지 않아 실추될 것이다.

유대인에게 원함이 된 의무로서의 토라와 율법이 있듯이 우리에게도 삶의 질을 높여 가며 진정한 성공과 행복을 이루어 가는 원함이 된 의무가 필요하다. 자녀에게도 삶의 의무가 원함이 되도록 하기 위한 동기 부여와 삶의 본을 보여 진정한 정신적 유산을 상속하는 일에 성공하기를 바란다.

✡ 탈무드 정신

: 신과 인간 사이

이스라엘과 유대인을 일컫는 수많은 수식어가 있다.

노벨상의 22%를 차지하는 국가.

미국에서 대학 졸업생 비율이 가장 높은 민족.

1인당 과학 논문 작성 비율이 가장 높은 민족.

1인당 박물관 숫자가 가장 많은 나라.

히브리 대학에서만 연 1조 원의 특허료를 벌어들이는 나라.

컴퓨터 바이러스 백신 소프트웨어를 최초로 개발한 나라.

이 외에도 유대인의 특별함을 강조하는 수많은 수식어가 있다.

이것들을 정리해 보면 유대 민족이 학문과 교육을 중요하게 강조해 왔음을 알 수 있다. 교육을 소중히 여기는 그들의 전통이 각 분야에서 세상을 놀라게 할 만한 업적들로 그 빛을 발하고 있는 것이다. 교육과 학문에 대한 집중과 투자가 없었다면 과연 오늘날과 같은 결과를 맞이할 수 있었을까? 그럴 수 없다. 그것은 오랜 시간 동안 한 노력의 결과이지 결코 우연히 주어진 결과가 아니기 때문이다.

그렇다면 유대인 교육의 어떠한 특별함이 이런 결과를 만들어 낸 것일까? 이 질문에 관해 유대 전문가들은 하나같이 유대 민족의 질문과 토론의 책 탈무드를 언급하며 탈무드야말로 유대 교육을 풀어 갈 수 있는 핵심 키워드라고 강조한다.

탈무드는 무엇인가

히브리어로 '학습, 연구, 교훈'을 의미하는 탈무드는 유대인에게는 토라 다음으로 중요한 경전이다. 예배, 도덕, 법률, 신앙, 사회생활 등 인간 생활 전반에 걸친 삶의 지혜와 교육으로 가득한 유대 잠언집이다.

A. D. 70년, 이스라엘의 멸망으로 유대인은 전국 각처로 흩어진다. 그러한 상황 속에서도 그들은 어디를 가든지 랍비에게 토라의 말씀을 배우며 유대인다움을 유지해 가기 위해 힘썼다. 시간

이 흐르면서 흩어진 유대인 사이에서 종교와 문화적으로 작은 차이가 나타나기 시작했다. 랍비 지도자들이 각지에 흩어져 생활했기 때문에 유대 경전 토라의 해석에 대한 통일성이 약화된 것이다. 랍비들의 소통이 자유롭지 못한 가운데 토라에 대한 서로 다른 해석이 난무한 것이다. 무엇보다 구전 토라의 전승과 유지는 해결해야 할 시급한 과제였다. 유대인 사이에서 존경받던 랍비 아키바는 이것을 큰 문제로 받아들이고 구전 토라와 흩어진 랍비들의 가르침을 모아 정리하기 시작했다.

랍비들의 가르침은 성문 토라와 구전 토라에 대한 전통적인 해석을 중심으로 이것을 실생활에 어떻게 적용하며 살 것인가에 관한 것이었다. 이 정리 작업은 아키바 이후로 200여 년 동안 계속되었고 랍비 유다 하나시 때에 이르러 완성되게 된다. 이것이 탈무드의 원래 소스가 되는 구전 토라 '미쉬나Mishnah'다. 이후 수세기에 걸쳐 미쉬나에 랍비들의 추가적인 해석이 덧붙여지게 되는데 이를 '게마라Gemara'라고 한다. 탈무드는 미쉬나와 게마라를 모두 통칭하는 말이다.

정리하면, 탈무드는 토라의 율법에 관해 질문하고 토론하는 과정을 거쳐 진액만을 뽑아 정리한 유대인의 삶의 지혜다. 탈무드는 토라를 믿고 따르는 유대인의 삶의 자세와 정신이라고 할 수 있다. 토라가 유대인의 메인 교과서라면 탈무드는 토라의 종합 해설서라고 할 수 있다.

토라와 탈무드 사이

: 질문과 토론

토라와 탈무드 사이를 이어 주는 것은 의문, 질문, 토론의 과정이다. 다른 종교가 믿음을 강조하며 교리에 대해 의문 없는 순종을 미덕으로 여기는 것과는 달리 유대교는 의문과 질문을 중요시한다. 이러한 열린 태도 덕분에 자신들의 교리를 삶에 적용해 가며 더욱 견고히 지킬 수 있었다. 성문 토라만이 아닌 전승되어 온 구전 토라의 계명과 가르침이 모여 미쉬나가 되고, 미쉬나는 질문과 토론, 랍비들의 열띤 하브루타를 거치며 게마라로 정리된다. 우리가 주목하고자 하는 것은 탈무드로 정리된 내용 그 자체보다 유대 랍비들이 논쟁에서 드러낸 사유의 과정이다. 이러한 생각의 나눔은 랍비에 머물지 않았다. 모든 유대인은 탈무드를 통해 랍비들의 갑론을박에 동참하게 된다. 가정에서도 같은 방식으로 자녀를 가르쳤다. 유대교는 주어진 토라의 말씀을 무조건적으로 암송하고 따르는 종교가 아니다. 토라의 말씀을 생활에 적용해 가기 위해 끊임없이 의문을 품고 질문을 던지며 토론했다. 결론은 간단할 수 있어도 과정 속의 논쟁은 간단치 않은 경우가 허다했다. 탈무드는 유대 선조가 지녔던 의문과 던진 질문이 토론의 과정을 거치며 만들어 낸 결과다. 탈무드는 질문과 토론 없이 단순한 독서 과정을 통해 받아들일 수 있는 책이 아니다. 후대의 유대인은 탈무드에 기록된 결과와 토론의 과정을 다시 선조의 방식으로 나누며 자신의 삶에 천천히 받아들인다.

유대인은 누군가에게 일방적으로 받는 교육 과정을 좋아하지 않는다. 스스로 생각하며 배우는 힘을 키워 가는 과정에 집중한다. 토라의 사상을 자신의 삶에 적용해 가는 일을 중요하게 여긴다. 누군가에게 주입된 정보는 쉽게 잊히지만 스스로 의문을 품고 질문과 토론을 통해 나눈 내용은 죽어 있는 지식이 아닌 살아 있는 내 지식이 된다. 우리에게 탈무드는 지루한 책에 지나지 않지만 탈무드야말로 유대인을 가장 유대인답게 만드는 유대인의 숨결이며 손길이라 할 수 있다.

탈무드에 담긴
두 가지 질문

질문을 통해 만들어진 탈무드는 질문을 통해 배울 수 있다. 탈무드는 크게 두 가지 질문을 던진다. 첫 번째 질문은 '무엇이 하나님의 뜻인가?'이고 두 번째 질문은 '어떻게 행동하는 것이 토라의 말씀에 합당한 것인가? 하나님의 뜻을 현재의 삶에 어떻게 적용할 것인가?'이다.

탈무드 교육의 목표는 지식의 수용에 있지 않다. 행동의 변화, 인격의 변화를 목표로 한다. 아무도 보지 않는 곳에서 원리를 따라 행동할 수 있는 유대인의 신앙과 삶의 자세를 세워 가는 것, 그것이 탈무드 교육의 진정한 목표다.

하나님이 유대인에게 토라를 주었다면 유대인은 후손에게 탈무드를 남겼다. 토라의 율법이 너무도 소중하기에 스스로 그것을 공부하고 삶에 적용하기 위해 힘썼다. 유대인의 신앙과 삶의 흔적이 탈무드다. 그래서 유대인은 탈무드를 완성된 책으로 보지 않는다. 지금도 탈무드를 공부하는 과정에서 하는 질문과 하브루타의 흔적이 후대가 돌아볼 그들의 탈무드가 되기 때문이다. 완성되지 않은 책, 지금도 쓰이고 있는 책 탈무드는 후손에게 끊임없이 질문을 던지고 있다.

탈무드 정신

탈무드는 서로 다름을 인정하고 그것을 당연시하는 유대인의 사고방식을 가장 잘 드러낸다. 서로 다른 시각을 존중한다. 그뿐만 아니라 장려한다. 유대인 100명이 있으면 그곳에 101 의견이 있다고 할 정도다. 하나의 사물과 사건을 바라보는 시각이 같을 수 없으며 같아서도 안 된다고 그들은 생각한다. 종교적인 믿음이 삶으로 연결될 때 나타나는 다양성에 대한 존중, 이것이 바로 탈무드 정신이다. 이것이 다른 종교와 유대교의 가장 큰 차이다. 이러한 태도가 우리가 바라보는 오늘날의 유대인을 만들었다.

토라는 유대인에게 인생의 방향성을 알려 주고 동기를 부여하며 태도를 결정짓는 핵심 내용을 제공해 주었다. 탈무드는 그러한 유대인에게 원리를 지키며 세상을 살아갈 제일 나은 방법과 지혜, 능력을 세워 가는 길잡이가 되어 주었다. 유대인이 여러 분야에서 창조적인 능력을 나타내는 것은 우연도, 기적도 아닌 그들의 탈무드 정신이 있었기에 가능한 일이었다. 다양성의 존중, 다름에 대해 너그러운 그들의 시각이 같은 일에서 다른 결과를 만들어 내는 근본 배경 능력이 되었다. 유대인은 탈무드를 만들었고 탈무드는 진정한 유대인을 만들었다. 민족정신의 통일성을 유지해 나갈 뿐 아니라 탁월한 교육적, 문화적 효과를 통해 세상을 향한 영향력을 확대해 가는 데 있어 탈무드의 역할은 절대 작지 않았다. 변화와 성숙의 마중물이 되어 주었고 지금도 그 변화를 지속해 나갈 수 있는 원동력이 되고 있다.

탈무드 레시피

탈무드에 대한 그들의 사랑은 일상에서 어렵지 않게 찾아볼 수 있다. 정통 유대인들은 결혼 뒤 1년 동안 남자가 직업을 갖지 않고 탈무드 공부에만 집중한다. 그 시기에는 아내가 일하여 돈을 벌고 부족한 부분은 유대인 공동체가 그 가정에 생활비를 지원하는 방식으로 해결한다. 유대 사회의 우선순위가 어디에 있는지 잘 보여 주는 중요한 사례다. 그들에게 이 시간이 중요한 이유는 탈무드를 공부하는 시간을 통해 가장으로서 사회에 나가기 전 영적으로 준비하는 배움을 견고히 할 수 있기 때문이다

부모 최고의 사명은 아이들을 양육하고 가르치는 일이다. 그렇게 해서 이 세상에 하나님의 뜻을 나타내는 사람을 세워 가는 것

이다. 유대인은 그 일이 그 누구의 일도 아닌 부모의 몫이라고 여긴다.

자녀에게 탈무드를 가르쳐 주는 것은 유대인 아버지의 몫이다. 탈무드 교육은 일대일 교육을 원칙으로 한다. 토요일 저녁이면 유대인 아버지는 자녀의 탈무드 교육을 위해 자녀들의 순서를 정하고 별도로 시간을 할애한다. 단순한 학습 돌봄이 아닌 유대인으로서 마땅히 지켜야 할 의무로 받아들인다. 나아가 그들 스스로 그것을 원하고 즐기는 듯하다. 부모는 탈무드를 공부하며 그 속에 담긴 유대 정신을 자녀와 깊이 있게 나눈다. 같은 본문의 탈무드라 할지라도 같은 내용을 배우는 것이 아니라 서로 다른 관점에서 바라볼 기회를 제공하고 만들어 가도록 노력했다. 탈무드를 교육하는 시간은 부모와 자녀 간에 있는 관계의 끈을 견고히 하는 시간이다. 공동체의 유산, 믿음의 유산을 상속하는 유대 공동체 최고의 교육 과정이다. 유대인 자녀는 이 시간을 통해 인생을 살아갈 큰 기둥을 삶에 세워 가게 된다.

나의 탈무드를
찾아라

겉으로 보이는 모습을 보면 우리와 유대인은 전혀 다를 것 없는 삶을 산다. 도리어 우리가 종교에 덜 얽매이면서도 더 세련된 인생을 사는 것처럼 느껴지기도 한다. 그런데도 불구하고 인정할 수밖에 없는 한 가지의 결핍은 '과거와의 연결 고리'와 '축적된 지혜'다.

책에는 역사의 교훈이 가득하다. 책에서 영혼의 양식을 얻고 삶을 풍요롭게 일군 많은 사람을 우리는 알고 있다. 역사의 수많은 선인이 독서를 강조하는 것도 이러한 이유 때문이다. 그러나 그것은 여전히 개인의 선택으로 남겨져 있다. 책이 중요하다고 하지만 얼마나 많은 사람이 독서를 멀리하고 있는가! 독서가 가져다주는 유익을 수많은 사람과 책이 열거하고 있지만 대답 없는 메아리처럼 사람들은 자신의 우선순위로 세상을 살아간다. 수많은 책이 있지만 그것이 나와 상관없기 때문이다. 누군가 "그렇지 않아! 너와 상관있어!"라고 외쳐도 그렇게 느껴지지 않는 걸 어떻게 하란 말인가! 오늘 나의 치통이 지구 반대편에서 기아에 허덕이며 죽어가는 사람의 아픔보다 더 크게 느껴지는 것은 내가 모진 사람이어서가 아니라 서로가 연결되어 있지 않기 때문이다. 몸과 마음이 하나가 되어 있다면 서로의 아픔과 기쁨은 자연스럽게 공유된다. 하나이기 때문이다. 바로 그 지점에 유대인 탈무드의 특별함이 존재한다. 탈무드는 그저 오래된 책이 아니다. 서점에 가면 꽂혀 있는 수많은 고전 목록 중 하나를 차지하는 책이 아니다. 자신의 신에 대한 이야기며 그가 자신에게 들려주는 이야기다. 신의 말씀에 대하여 고민하고 갈등하며 이를 삶의 실천으로 옮긴 조상들의 선택에 대한 이야기다. 그 속에 유대인의 희로애락과 성공과 실패가 있다. 선조가 후손에게 전하는 마음이 지혜의 유산으로 넘쳐 난다. 분명한 것은 이 모든 것이 오늘을 사는 유대인과도 관계가 있다는 것이다. '이 책은 좋은 책이야! 인생을 풍요롭게 하는 내용으로 가득해!' 책이 독자를 향해 외치는 것이 아니라 유대인 스스로가 탈무드를 그러한 책으로 받아들인다. 탈무드에 적힌 글자 하나하나를 기억하려 하고 마음에 새기기 위해 힘쓰는 이유는 탈무드에 담긴 정신이 진심으로 소중하다고 느끼기 때문이다.

가족이 소중한 이유는 무엇인가! 하나로 연결된 사람들이기 때문이다. 자녀를 향한 부모의 훈계와 가르침이 소중한 이유는 무엇인가! 그것이 자녀를 직접 향해 있고 사랑의 마음이 담겨 있기 때문이다. 자녀 교육의 성공은 그 진심을 자녀에게 전달하는 것이다. 진심이 소통된다면 무엇이 문제이겠는가!

유대인은 탈무드를 통해 보이지 않는 유대인의 신과 자신들의 삶을 연결했다. 탈무드는 신과 인간만이 아니라 과거의 유대인과 오늘을 사는 유대인을 연결하는 매개체다. '과거와의 단단한 연결고리' '사랑과 지혜가 가득한 선조들의 진심'이 탈무드에 담겨 오늘날 유대인의 성공을 지지하고 지원하고 있다.

자녀에게 무엇을 유산으로 남길 것인가! 신과 인간 사이, 사람과 사람을 잇는 지혜와 사랑의 기억 이상의 선물은 있을 수 없다. 오늘 이 시대의 탈무드가 필요하다. 나를 세우고 자녀들의 인생을 세워 갈 지혜의 탈무드가 어느 때보다 절실하다. 이 책을 통해 나와 자녀의 삶을 연결하고 풍요롭게 할 나만의 탈무드, 그 밑그림을 그려 가는 시간이 되기를 소망한다.

쩨다카 정신

: 살며 사랑하며 배우며 나누며

쩨다카Tzedakah는 자선을 의미하는 히브리어다. 유대인에게 있어 자선은 의미가 남다르다. 단순한 관대함이 아니다. 선행의 차원을 넘어선다. 인간 윤리만으로는 설명할 수 없다. 유대인의 자선 쩨다카는 유대 신앙의 유일신 여호와의 명령이며 율법이 정한 규례다. 유대 율법, 모든 계명의 기초에 해당하는 계명이다.《바빌로니아 탈무드》를 집대성한 랍비 아시는 말한다. "쩨다카 계명은 다른 모든 계명을 합친 것만큼 중요하다." 쩨다카는 선택의 문제가 아니라 영적 존재로서 마땅히 해야 할 일이라는 것이다.

쩨다카의 어원은 '정의롭다'는 단어 '쩨덱'에서 왔다. 정의에 대해 아리스토텔레스는 다음과 같이 말한다. "정의란 사람들에게 마땅히 받아야 할 것을 주는 것이다." 유대인에게 자선은 정의의 실천을 의미한다. 유대인은 가난하고 어려움 가운데 있는 자를 돕는 것을 영적이며 정의로운 일로 여겼다. 마땅히 해야 할 일이라는 것이다. 자선을 하나님의 정의를 실현하는 가장 기본적인 행위로 간주한다.

유대인에게 있어 자선은 일상이다. 생활 속에서 자선을 실행하는 것이 몸에 배어 있다. 가난한 사람을 돕고 자신의 식탁에 낯선 사람을 받아들여 식사하는 것을 중요하게 여긴다. 결혼식과 같은 특별 예식 때나 유월절, 부림절과 같은 유대 종교 명절에도 쩨다카의 실행은 중요한 과정이다.

유대인의 자선, 쩨다카의 실행 목적은 크게 세 가지로 정리할 수 있다.

첫째, 계명의 준수다

쩨다카는 자선 이전에 정의다. 선한 일 이전에 토라(계명)에 대한 순종이다. 사람에 대한 사랑 이전에 하나님에 대한 사랑의 정신이며 신앙의 표현이다. 유대인은 자선을 인간의 탐욕을 제어하고 통제하는 최고의 수단으로 여긴다. 그래서 보이는 자선의 실행을 보이지 않는 믿음의 싸움에서 거둔 승리로 여긴다. 인간의 제1의 천성 탐욕을 제2의 천성 자선으로 극복하며 살아가는 것이 유대인의 인생 여정이라 여기기 때문이다. '돈의 노예가 되지 말고 돈의 주인이 되되, 가치의 주인이 돼라!' 유대인은 계명이 제시하는 정의의 실천으로서의 자선, 사랑의 계명을 실천하는 자선이 돈을 가장 가치 있게 쓰는 축복의 통로라고 여긴다.

둘째, 자녀를 교육하는 일이다

"이스라엘아 들으라 우리 하나님 여호와는 오직 유일한 여호와이시니 너는 마음을 다하고 뜻을 다하고 힘을 다하여 네 하나님 여호와를 사랑하라. 오늘 내가 네게 명하는 이 말씀을 너는 마음에 새기고 네 자녀에게 부지런히 가르치며 집에 앉았을 때든지 길을 갈 때든지 누워 있을 때든지 일어날 때든지 이 말씀을 강론할 것이며 너는 또 그것을 네 손목에 매어 기호로 삼으며 네 미간에 붙여 표로 삼고 또 네 집 문설주와 바깥문에 기록할지니라."

(신명기 6:4~9)

토라의 계명에 순종하는 쩨다카는 자녀 교육으로 열매 맺는다. 자녀를 교육하는 일 또한 교육 이전에 계명에 대한 순종인 것이다. 자선이야말로 진정한 인성 교육의 커리큘럼이다. 인성은 관계를 떠나 이야기할 수 없다. 관계를 전제로 한 성품이 바로 인성이다. 자선의 실행이 없는 품성 교육은 말과 머리로 하는 지성 교육에 지나지 않는다. 유대인 격언에 이런 말이 있다.

"사람이 죽어서 신 앞에 갈 때 가져갈 수 없는 것이 있다. 돈, 친척, 친구, 가족이다. 그러나 선행만은 가져갈 수 있다."

유대인은 자녀에게 이 사실을 말과 행동으로 가르친다. 학교에 들어가는 시기에 가르치는 것이 아니다. 젖을 빨고 걸음마하기 전부터 유대 커뮤니티 활동을 통해 자선과 기부를 몸소 보여 주고 느끼게 한다. 쩨다카 저금통을 집이나 직장 어느 곳에서도 쉽게 접할 수 있다. 가족의 공동 저금통보다는 아이들마다 저금통을 제작하여 관리한다. 각자의 쩨다카 저금통에 아침, 저녁 식사 전 동전 하나라도 집어넣는다.

안식일에도 쩨다카의 계명 준수는 모든 일에 앞서 진행된다. 처음에는 행위에 지나지 않을지 모르나 행위의 반복은 마음의 변화를 이룬다. "심장에서 나온 말만 심장까지 전달된다."라는 유대 격언이 있다. 말뿐이 아니라 마음에서 우러나온 행위는 그 진심이 전달되기 마련이다. 그 진심이 자녀 교육의 과정에서 실천되고 정신적 유산으로 상속되고 있다.

로버트 풀검은 자신의 책 《내가 정말 알아야 할 모든 것은 유치원에서 배웠다》에서 이야기한다. '어떻게 살 것인가, 무엇을 할 것인가, 어떤 사람이 될 것인가에 관해 내가 정말 알아야 할 모든 것을 나는 유치원에서 배웠다. 지혜는 대학원이란 산꼭대기에 있는 것이 아니다. 유치원의 모래성 속에 있다. 내가 배운 것은 이런 것들이다. 무엇이든지 나누어 가져라. 남을 때리지 말아라. 물건은 항상 제자리에 놓아라. 남의 물건에 손대지 말아라. 남의 마음을 상하게 했을 때는 미안하다고 말해라.' 대단한 가르침이 아니다. 일상을 살며 지켜야 할 삶의 규칙이다. 이것은 다른 사람을 위한 것인 동시에 자신을 위한 실천이다.

유대인에게는 자선도 마찬가지다. 자연스러운 것이다. 어린 시절부터 자녀에게 자선의 행위가 가식이 아닌 진심에서 우러나오는 것이어야 함을 일상에서 보여 준다. 그들에게 자선은 특별한 행사가 아니다. 자선이 곧 일상의 삶이다. 유치원 이전 요람에서부터 자선의 정신이 그들의 마음과 행위에 깃들게 된다.

자신이 가진 것을 사회로 돌려보내는 자선의 과정 속에서 감사의 정신을 배우게 된다. 자선은 자신들이 누리는 모든 것이 하나님이 허락한 것임을 인정하는 마음을 전제로 한다. 하나님이 준 것을 당연하게 여기는 것이 아니라 자선을 통해 감사를 표현하는 계기로 삼는다. 물질적인 관점에서는 손해처럼 보일 수 있는 자선을 유대인은 궁극적인 인생의 여정 속에 건강과 행복, 풍요로운 삶을 살아가는 밑거름이 된다고 믿고 있다. 이러한 믿음은 감사의 마음으로 행하는 더 많은 봉사와 자선으로 이어진다. 이것이 진정한 인성 교육이며 참된 자녀 교육이다.

셋째, 유대인 공동체 내부의 복지 제도를 견고하게 하는 것이다

유대인 커뮤니티에는 그들만의 복지 제도 쿠파KUPPAH가 있다. 유대 경전 토빗서는 '구제하는 일에 열중하는 사람은 하나님의 얼굴을 볼 것이다.'라며 자선을 강조한다. 하나님의 얼굴은 고사하고 하나님을 뜻하는 히브리어 단어조차 거룩하다 하여 발음하지 않던 이들이 유대인이다. 그만큼 구제의 중요성에 대해 강조하는 것이다. 하나님 앞에서 하나님을 바라보는 행위가 이 땅에서의 자선인 것이다. 유대교 신앙생활 최고의 미덕이 자선인 이유 중 하나다. 자선은 이러한 마음을 전제로 한 물질의 사용이 자신과 가정을 넘어서는 것이다. 유대인 격언은 부와 자선에 대한 그들의 생각을 잘 반영하고 있다.

'신이 사용하는 인간은 부자다. 부자는 몸의 심장이며 가난한 자는 인체, 부는 피다. 부는 인체로 순환되어야 한다. 순환되지 않으면 심장이 터져 죽게 되고 인체는 피가 부족해 죽게 된다.'

유대인은 신을 대신해 가난한 자를 돕는 사람이 부자라고 여기는 마음이 있다. 부자는 신의 경제적 파트너이자 대리인이며 자선(쩨다카)은 부자의 의무이자 사명인 것이다. 물론 부자만의 의무라고 여기지는 않는다. 각자의 형편과 능력에 따라 자선에 동참하고 있다. 다만 부자에게 주어진 더 무거운 책임에 대해 유대인은 강조하고 있다.

부자가 자선을 통해 의무와 책임을 다할 때 더 큰 부의 축복이 주어진다는 믿음도 있다. 더 큰 부자가 되기 위한 조건적 실천이 아닌 의무의 실행에 따라 주어지는 축복에 대한 믿음이다. 그래서 부의 축복은 또 다른 감사와 자선으로 이어진다.

유대 공동체에 돈이 없어서 결혼을 못하거나 교육을 받지 못하는 사람이 없는 것도 이런 이유 때문이다. 굶어 죽거나 치료받지 못해 병들어 죽는 사람 또한 없다. 자선이 일상화된 유대 사회의 높은 의식이기도 하지만 유대 율법은 법으로도 자선의 실행을 강제해 왔다. 항상 사회 문제 해결에 관해 이야기할 때면 제도의 개선이 문제냐 시민의 의식이 문제냐를 놓고 갑론을박한다. 유대인의 기준으로 본다면 제도의 개선이 먼저다. 앞에서도 언급했지만 그들은 인간 제1의 천성을 '탐욕'으로 보았다. 유대인은 이 천성을 율법으로 강제하며 제2의 천성 '자선'의 마음을 만들어 왔다. 오늘날의 시점에서 그들의 자선은 법에 의한 강제된 행위가 아니라 그들 마음의 유전자에 각인된 대로 자연스러운 실천으로 세상과 소통하는 수단이 되고 있다.

이러한 그들의 자선은 유대 커뮤니티 안에 머물러 있지 않다. 이방인을 위한 구호 기금 탐후이Tamhui를 조성하여 실행해 가는 민족이 유대인이다.

이렇듯 복지 제도가 일반화된 유대인에게 복지에 대한 다른 시각이 있다. 복지 제도에 기대 사는 것에 대한 혐오다. 랍비들은 가르쳐 왔다. "필요하다면 시장에 나가 짐승의 가죽을 벗기는 일이라도 해서 네 삶을 받아 살아라. 나는 고귀한 사람이니 이런 일은 나의 위엄에 어울리지 않는다고 말하지 말아라." 이러한 가르침은 어쩔 수 없이 복지의 대상이 되는 사람에 대한 경멸이 아니라 그들이 추구하는 인생의 방향성이다. 쿠파의 대상이 되기보다는 쿠파의 실행자가 되고자 하는 그들의 지향성이다. 그래서인지 이전의 쿠파의 대상이 되었던 개인과 가정이 쿠파의 가장 강력한

1장 유대인을 이노베이터로 만든 일곱 가지 정신

후원자가 되는 일이 유대 사회에서는 자연스러운 일이다.

이러한 정신은 개인을 넘어 기업까지 이어진다. 이스라엘은 벤처 국가로 널리 알려져 있다. 벤처에 뛰어든 사람에게 돈이 충분할 리 만무하다. 그때 국가가 이들을 돕는다. 이를 위한 수많은 기금이 있는데 앞서 소개한 요즈마 펀드가 대표적이다. 중요한 것은 이렇게 세워진 벤처 그룹은 그 수익을 다양한 형태로 사회에 환원한다는 점이다. 보여 주는 방식의 기부가 아니다. 개인과 유대 가정에서 행하여지는 쩨다카의 정신이 기업을 운영하는 기업가와 기업에도 자연스럽게 연결되는 것이다. 배워서 남 주고 벌어서 남 주는 자선을 밑바탕에 둔 유대 사회의 이러한 신뢰야말로 오늘날 유대인의 성공을 만들어 낸 성공 요소가 분명하다.

유대인은 자선에 대한 구체적인 지침을 가지고 있는데 그것이 자선의 8단계다. 순서가 더해 갈수록 높은 수준의 자선으로 여긴다. 자선의 의도와 마음도 중요하지만 실행하는 형식도 중요하다는 뜻이다.

1단계, 마지못해 아까워하면서 주는 기부

2단계, 즐거운 마음으로 기부하지만 줄 수 있는 것보다 덜 주는 기부

3단계, 달라는 요청을 받은 뒤에 주는 기부

4단계, 달라고 요청하기 전에 주는 기부

5단계, 받는 자는 주는 자가 누구인지 알고, 주는 자는 받는
　　　자가 누구인지 모르는 공개 기부

6단계, 받는 자는 주는 자가 누구인지 모르고, 주는 자는 받는
　　　자를 알지만 익명으로 하는 기부

7단계, 믿을 만한 기부 단체를 통해서 하는 기부. 익명으로 하
　　　며 주고받는 자 쌍방이 서로를 모르는 기부

8단계, 받는 사람이 자립할 수 있도록 도와주는 기부(가난한 자
　　　에게 무이자 대출, 보조금 지급, 직업 알선, 파트너십)

　전 세계에 있는 민족 중 가장 지혜로운 민족을 이야기할 때 누구나 유대 민족을 꼽는 것을 주저하지 않는다. 기억해야 하는 것은 전 세계 어느 민족보다도 자기 민족, 동포를 생각하고 서로의 무거운 짐을 나누어지는 이들이 유대인이라는 점이다. 개인적으로, 사회적으로, 기업의 영역에서도, 국가적으로 이러한 정신이 실현되도록 적극적으로 지원하는 것이 유대인의 문화라는 사실을 주목해야 한다. 노벨상으로 대변되고 모든 분야에서 두각을 나타내는 유대인의 탁월함은 강조되는 그들의 몇 가지 학습 방법만으로 일궈 낸 결과물일까? 절대 그렇지 않다. 그럴 수 없다. 어느 사회보다 높은 기준으로 실행되는 수준 높은 쩨다카 문화가 바로 유대인의 탁월함을 가능하게 한 숨은 커리큘럼의 중심에 있다는 것을 기억하자.

2장

유대인처럼
삶을 디자인하라

공부란 현재와 미래의 틈을
채우는 노력이다.

훈련된 무능력에서
벗어나라

현실 교육 문제를 생각하며 무엇이 문제인지 브레인스토밍 해 본다. 운율에 억지로 끼어 맞춘 듯한, '시 같지 않은 시'로 정리해 보았다.

훈련된 무능력

진도는 나갔는데 기억이 나지를 않는다.
공부를 했는데도 이해가 되지를 않는다.
학습은 매일하나 능력이 자라질 않는다.

시험은 잘보는데 사고의 능력이 없구나.

훈련은 받았는데 과정의 진보가 없구나.

학년은 올랐는데 실력은 변함이 없구나.

졸업이 요구하는 학점을 채웠고 축입사.

현장이 기대하는 능력이 나에겐 없구나.

교육은 받았는데 생각이 나지를 않는다.

학교는 다녔는데 역량을 세우지 못했다.

문제는 알겠는데 어떻게 해야만 하는지.

훈련된 무능력에 오늘도 눈물을 흘린다.

특별한 대상에 대한 이야기가 아니다. 이 사회를 성실히 살아온 우리의 이야기다. 현실을 살아가고 있는 자녀의 이야기다. 어느 날 갑자기 제기된 문제가 아니다. 예전에도 '교육이 문제다!' 하고 외쳤다. 지금도 '교육이 바뀌지 않는다!' 하고 성토한다. 이것이 현실이다. 현실 그 자체가 문제다.

오늘날 우리의 일상은 무능력이 훈련되는 과정이다. 한 사람 한 사람의 고유한 능력 향상은 요원하고 이 사회가 디자인한 틀에 짜 맞춰진 모습 그대로 사회에 던져진다.

모든 것이 잘못된 것은 아니다. 정부에 의지가 없는 것도 아니다. 다양한 투자가 계속되고 있다. 훌륭한 선생님이 없는 것도 아니다. 고민하고 갈등하며 진정한 교육을 위해 힘쓰는 교사들이 현장에 가득하다. 아이러니한 것은 문제없는 듯한 그 과정을 통과하면 항상 똑같은 결과가 나온다는 사실이다. 붕어빵 틀에 찍어 낸 듯한 '훈련된 무능력'으로 무장한 체 사회 일선으로 내몰린다. 우리의 교육 과정이 만들어 놓은 사회적 쌍둥이와 같은 닮은꼴이 사회에 넘쳐난다.

생태학자이자 문화 비평가인 토머스 베리는 말한다. "병든 지구에 좋은 인간이란 존재할 수 없다." 우리가 안고 있는 문제다. 병든 교실에서 좋은 학생이란 존재할 수 없다. 병든 교육에서 '훈련된 능력'을 세우는 일은 불가능하다. 리모델링이 아니라 리엔지니어링이 필요한 때다.

우리의 자녀에게 박탈당한 기회를 돌려줘야 한다. 선택의 여지 없이 무능력이 훈련되는 현장에서 도망이라도 갈 수 있도록 탈출구를 마련해 줘야 한다. 의도가 잘못된 것도 아니고 목표도 그것을 추구하지 않는데 왜? 어떤 퍼즐이 빠졌기에 완성된 그림이 맞춰지지 않는 것일까? 과연 무엇이 문제일까? 그 문제를 일으킨 문제점들은 어떤 것일까? 어디서부터 시작해야 할까?

문제를 해결하려는 노력이 없었던 것은 아니다. 누구나 문제가 있다는 사실을 알기에 수많은 시도를 해 왔다.

다양한 시도가 지금도 진행 중이다. 열린 교실이 답이다! 자유학기제가 답이다! 소통이 답이다! 독서가 답이다! 질문이 답이다! 창의력이 답이다! 하브루타에 대한 관심도 같은 차원에서 생겨났다. 하브루타가 교실의 문제를 해결하는 마스터키가 아닐까 하는 관심이다. 하브루타가 퍼즐을 완성하는 마지막 숨은 퍼즐이 아닐까 하는 기대가 있다.

유대인에 대한 관심도 같은 차원이다. 다양한 통계를 통해 유대인의 역량을 전해 듣는다. 부러움에 유대인을 살핀다. 탈무드에도 관심 가져 본다. 그들의 종교에 어떤 특별함이 있는 것은 아닌가 하는 생각도 해 본다. 그들이 자신들만의 음식 문화 '코셔'를 따른다고 하니 어떤 이들은 자녀에게 코셔 음식만을 먹도록 하는 시도까지 한단다.

전 세계 어느 곳보다 우리나라는 유대 교육에 대한 관심이 유별나게 높다. 이스라엘에서도 한국의 탈무드에 대한 관심이 놀랍고 신기하다며 기사화된 적이 있을 정도다. 유대인에 대한 우리의 관심은 훈련된 무능력과 관련 있다. 왜 그들은 배움을 통해 역량을 키우고 능력을 세우고, 세계가 놀랄 만한 성취를 얻었는데 우리는 그러하지 못한가 하는 것이다. 우리나라에도 능력자가 없지는 않다. 유대인 중에서도 사회 부적응자가 있고 무능력자도 있다. 분명한 사실은 유대인이 받는 배움의 과정을 통해 다수의 사람이 훈련된 능력을 갖추었다는 것이다. 기적이 반복되면 더는 기적이 아니다. 그동안 기적이라 불렸던 유대인의 성취는 훈련의 과정을 통해 세워진 실현 가능한 것임을 부정할 수 없다. 하브루타 하나만으로 이룬 일이 아니다. 우리는 하브루타라는 마중물로 유대인에게 공통으로 발견되는 성취, 그것을 가능하게 했던 요인에 대해 연구해 봐야만 한다. 요원한 답을 찾는 것이 아니다. 이미 나온 답, 누구나 이룰 수 있는 성취에 대한 논리적인 해법을 이야기하자는 것이다.

훈련된 무능력이 아닌 배움의 진보를 이뤄가는 교육과 학습이 필요하다. 이런 때일수록 원론부터 살펴보는 노력이 요구된다. 교육의 문제를 해결하는 것이 도깨비방망이 같은 하나의 방법을 통해 가능하다는 환상에 빠져서는 안 된다. 방법이 문제가 아니라 OSOperating System 운영 체제의 문제로 접근해 들어가야 한다. 원론적인 문제를 들추어 문제점을 발견하여 그 근본부터 치료하는 과정이 필요하다. 교육 생태계를 바꾸는 대수술의 과정이다. 생태계가 파괴되면 생물이 살 수 없듯, 교육 시스템이 무너졌는데 '멋진 방법' 하나로 해결할 수는 없다.

방법이 필요 없다는 것은 아니다. 교육 환경의 변화와 방법의 시도는 동시적으로 진행하는 것이 좋다. 다만 방법은 단기적인 변화를 끌어내는데 탁월하고 교육 생태계는 장기적인 노력을 통해 바뀌어 갈 수 있다는 사실을 기억해야 한다. 교육 생태계의 변화는 방법을 한 가지 도입한다고 이룰 수는 없지만 변화의 중요 요인 중 하나는 될 수 있다. 방법을 변화와 혁신의 마중물로 삼을 수는 있다. 이러한 전체상을 가지고 접근한다면 방법도 문제 해결의 중요한 물꼬로 활용할 수 있다.

하브루타는 과목 학습이 아니다. 소통의 과정을 통해 훈련된 능력을 가져다주는 과정 학습의 탁월한 방법이다. 한두 번의 관심과 시도에 활용될 도구가 아니다. 원하는 변화를 위해서는 지속성이 필요하며 일관성이 요구된다. 공부란 현재와 미래의 틈을 채우는 노력이다. 하브루타도 문제가 많은 현실과 우리가 꿈꾸는 미래의 틈을 채우는 노력이어야 한다. 그렇다고 하브루타가 전혀 새로운 것은 아니다. 인간이라면 누구나 활용하는 소통의 방법 가운데 하나다. 다만 효과적이고 효율적인 변화를 위해 전혀 새로울 것 없는 이 방법을 위한 구체적인 지침이 요구된다. 이 책이 제시하는 지침을 하나둘 따라가 보자. 그러다 보면 교육과 학습의 문제점을 발견할 수 있을 것이다. 해결의 가능성 또한 확인할 수 있을 것이다. 어느 순간, 문제가 아니라 문제 속에서 꿈꿨던 비전이 현실의 누림이 되어 있을 것이다. 이제, 훈련된 무능력에서 벗어나기 위한 구체적인 노력의 발걸음을 내어 디뎌 보자.

보통 사람의 프로그래밍을
리셋하라

미션 임파서블. 미국의 비밀 스파이 조직 IMF impossible mission force의 활약상을 그린 할리우드 영화다. 이름 그대로 불가능한 일을 수행 하는 비밀 조직 IMF는 국가와 세계 평화를 위해 비밀리에 활동한 다. 그 중심에는 최고의 스파이 요원 에단 헌트(톰 크루즈)가 있다. 모든 영화가 그러하듯 주인공 에단에게는 수많은 위기가 찾아든 다. 해결 불가능한 미션과 그 이상의 임파서블 재난이 가득하다. 그렇다고 걱정이 되지는 않는다. 영화는 영화인지라 주인공 에단 헌트는 문제 해결사로서의 면모를 여과 없이 보여 준다. 뻔한 스 토리일 수 있는 이 이야기는 25년 동안 6편의 시리즈물로 이어지 며 인기를 얻고 있다. 싫증이 날 수 있는 스토리에 탄탄함을 덧입

힌 연출력과 부상을 무릅쓰고 열연하는 톰 크루즈의 프로페셔널 정신이 있었기에 가능한 결과다.

오늘날 유대인의 활약을 보고 있자면 현실의 IMF처럼 느껴진다. 죽음의 끝자락에서 다시 살아나는 영화의 주인공처럼 유대인은 역사의 위기 앞에서 다시 일어났다. 생존을 근근이 유지하는 일어섬이 아니다. 위기를 넘어설수록 민족을 넘어 세계를 향한 유대인의 영향력은 커져만 간다. 분야를 불문한다. 유대인은 사회, 정치, 경제, 교육, 문화, 과학 등 수많은 분야에서 두드러진 활동을 보인다. 역사를 수놓은 그들의 수많은 '미션 임파서블'의 결과는 교육과 경영의 연구 대상을 넘어 미스터리 영역에서 다루어지기까지 할 정도다. '그들에게 나타난 영향력은 어떤 요인들로 인해 가능할 수 있었던 것일까?' '유대인들은 왜 다른가?' '그들의 특별함은 그들만의 것인가?' '어떻게 우리 삶에 특별함을 창조할 수 있을까?' 해답이 단순할 순 없겠지만 그 출발은 유대 민족의 특수성으로부터 찾아야 한다.

유대 민족에게 주어진 사명은 개인과 기업, 국가적인 사명을 넘어선 신적 명령이다. '너희는 나 외에 다른 신을 네게 있게 하지 말라.' '들으라 이스라엘!' '너희는 내가 명한 것을 가르쳐 지키게 하라.' 신의 명령에 대한 그들의 믿음은 인생의 동기와 태도가 되었다. 어떠한 어려움과 고난 앞에서도 유대인으로서의 자긍심과 사명을 잊지 않았다. 보이는 모습이 다가 아니라 되뇌었다. 마음속에 꿈꾸고 바라보는 것, 신의 약속을 바라보며 고난을 극복

했다. 미래의 모습을 꿈꾸며 현재를 살았다. 유대인이라는 이유로 모두가 가는 평탄한 길을 선택할 수가 없었다. 생존을 위해 남들이 마다하는 길을 가야 했고 새로운 길을 개척해야 했다. 평범할 수가 없었다. 그러면서도 그 길을 가는 동료 유대인을 한 몸의 지체처럼 여겼다. 신이 맺어 준 형제자매라 여겼기 때문이다. 이러한 동기와 태도는 유대 공동체의 바탕을 이루었다.

우여곡절 끝에 국가를 이루고 이산離散의 현장, 낯선 땅에서 조금씩 자신의 자리를 세워 갈 수 있었다. 남이 만든 기준 위에서 최고가 되기보다 나만의 모습을 찾기 위해 힘썼다. 남이 가지 않는 길 위에서 최고의 삶을 디자인하였다. 절대 평범하지 않은 이러한 태도는 유대인의 문화가 되었고 자산이 되었다. 그렇게 세워진 유대 공동체의 정신, 문화, 일상은 결코 평범할 수 없었다. 유대인의 어떤 프로그램 한두 가지가 유대인의 차별성을 만들어 낸 것이 아니다. 그러한 구성 요소 하나하나가 모여 이룬 문화가 그들의 삶에 차이를 가능하게 만들었다. 유대 사회 안에서 함께 호흡하며 나아가는 이들은 이러한 영향 아래 창조적인 능력을 마음껏 펼쳐 나갈 수 있었다.

우리 사회는 어떠한가. 역사의 시간 속에 정반대의 문화가 세워져 왔다. 모든 프로그램은 보통 사람이라는 전제 아래 디자인되어 왔다. 학교, 사회 공공기관 모두가 여기에 속한다. 인공 지능 시대, 이전과 다른 특이점의 시대를 살며 변화를 추구하는 오늘날도 크게 다르지 않다. 여기서 말하는 보통 사람이란 자신만의 독특성이 아닌 붕어빵 틀에 맞춰 디자인된 사람을 말한다. 별다른 생각 없이 남이 다 하는 노력 정도만 하면 변화되는 정도의 사람 말이다.

　대중성, 대중 시스템, 대중 교육은 모두 보통 사람을 만들기 위한 프로그램으로 기획되었다. 마치 그리스 신화 속 프로크루스테스의 침대와도 같다. 프로크루스테스는 지나가는 나그네를 불러 자신의 침대에 눕힌다. 침대보다 키가 크면 다리를 자르고 작으면 다리를 늘려 죽였다. 침대는 바뀌지 않는다. 결말 또한 정해져 있다. 늘려 죽임을 당하고 잘려 죽임을 당한다. 누구라도 침대 위에서는 죽은 존재가 된다. 대중을 대상으로 한 보통 사람의 프로그램이 프로크루스테스의 침대와 무엇이 다른가. 붕어빵 틀에서 나온 천편일률적인 모양의 빵. 보통 사람의 프로그래밍. 평등과 공평이라는 이름 아래 가장 큰 불평등이 행해져 왔다. 사회와 제도는 각 사람이 재능과 역량을 발견하고 세워 가는 데 관심을 두지 않는다. 자신들이 세운 기준에 대중을 맞추고 평가하기에도 벅차다. 단지 남과 다를 뿐인데 틀렸다는 비난을 받아야 한다. 원하는 길이 다르고 준비된 역량이 다를 뿐인데 고민 없이 능력 없는 자로 평가해 버린다. 안타까운 것은 이러한 사회를 살아가는 우리도 자신만의 프로크루스테스의 침대를 갖고 살아간다는 것이다. 자신을 믿지 않는다. 자신에게 또 다른 기회를 주지 않고 살며 배워 온 기준에 자신을 맞춰 살아가려 한다. 변화를 추구하지 않는다. 나만의 독특함이 아닌 대중이 추구하는 동일한 가치 위에서만 나를 세워가기에 익숙하다.

유대 사회는 자신을 재단하는 어떠한 프로크루스테스의 침대도 부정한다. 베스트 원Best One이 아닌 온리 원Only One을 꿈꾸기 때문이다. 하나의 목표가 아닌 서로 다른 목표를 추구하는 그들에게는 경쟁보다 협력이 더 매력적이다. 유대인의 구조는 대중을 만드는 보통 사람의 프로그래밍이 아니다. 신의 소명을 수행하는 특별한 존재, 온리 원의 인간으로 세워 가는 프로그래밍 알고리즘으로 조성되어 왔다.

이러한 상황 속에서 우리가 나만의 탁월성, 온리 원의 능력을 추구하기 위해 필요한 것은 무엇일까? 먼저 시스템을 구축해야 한다. 보통 사람의 시스템 안에서 탁월성을 이루어 나갈 수 있는 구조를 만들어야 한다. 이것은 기술의 문제이기 이전에 방향의 문제다. 오늘에 입각해서 바라본 미래 나의 자화상에 관한 이야기다.

유대 격언에 '실패를 저울에 올려라.'는 말이 있다. 실패의 무게를 재고 다시 반복하지 않기 위해 준비하라는 뜻이다. 우리에게 요구되는 자세다. 보통 사람의 프로그래밍 실패가 무엇인지 알아야 한다. 그 실패의 무게가 어떠한지 구체적으로 느껴야 한다. 이전의 실패를 반복해서는 안 된다. 인간의 뇌와 문화가 된 삶은 컴퓨터 파일처럼 초기화할 수 없다. 그러나 그에 버금가는 노력이 필요할 때다. 새로운 변화에 발맞추어 나갈 뿐 아니라 그 길을 선도해 가기 위한 우리의 구체적인 결단이 요구된다.

유대 교육의 숨은 커리큘럼

: 일상 & 문화

나는 할 수 있다! 하면 된다! 잘될 거야!

　자기 계발 구호가 넘쳐난다. 나를 믿고 나를 독려한다. 누군가 자신의 성취를 이야기하며 독려할 때 '나도 그들처럼'을 꿈꾸며 기대에 부풀기도 한다. 힘이 되기도 한다. 나에 대한 자신감은 무엇을 시도하든 필요하다. 성공의 중요한 요소다. 내가 나를 믿지 못한다면 누가 나를 믿겠는가! 다만, 믿어서는 안 되는 나의 모습이 있음을 기억해야 한다. 자기 자신을 믿는 동시에 나의 '훈련된 무능력'은 이후의 내 삶에서 철저하게 배제해야 한다. 내가 할 수 있으려면 그사이 나의 발목을 잡았던 나의 무능력한 일상을 발견해야 한다. 일상에 변화를 주어야 한다. 성공을 꿈꾸는 것도 나이고 성취하는 것도 나이지만 성공을 방해하는 것 또한 나다. 실패의 가장 큰 원인을 제공하는 사람은 그 누구도 아닌 나이다. 일의 실패 원인이 밖에만 존재하는 것이 아니다. 내부의 적은 더 무섭다. 훈련된 무능력은 적이라 느끼지 않는 친숙함 가운데 나의 삶에 깃들기 때문이다. 그중에서도 정돈되지 않은 일상은 내 인생에서 가장 큰 나의 적이다.

뉴스페이퍼 테스트

뉴스페이퍼 테스트는 윤리 경영의 선도 기업으로 유명한 듀폰 사의 윤리 원칙 중 하나로 아래의 질문을 던지며 시작된다. '나의 행동이 내일 조간신문에 보도되었을 때 당황하지 않고 떳떳할 수 있는가?' 자신에게 던지는 질문이다. '아무도 보지 않는 곳에서 나는 누구인가?'라는 물음을 던졌던 종교 지도자 빌 하이벨스 목사의 고민과도 같은 것이다. 어떤 원칙을 지니고 살아가는지, 그것이 내 삶에 어떤 일관성을 지니게 했는지 나 자신에게 질문한다. 나는 어떤 사람인가? 내 삶의 원칙과 기준은 무엇인가? 무엇을 위해 어디를 향해 가는가! 내 주위를 둘러싼 사람은 어떤 사람인가? 그들이 가진 삶의 원칙은 무엇인가? 추구하는 바는 무엇이며 그것을 위해 오늘 내린 결정은 무엇인가? 그 결정은 과연 옳은 것인가?

사람이 항상 옳을 수는 없지만 자신이 가진 원칙만큼은 좋은 것이어야 한다. 옳은 것이어야 하며 개괄적으로 중요한 가치여야 한다. 그 위에서 꿈을 꾸고 합리와 효과, 실용을 추구해야 한다. 근시안적인 관점이 아닌 거시적인 관점이 필요하다. 이것이 삶의 지혜다.

뉴스페이퍼 테스트가 필요할 때다. 나의 삶의 가치, 행동 강령, 불문법으로서의 가치가 점검돼야 한다. 그것이야말로 내 인생을 의미 있게 하는 가장 중요한 요소이기 때문이다.

일상의 축복 Vs.
일상의 후회

벤저민 프랭클린과 도산 안창호의 글을 보면 어떻게 저렇게 자신의 삶에 대하여 자신할 수 있을까 하는 생각이 든다. '다시 삶을 살아도 지금까지 살아온 삶을 반복하고 싶다'는 그들의 생각은 교만일까? 아니다. 그만큼 최선을 다해 살았고, 많은 축복을 받은 삶이라는 사실을 알기 때문에 그들은 그렇게 글을 쓸 수 있었다. 그러나 사람들 대부분은 후회로 삶을 채워 가는 듯하다. 후회란 무엇인가? 실수인가? 실패인가? 더 잘할 수 있는데 잘못된 길로 들어선 것인가?

후회는 자신의 역량에 따라 살며 결정한 일상이 가져다준 결과다. 자신이 인정하든 인정하지 않든 후회의 상황은 자신의 선택과 자신을 둘러싼 일상의 요인이 만든 것이다. 예외는 있다. 외부 요인으로 인한 어려움이다. 나의 잘못이 배제된 가운데 찾아 든 고난이다. 말 그대로 예외다. 예외적인 순간을 빼놓고 후회 대부분은 나의 선택, 내가 살아온 일상으로 인해 나에게 다가온다. 그것을 인정하지 못할 때 문제의 원인을 밖에서만 찾게 되고 불평과 불만이 후회의 자리에 더해진다.

그러한 상황을 받아들이기가 쉽지는 않지만 오늘 펼쳐지는 일상이 자신에게 주어진 최선이었음을 인정하는 것이 새로운 출발점이다. 자신의 영점을 알고 인정할 때 개선의 기회가 찾아오기 때문이다. 더 잘할 수 있다는 나에 대한 자신감도 이 영점이 없이는 헛된 자신감에 지나지 않는다. 후회는 없을수록 좋다. 아쉬움은 적을수록 좋다. 후회와 아쉬움의 결과는 나의 실력, 역량이 드러난 실재라는 점을 잊지 말아야 한다. 그것을 되돌리는 방법은 없다. 다만, 새로운 일상을 디자인하고 이후 시간은 후회가 아닌 자신감과 축복으로 채워 가면 된다. 벤저민 프랭클린과 안창호가 다시 살고 싶다고 까지 자신했던 인생, 그 일상. 더 잘 살 수 없을 정도로 최선을 다한 삶은 어떤 삶일까 생각해 보게 된다.

유대인을 만든 교육,
일상

유대인이 고난의 역사 속에서 명맥을 이어 오며 그들만의 영향력을 만들어 낼 수 있었던 것은 절대적으로 교육의 힘 때문이다.

유대인은 그저 명맥을 유지하는 것이 아니라 영향력을 가정과 민족을 넘어 세계를 향해 확장해 왔다. 그런 과정에서 역사 속으로 사라져 갈 만한 위험과 어려움이 수없이 많았다. 그런 그들에게 교육은 모든 어려움을 돌파해 내는 기회가 되었다. 전쟁에서 죽기 직전에 되찾은 무기와 같은 것이었다. 교육은 자신들이 무너진 곳에서 다시 일어설 힘이 되었다. 자녀들을 교육함으로써 유대인은 닥친 고난의 시간 속에서도 자신들의 전통을 지키며 희망을 꿈꿀 수 있었다.

유대인은 어린 시절부터 자신의 언어와 문화를 배우며 자란다. 유대인의 전통, 공동체성을 부모와 사회로부터 전수받는다. 유대인은 사람을 나무와 같다고 본다. 초기의 관심과 돌봄이 그들이 건강하게 자라 열매를 맺게 하는데 절대적으로 영향을 끼친다고 본다. 그래서 유대인은 자녀가 잘 자랄 수 있는 환경을 마련하기 위해 힘썼다. 어떤 부모가 자녀를 위해 그런 노력을 마다하겠는가! 유대인이 달랐던 것은 그 일을 가정과 부모의 책임으로만 여기지 않았다는 점이다. 가정과 유대 공동체가 함께 감당해야 하는 사명처럼 여겼다. 그저 가정 교육을 잘하고 학교 교육에 있어 변화를 주는 것이 아니라 이 모든 것을 문화가 되게 만들었다. 유대인에게 있어 교육은 교육 이상이다. 문화가 삶이고 삶이 문화다. 교실에서 이뤄지는 배움만이 아니라 평생에 걸쳐, 삶의 현장에서 진행되는 문화로 여겼다. 그것을 생활 문화로, 일상에서 이룩해 냈다. 인적 환경, 물리적 환경, 심리적 환경, 교육적 환경. 이 모든 것을 살피며 디자인했다. 이러한 환경에서 어린 시절을 보내며 누리는 배움은 유대인 한 사람 한 사람의 인생에 결정적인 영향으로 다가간다. 장성한 사람에게 자선을 가르치고 역사의식을 세워주고 교육하려는 시도 또한 중요하지만, 그것은 그만큼 어렵다. 어린 시절부터 가정과 공동체가 하나가 되어 그들에게 물려줄 유산이 무엇인지를 알려 주고, 그것을 문화 곳곳에 디자인해 두었을 때 일어날 수 있는 일의 결과를 우리는 유대인을 통해 보게 된다.

문화의 키워드는 지속성이다. 연속성이 있다는 말이다. 나 혼자만의 힘으로 스스로 지속하려는 것이 아니라 환경이 나로 하여금 지속할 힘을 부여해 주는 것이 문화다. 나 홀로 하는 것이 아니기에 연속성을 갖는 것이 그리 어렵지는 않다. 내 주위에 있는 모든 사람이 다 하는 것을 나도 한다는 소속감과 위안 속에 그 길을 걷는다.

유대인은 잠자리에 들고 일어나는 일에서조차 문화를 만들어냈다. 유대인 가정의 잠자리는 대야에 물을 떠 침대 밑에 두는 것으로부터 시작된다. 아침에 눈을 뜨자마자 기도하기 위함이다. 하나님에게 기도할 때 깨끗한 손으로 기도하기 위해 잠자기 전에 침대 곁에 손 씻을 물을 준비하는 것이다. 잠들기 전에는 히브리어로 기도를 한다. 잠자기 전에 책을 읽어 주는 베드 사이드 스토리는 유대인의 대표적인 교육 방법으로 알려져 있다. 단순히 잠자기 전 아빠, 엄마가 책을 읽어 주는 시간이 아니다. 그것은 그들의 문화와 전통이다. 의무인 동시에 원함이다. 종교적 전통을 의무적으로 수행하는 것이 아니라 그것을 문화로 만들었고 원함이 되도록 동기 부여도 했다. 이 작은 차이가 오늘의 큰 차이를 만들어 내고 있다. 유대인을 세워 가는 일은 학교의 대단한 커리큘럼의 몫이 아니다. 그러한 교육도 유대인의 중요한 선택이기는 하지만 유일한 조건은 되지 않는다. 그들은 일상을 통해 자신의 꿈과 비전을 향해 나간다. 진정한 유대인은 일상에서 세워져 간다. 일상이 배움이 되고, 배움이 문화가 되었을 때 생기는 일들, 유대인의 삶을 통해 우리는 그 결과의 일부를 바라보고 있다.

유대인과 한국 부모의 교육열은 세계적으로 유명하다. 교육열을 넘어 극성스럽기까지 하다. 그렇다고 모든 면이 닮은 것은 아니다. 아이들의 꿈과 목표에 대한 부모의 자세에 큰 차이가 있다. 우리나라의 부모는 자신의 바람을 아이에게 주입하려고 힘쓴다. 의사가 돼라, 변호사가 돼라. 시대에 유명한 직업, 영향력 있는 직업을 그들의 미래의 꿈으로 주입한다. 그리고 거기에 맞춰 일상을 디자인한다. 물론 자녀를 위한 것이다.

유대인은 다르다. 유대인 부모는 일상에서 아이들과 대화하기 위해 힘쓴다. 함께 토론하며 하나님이 아이에게 준 재능과 장점이 무엇인지 찾으려 고민한다. 그 고민은 부모 자신의 고민이 아니다. 아이들 스스로 자신의 재능을 찾고 관심을 가지며 미래를 디자인할 수 있도록 격려하는 관심이다.

스티븐 스필버그는 유대인에 대한 자긍심을 갖지 못한 유년 시절을 보냈다. 학교에 적응하지 못했고 사람들이 보기에 결코 우등생이 아니었다. 그런 그를 어머니는 있는 그대로 보기 위해 노력했다. 스필버그의 어머니는 스필버그에게 하나님이 준 재능이 무엇인지 살피기 위해 노력했다. 그는 한 언론과의 인터뷰에서 자신의 한 일에 관해 이야기한다. "내가 한 일은 스필버그가 어릴 때 영화를 찍는다고 동네 아이들과 이곳저곳을 돌아다닐 때 그저 영화 찍을 때 드는 돈을 대 주고 아이들에게 음식을 해 먹인 것밖에 없습니다. 스티븐이 영화 찍을 때 동네 아이들이 다 스태프였으니까요."

일상생활 속에서 자신이 맡은 임무를 수행해 가며 자기가 원하는 분야에 정보와 지식을 배우고 익히는 일이 어찌 책상 위에서만 진행되는 일이겠는가. 오늘 우리 부모들, 기성세대의 실수는 우리 아이의 배움을 책상 위, 교실 안에서의 배움으로 한정 지었다는 것이다. 일상에서 살며 사랑하며 배우며 나누는 일, 서로 대화하며 서로를 이해하는 것만큼 중요한 것이 없음에도 우리는 일상을 벗어난 어떤 특별한 자리를 기대한다. 그곳에서 특별함을 만들기 위해 힘쓴다. 일상을 벗어난 자리에서 세상을 변화할 인물이 결코 나올 수 없다. 일상을 통한 배움은 프로그램에 한정될 수도 없다. 모든 영역에서 배울 수 있는 것, 바로 그 현장이 일상이다.

오늘,
희망을 꿈꾸다

오늘 하루를 어떻게 살아가고 있는가? 우리 자녀의 하루 일상은 무엇을 추구하며 왜 그렇게 디자인되었는가? 자녀의 삶의 시간, 우리의 일상을 디자인해야 한다. 신앙이 삶이 되고 교육이 문화가 된 유대인의 일상처럼 나를 나 되게 하고 자녀들의 삶이 꿈과 비전, 행복으로 열매 맺기 위한 일상의 디자인이 필요할 때다.

꿈과 희망이 중요한 것은 그것이 미래의 일만이 아니기 때문이다. 꿈과 희망은 오늘 내가 무엇을 해야 하는가에 대한 분명한 지표가 된다. 자기 정체성이란 오늘을 사는 내가 누구인가에 대한 확신이다. 더불어 오늘에 따라서 바라본 미래의 자화상도 내포하고 있다. 미래의 꿈과 희망이 오늘 나의 자리를 결정하게 된다. 오늘 무엇을 해야 하는가! 어디를 향해 가는가! 이 질문에 분명한 답변을 할 수 없다면 꿈과 희망을 점검하라. 나의 미래를 확인해라.

오늘 없는 내일이 있을 수 없다. 오늘의 준비 없이 내일의 변화는 진행되기 힘들다. 변화를 추구하는 이들에게 순수함만 요구할 수는 없겠지만 마음의 진심, 중심의 생각이 바른 것일 때라야 그 변화는 힘이 있다. 그래야 관계 속에 신뢰가 형성되고 오늘보다 나은 내일을 위한 소중한 인연을 만들어 갈 수 있다. 오늘 최선을 다하지 않는 사람이 내일의 비전을 품고 기대하기란 쉽지 않은 일이다.

지혜는 좋은 것과 중요한 것과 먼저 할 것을 알고 준비하며 실행하는 것이다. 정말 좋고 중요한 것이라면 우리 삶의 우선순위는 그것을 중심으로 고려되고 선택되어야 한다. 우리 삶의 우선순위에 영향을 주는 요소를 파악하고 제어할 수 있도록 디자인해야 한다. 그들에게 내 삶의 우선순위가 좌지우지되도록 내버려 두어서는 안 된다.

일상은 물과 공기와 같다. 가장 흔한 것이다. 그러나 없으면 죽는 것. 일상은 물과 공기처럼 우리 삶의 근원이 되어 주는 것이다. 내 삶의 물, 공기, 생명의 근원인 일상. 나의 삶의 일상, 그 우선순위는 무엇을 기준으로 디자인되었는가?

사느냐 죽느냐

: 생존의 문제 앞에서 주도적으로 살기

1948년 팔레스타인 땅에 이스라엘이 건국된다. 아랍 국가들은 반발했고 여러 차례 전쟁이 발발한다. 이스라엘은 많은 전쟁에서 승리했지만 뼈아픈 패배의 아픔도 겪는다. 충청남·북도만 한 작은 영토가 아랍 국가들에 둘러싸인 이스라엘에게는 순간의 실수도 용납될 수 없었다. 국가가 함락될 수 있는 위험에 항상 노출되어 있기 때문이다. 남녀 모두 군 복무를 의무로 하는 징병 제도가 마련된다. 국방력 강화에 힘을 쏟아야 했다. 남자는 3년, 여자는 2년 간 군 복무를 의무화했다. 이스라엘인에게 군대 복무는 의무 이상의 것이다. 자신의 생존과 관계있기 때문이다.

오늘날만의 일은 아니다. 역사 속 유대인에게 일상의 모든 키워드는 생존과 관련된 것이었다. 나라 없이 2,000년 동안 타국을 떠돌았다. 한곳에 자리 잡지 못했다. 종교적 핍박에 시달려야 했다. 삶의 터전을 옮겨 다닐 수밖에 없는 상황이 계속되었다. 유대인은 유랑하며 생존하는 법에 관심을 가져야 했다. 자연스럽게 기술에 집중하게 되었다. 어디를 가든 손과 발, 머리로 할 수 있는 기술을 몸에 익혀야 했다. 집과 삶의 모든 터전을 언제 어떻게 잃어버릴지 알 수 없었기 때문이다. 목숨만 붙어 있다면 도망쳐 어디를 가든 다시 시작할 수 있는 일에 자연스럽게 집중하게 되었다.

공부도 마찬가지다. 성공을 위한 과정이라 이야기하기엔 그들의 일상은 남달랐다. 공부조차 생존을 위한 선택이었다. 어떤 곳에서도 자립할 수 있는 능력을 키워야 했다. 어떤 상황에서도 돈을 벌 수 있는 능력이 있어야 했다. 그들에게 교육은 교양을 쌓는 행위가 아니었다. 생존을 위해 배워야 했다. 생명을 이어 가는 생존의 차원에서 배움이 진행되었다.

종교적 신앙이 유대인의 바탕을 이루고 있다고는 하나 그들이 민족적 신앙과 전통을 지키기 위해 힘썼던 것도 생존의 발버둥이었다. 현재를 바라보면 희망을 꿈꿀 수 없기 때문이다. 약속을 바라보아야 했다. 기대해야 했다. 그들의 유일신 하나님을 의지해야 했다. 그렇지 않으면 살 수 없었다. 우리에게는 꿈과 희망, 직업과 취미, 성취와 즐거움 등 키워드로 다루어지는 모든 일이 유대인에게는 생존을 위한 어쩔 수 없는 선택지였다. 유대인의 특별함이 어디서 비롯되었느냐 묻는다면 살기 위한 발버둥, 생존을 위한 처절한 싸움의 역사가 그들에게 안겨 준 선물이라 이야기하고 싶다. 위기 속에서 살아남기 위해 노력해야 했고 그 여정 속에서 주도적인 유대인의 민족성이 자리 잡기 시작한 것이다.

한 분야에서 영향력 있는 사람이 되기 위해 필요한 요소는 무엇일까?

첫째, 분명한 동기다. 내가 왜 그 일을 해야만 하는가? 내가 아니면 안 되는 이유, 내가 그것을 잘할 수 있는 이유가 분명해야 한다.

둘째, 주인 의식이다. 해도 되고 안 해도 되는 일이 아니라 자신의 선택에 대한 분명한 태도를 보이는 것이다. 자기 주도적이며 주인 의식을 갖는 것이 중요하다.

셋째, 지속성이다. 무엇인가를 이루기 위한 도전에 성공만 따를 수는 없는 법이다. 정체도 있고 실패도 있다. 헤어 나올 수 없는 것처럼 보이는 깊은 늪에 빠져 절망할 수도 있다. 수많은 사람이 여기에서 멈춰 선다. 그만둘 이유는 충분하다. 하지만 동기가 분명하고 주도적인 사람은 다르다. 목표를 향해 가는 길에서 만나게 되는 여러 문제 앞에 굴하지 않는다. 지속해서 문제 해결을 위해 힘쓴다. 실패를 배우거나 고난을 기회로 삼는다. 어떠한 상황 속에서도 지속해 가는 힘은 한 분야의 영향력을 세워 가는 이들에게 빼놓을 수 없는 요소다.

넷째, 일관성 속에 차별성이 있어야 한다. 지속한다고 모든 것이 만사형통일 리는 없다. 방법과 기술에 있어 분명한 차이를 만들어 낼 수 있어야 한다. 사람들 대부분이 꿈과 목표가 있다. 문제는 대다수가 꿈의 주변을 떠돌다가 사라져 간다는 것이다. 위기는 결코 기회가 아니다. 많은 사람에게 위기는 절망에 이르는 첩경이다. 이러한 상황 속에서도 차이를 만들어 내는 소수가 존재한다. 모두가 쓰러져 가는 문제를 뛰어넘으며 누구도 범접할 수 없는 자신만의 영역을 구축하는 이들이 있다. 자신의 영역 중심에 서서 영향력을 더욱 확장해 간다. 자신만의 방법과 기술의 차별성으로 위기를 극복하고 다른 사람의 문제까지도 해결하는 영향력을 발휘한다.

위기 없는 삶은 없다. 다만 위기에 어떻게 대처하는가에 따라 다른 결과가 주어질 뿐이다. 사람들 대부분은 위기가 닥치면 절망을 하고 최후의 몸부림을 치지만 소수의 어떤 이들에게 위기는 분명 기회로 작용한다. 위기를 극복할 수 있는 요소를 미리 준비한 것도 요인일 수 있지만 중요한 것은 위기를 대처하고 관리해 나가는 태도에 있다. 이들은 실수와 오류에 빠져 위기를 초래할 때도 있지만 주도적으로 위기를 관리하며 위기를 다음을 기약하는 계기로 만든다. 유대인의 삶 가운데 공통으로 나타나는 태도가 바로 이것이다. 유대인은 어느 민족보다도 큰 위기를 마주해야 했다. 고난 대부분은 자신의 의지와 상관없이 찾아들었다. 유대인이라는 이유만으로 당해야 했던 고난과 위기가 허다했다. 유대 민족

대다수는 이러한 위기 앞에서 주도적으로 대응했다. 위기와 고통에 자신들의 삶을 내주지 않았다.

인생은 반복되지 않는다. 한 번 가면 되돌아오지 않는 시간으로 채워져 가는 인생, 어떻게 살 것인가?

하루의 소중함을 아는 사람은 오늘을 주도적으로 산다. 매일 주어지는 같은 시간으로 여기지 않는다. 어제 생존한 나에게 주어진 오늘이라는 선물을 소중히 여긴다. 오늘이라는 시간을 주도적으로 살기로 다짐한 자에게 위기는 기회의 문을 열어 줄 것이다.

꿈을 디자인하는
유대인의 경제 교육

한국 경제가 심각하다. 아프니까 청춘이라지만 무너지는 한국 경제의 현실 속에서 극심한 삶의 통증을 호소하는 청년이 여기저기에서 넘쳐난다. 청년 실업 문제는 어제 오늘의 이야기가 아니다. 이십 대 절반이 백수라는 '이태백', 삼십 대 절반이 직업을 가지지 못한 상태를 뜻하는 삼태백 등 청년 실업을 풍자하는 신조어가 양산되어 왔다. 우리 사회의 어두운 그늘을 바라보며 '헬조선'이라고 부르기 시작한지도 꽤 되었다.

몇 년 전부터는 '빨대족'이 늘어나기 시작했단다. 외형상으로는 독립했지만 여전히 부모의 경제력에 기대어 살아가는 성인을 일컫는 말이다. '캥거루족'이 자녀를 과잉보호하는 부모의 태도를 빗댄 말이라면 빨대족은 부모의 재산, 연금에 '빨대를 꽂고' 살아가는 자녀의 모습을 풍자한 말이다. 대학 졸업 뒤 직장을 잡지 못한 이들이 적지 않다. 결혼할 때도, 그 이후에도 부모의 경제적 도움에 기대 살아가는 사람을 우리 주변에서 쉽게 볼 수 있다. 장성하여 부모를 모시는 자녀의 이야기는 옛이야기가 되었다. 부모가 성인 자녀를 양육하고 보조하는 가정이 급속도로 증가하고 있다. 대학을 졸업할 차례지만 장미족장기 미취업자 선배들의 모습에 겁을 먹고 졸업 연장 신청을 하는 대오족대학 5학년이 늘어난다고 하니 부모의 시름이 이만저만이 아니다. 이런 현상이 지속하는 이유는 무엇인가? 헬조선이라 일컫는 이들의 이야기처럼 이 사회가 청년들에게 기회를 주지 않는 것일까?

유대인 최고의 경제 자본, 지식

오늘날에야 유대인을 경제의 중심부에 선 영웅처럼 떠받들지만 예전에는 전혀 다른 상황이었다. 유대인은 오래전부터 은행업 등 돈과 관계된 직업에 많이 종사해 왔는데 그것은 그들의 선택에 의한 것이 아니었다. 그들은 유대인이라는 이유만으로 수많은 차별을 받으며 살아왔다. 거주지 선택의 자유, 직업 선택의 자유가 없었다.

유대인은 자본 없이, 도구 없이 할 수 있는 일에 집중해야 했다.

언제 또다시 삶의 터전을 잃고 쫓겨날지 모르기 때문이다. 항상 눈치를 봐야 했다. 그래서 그들은 항상 아이디어를 짜내야 했다. 잘 먹고 잘살기 위해서가 아니었다. 오늘도 일용할 양식을 얻고 또 하루의 시간을 연장해 가기 위한 생존의 몸부림이었다. 오로지 아이디어로 부를 늘려야 했고 조심스럽게 살아가야 했다.

그러한 유대인에게 언제 어디서나 휴대할 수 있는 지식은 그들 최고의 자산이었다. 어디든 가지고 다닐 수 있었다. 핍박받고 억울하게 쫓겨나도 머리에 든 지식만큼은 누구에게도 빼앗기지 않았다. 그러한 특수한 상황이 있었기에 오늘날 교육이 유대인을 대표하는 키워드가 되었는지도 모른다.

배움의 길은 넓고 깊은 골짜기와 같다. 누구에게도 쉽게 그 길을 내어 주지는 않지만 동시에 누구에게나 열려 있다. 각오를 다지고 그 길을 걸으면 된다. 위험이 수없이 도사리고 있다는 사실은 누구나 안다. 투자 대비 좋은 결과를 보지 못하는 사람도 수두룩하다. 그래서 다른 길을 찾는다. 빠른 길을 찾는다. 쉬운 길을 찾는다. 배움의 길 끝에 많은 사람이 바라는 성공이 있다는 것을 알면서도 지속성과 연속성을 요구하는 배움의 과정 때문에 일회성의 쉬운 길을 추구한다. 배움에 지름길이 있다면 나에게 소개해 달라. 더 좋은 길은 있을지 몰라도 우리가 원하는 지름길은 결코 없다. 지름길이 있다면 배움의 원리를 충실히 따르는 길뿐이다.

유대인은 고난의 삶 가운데 그 길을 묵묵히 걸어갔다. 어쩌면 유일한 선택지였는지도 모른다. 우리도 걸어야만 하는 배움의 길을 유일한 선택지가 되게 하면 유대인의 삶에 찾아 든 성공이 우리의 삶에도 찾아온다는 사실을 알아야 한다. 절대 쉽지 않은 그 길을 그들은 2,000여 년 동안 묵묵히 걸어왔다. 유대인이 거의 모든 분야에 걸쳐 두각을 나타내고 그 분야의 경제 권력을 거머쥘 수 있었던 요인도 그들의 훈련된 지성이 있었기에 가능했다. 어려운 시절 어디든 가지고 다닐 수 있다는 이유 하나로 그들의 유일한 선택지였던 지식과 교육, 배움의 길이 오늘날에 유대인 최고의 경제 자산, 민족의 자산이 되었다.

역사가 준 선물
: 돈을 다루는 기술

유대인 대다수는 직업을 얻기가 어려웠다. 기득권자가 주류를 이룬 곳에는 발붙일 수 없었다. 그런 유대인에게 돈을 다루는 직업은 그나마 기회의 장이 되었다. 당시 주류를 이룬 기독교 사회에서는 돈을 다루는 직업을 천한 직업으로 여겼다. 고리대금업을 부정한 것으로 여기며 금했다. 그러나 사람들이 살아가는 곳에서 돈을 다루는 일은 필요하다. 수요가 넘쳐났다. 자연스럽게 유대인은 고리대금업에 뛰어든다. 돈을 다루는 직업은 유대인에게 열린 가장 큰 직업의 세계였다. 잘해서도 원해서도 아니었다. 아무도 하려 하지 않았기 때문에 유대인이 할 수밖에 없었다.

돈을 다루는 유대인은 결코 긍정적으로 묘사되지 않았다. 때론 악덕 고리대금업자라는 부정적인 인식도 참아 내야 했다. 셰익스 피어의 희곡 《베니스의 상인》에 등장하는 유대인 고리대금업자 샤일록은 자린고비에 피도 눈물도 없는 존재로 표현된다. 그는 모든 유대인을 대표하는 이미지처럼 인식되곤 했다. 유대인은 결코 샤일록 같은 존재가 아니었다. 행동이 악하지도 않았다. 여전히 사회에 가득한 유대인을 향한 차가운 시선은 천한 직업을 유지하며 사는 그들을 향한 비아냥거림으로 표현되곤 했다.

그러한 환경은 유대인에게 기회이기도 했다. 경쟁자가 많지 않았다. 돈을 다루는 일에 두각을 나타내는 유대인이 늘어났다. 변화하는 사회 경제 속에서 유대인 고리대금업자는 부를 쌓아갈 수 있었다. 우리 옛말에 '개 같이 벌어서 정승처럼 쓴다.'라고 했던가! 유대인이 그랬다. 차가운 시선, 멸시와 천대를 받으며 번 돈으로 유대인다운 삶을 살기 위해 힘썼다. 얻은 돈으로 동족을 살피고 믿음의 삶을 살기 위해 힘썼다. 주변의 어려운 동족을 결코 보아 넘기지 않았다. 유대 율법의 가르침에 따라 부를 분배하기 위해 힘썼으며 그것은 오늘도 유대인이 사는 마을, 학교, 시장 곳곳에서 살아있는 정신으로 계승되고 있다.

'네가 만일 너와 함께한 내 백성 중에서 가난한 자에게 돈을 꾸어 주면 너는 그에게 채권자같이 하지 말며 이자를 받지 말

것이며 네가 만일 이웃의 옷을 전당 잡거든 해가 지기 전에 그에게 돌려보내라. 그것이 유일한 옷이라 그것이 그의 알몸을 가릴 옷인즉 그가 무엇을 입고 자겠느냐. 그가 내게 부르짖으면 내가 들으리니 나는 자비로운 자임이니라.' (출 22:25~7)

유대인은 고리대금업에 머물지 않았다. 늘 새로움을 추구했다. 새로운 사업에 도전했고 생존을 위해 블루오션을 만들기 위해 힘썼다.

이렇게 쌓인 유대인의 경제력은 조금씩 세계를 향해 나아가는 발판이 되었다. 유대인이 진출하는 분야마다 많은 기업이 세워졌다. 개인과 기업, 유대 공동체는 막대한 부를 창출하기 시작했다. 유대인의 탄탄한 경제력은 신앙인으로서의 유대인의 꿈을 세계 속에 펼쳐 나가는 발판이 되어 실질적으로 이스라엘을 건국하는 데 기여하게 된다.

막다른 길목에서 빛난
다이아몬드

유대인은 다이아몬드나 보석을 다루는 분야에서도 두각을 나타낸다. 지식과 비슷한 역사적인 배경을 가졌기 때문이라고 유대 연구가들은 이야기한다. 사회로부터 쫓겨날 때 보석과 같은 것은 소지하기 편했기 때문이라는 것이다. 지금도 미국의 맨해튼을 중심으로 세계 다이아몬드 산업의 주도권은 유대인이 지니고 있다. 인생은 뜻하지 않은 선택을 통해 디자인되어 가는 듯하다. 유대인에게 지식과 다이아몬드는 그 어떤 경영적이고 경제적인 목표에 따라 선택된 것이 아니었다. 주어진 상황 속에서 그들 앞에 놓인 어쩔 수 없는 최선의 선택지였다. 전 세계를 유랑해야 했던 유대인에게 다이아몬드는 '국제 통화' 기금이 되어 주었다. 홀로코스트에 관한 문헌을 살펴보면 가스실이나 수용소로 잡혀갔던 유대인 중에 몸에 지닌 다이아몬드를 뇌물로 하여 풀려났다는 기록이 여러 군데 나온다. 물론 그 이유만으로 유대인이 오늘날 다이아몬드의 주도권을 유지하는 것은 아니다. 다이아몬드에 대한 그들의 치밀한 연구와 적극적인 투자가 있었다. 유대인 문화 가운데 자리 잡은 배움의 습관, 차이를 만들어 내고자 연구에 집중하는 학습자의 태도는 다이아몬드 분야에서도 빛을 발했다. 유대인은 16세기에 다이아몬드 가공법을 세계 최초로 발견한다. 당시까지만 해도 연마가 불가능할 정도로 단단한 다이아몬드는 '정복할 수 없는 보석'으로 불렸다. 가공법의 개발과 함께 보석으로서의 가치를 담은 다이아몬드가 제작되기 시작했다. 전 세계에 흩어져 있는 유대인 네트워크는 유통과 판매에 장점으로 활용되었다. 어쩔 수 없는 상황 속에서 블루오션을 만들어 온 유대인은 다이아몬드 시장에서 여전히 전 세계의 주도권을 잡고 영향력을 유지해 가고 있다.

비즈니스와 자선

유대인에게 이 모든 일이 가능했던 이유는 유대인의 돈과 부에 대한 남다른 생각 때문이다. 수많은 종교가 돈·욕심·부를 인간의 욕망과 연결 지으며 금기시했지만 유대교는 돈을 중립적으로 보았다. 유대인은 부를 유대 신앙의 삶 속으로 적극적으로 끌어들였다. 그들의 돈과 경제는 자선과 기부로 이어졌다.

자선과 기부에 있어 유대인의 태도는 매우 적극적이고 구체적이다. 보통의 유대 가정은 수입의 삼분의 일에 해당하는 금액을 자선으로 지출한다고 한다. 적지 않은 금액이다. 일상을 살고 남은 여유 경제를 활용한 자선이 아니다. 자선은 그들의 경제 활동 중 제1의 선택이다. 자선을 실행하고 남은 금액의 절반을 비로소 저축한다. 남은 자금으로 자신과 가정의 생활비로 아껴 쓰며 사는 삶이 일반화되어 있다. 중요한 것은 이러한 자선이 일회성에 그치지 않는다는 데 있다. 자선과 기부는 지속해서 진행되었다. 민족 대다수가 폭넓게 동참했다. 유대인의 자선은 한두 가정의 선행이 아니라 민족의 가치며 신앙적 삶의 중요한 덕목이다.

유대인의 돈과 경제에 대한 남다른 시각은 자선에서도 나타난다. 그들의 자선은 물질을 돕는 것에서 끝나지 않는다. 최고의 자선은 도움받는 사람이 자립하게 하는 데 있다고 보았다. 경제적으로 어려운 사람을 고용하는 것으로 자선을 실천하려 했다. 유대 사회가 비즈니스를 장려하고 적극적으로 지원하는 이유 가운데 하나이기도 하다. 그들에게 경제는 단순히 돈이 오가는 프로세스가 아니다. 유대인은 경제를 유대 신앙을 삶 가운데 실천하는 필드요 최고의 도구로 여겼다. 유대 격언은 자선과 경제에 관해서 여러 곳에서 언급한다.

'돈을 가치 있게 쓰는 법자선을 먼저 가르친 뒤에 돈을 정직하게 버는 법경제을 가르쳐라!

말만이 아니다. 많은 유대인이 지키고 있는 삶의 원칙이며 경제와 자선에 대한 그들의 분명한 개념이다.

'저울을 조작하는 것은 간음죄보다 더 중한 죄다.'라는 격언도 있다. 왜냐하면 간음죄는 대상이 분명하지만 저울 조작은 대상이 불분명하고 다수를 상대한 범죄이기 때문이다.

경제를 디자인하는
유대 공동체 시스템

때에 맞는 일이 있다. 교육에서는 더욱더 그렇다. 어릴 때 해야 할 일이 있고 청년 시기에 준비해야 하는 일이 있다. 장년은 준비의 자리가 아닌 감당해야 하는 책임의 자리다. 돈과 경제가 그렇다. 돈과 경제에 대한 바른 개념을 세우지 못하면 목표가 되어서는 안 되는 것이 삶의 목표가 되고 만다. 나아가 바른 배움에 근거하지 못했기 때문에 경제적인 자립을 이룸에 있어 큰 어려움을 겪게 된다. 유대인에게 돈, 경제, 부자, 성공, 자선, 신앙, 나라 사랑은 별개의 개념이 아니다. 이것은 신앙 율법을 중심으로 긴밀하게 연결되어 있다. 그들에게 비즈니스는 성인이 되어 몸으로 부딪치며 배우는 것이 아니다. 어린 시절부터 책상에서, 가정에서, 도움의 자리에서, 회당에서 배우고 익히며 준비하는 것이다.

유대인은 어린 시절부터 자녀에게 합리적인 부를 쌓아가는 법을 가르친다. 어린 자녀에게도 돈을 줄 때와 돈을 주지 않을 때를 분명히 구분했다. '자녀에게 장사를 가르치지 않으면 자녀를 도둑으로 만드는 것이다.'라는 격언을 믿으며 자녀의 경제 교육을 중시했다.

종교적인 의미에서 중요한 날인 유대 성인식 바르 미츠바는 경제적인 입장에서도 중요한 날이다. 바르 미츠바는 한 명의 유대 청년이 신앙적으로 홀로 서는 것만을 의미하지 않는다. 돈의 힘과 경제에 대한 개념이 분명했던 유대인은 유대 자녀가 성년이 되는 날 그들이 세상에 발을 딛고 설 때 자본금으로 삼을 수 있는 돈을 선물하는 전통을 만들어 냈다. 그 일을 가정의 부모가 져야 하는 짐으로 남겨 두지 않았다. 유대 공동체 구성원은 그 일에 적극적으로 동참하며 하나가 된다. 바르 미츠바를 통한 기금이 적게는 3,000만 원에서 많게는 1억 원이 넘게 모인다. 그 돈을 공동체 내 대부가 보관했다가 당사자가 사회에 뛰어들 시기에 돌려준다. 다른 나라의 청년이 사회에 뛰어들어 어떻게 돈을 벌 것인가 질문하며 맨땅에 헤딩할 때 유대 청년은 어떤 사업에 돈을 투자할 것인가에 대해 조금 더 구체적으로 고민하며 사회생활을 시작한다. 출발선이 다르다. 사회 경제적 출발선, 초깃값 자체가 너무도 다르다. 우리가 알고 있는 유대인의 경제적인 파급력은 우연의 산물도 기적과도 같은 신비한 일도 아니다. 놀라운 가정 교육의 결과만이 아니다. 경제를 세워 가는 일에 유대 민족이 하나가 되었다. 유대인의 삶을 디자인하는 체계를 그들의 문화 가운데 만들어 내고 그 위에서 유대인은 세계 경제의 보이지 않는 손이요 거대 권력으로 자리하게 되었다.

유대인에게는 '돈은 버는 것이 아니라 굴리는 것'이라는 격언이 있다. 돈은 눈덩이라 굴리면 굴릴수록 커진다고 생각한다. 유대인은 돈으로 행복을 살 수 있다고 생각하지는 않지만, 행복을 불러오는 큰 역할을 한다고 믿는다.

우리 눈앞에서 벌어지고 있는 청년 실업 사태와 암울해 보이는 그들의 미래, 그 잘못이 오로지 그들의 몫일 수는 없다. 그렇다고 청년들이 모든 문제의 원인을 국가와 사회의 책임으로 돌린다면 그 또한 해결책이 될 수 없다. 오늘의 문제는 어느 것 하나가 잘못되었기에 벌어지는 일이 아니다. 개인과 가정, 학교와 사회, 공동체와 국가 간에 세워져야 할 원칙이 세워지지 않고 지켜져야 할 기준이 무너졌기에 일어난 복합적인 문제다. 정치인은 정치인의 입장에서 벌어진 문제를 봉합하고 근본적인 해결을 위해 힘써야 한다. 오늘날의 유대인, 유대 사회, 유대 교육을 만들어 낸 성공의 요소를 살피고 그것을 나의 삶과 우리 공동체 가운데 문화 코드로 만들어 가는 노력이 필요하다. 쉬운 일은 아니다. 지난 역사 속에서 많은 도전이 있었고 시행착오를 거쳤지만, 여전히 미해결 과제로 우리 앞에 남아 있다.

이 책에서는 트리비움_{문법, 논리학, 수사학}을 통한 인간 역량의 강화를 대안으로 제시한다. 먼저 유대인 삶의 최고 자산이던 지식과 지성, 그들의 지적인 역량을 가능하게 만든 것이 트리비움이라는 사실을 밝히려 한다. 트리비움을 세워 가는 노력을 마중물로 삼아 문제 해결을 위해 한 걸음씩 나아갈 것을 제안한다. 거대한 폭포도 물 한 방울이 모여 이룬 물줄기이듯 인간 최고의 선물인 인간 지능의 역량을 자산으로 삼기를 기대해 본다. 역사의 물줄기를 뚫고 세상으로 나와 우뚝 선 유대 민족의 탁월함을 우리 삶에서도 누리게 하는데 트리비움이 그 실마리가 되어 주리라 믿는다.

부모 세우기

: 빼앗긴 의결권을 회복하라

우리들의 일그러진
자화상

10여 년 전으로 기억한다. '빵 셔틀'이라는 말이 청소년 사이에서 회자하기 시작했다. 왕따를 당하거나 힘없는 아이들이 매점에서 빵을 사서 일진에게 갖다 바치는 학교 폭력을 의미하는 은어다.

시간이 지나며 셔틀의 종류도 다양해졌다. 일진의 망을 봐 주는 '망 셔틀', 스마트폰 게임 아이템을 사다 바치는 '에니팡 셔틀', 숙제를 대신해 주는 '숙제 셔틀', 가방을 대신 들어 주는 '가방 셔틀' 등. 심지어는 스마트폰의 보급과 함께 데이터를 갖다 바치는 '데이터 셔틀', 핫스폿 기능을 항시 켜 놓고 일진의 인터넷 사용을 도와야 하는 '와이파이 셔틀' 등.

부당한 요구가 거리낌 없이 자행되고 있다. 결코 가볍게 넘겨서는 안 될 일이다. 같은 또래인데도 자신들끼리의 서열을 정한다. 어떤 아이는 재미로, 다들 하는 유행처럼 즐기는 문화라 말한다. 피해 당사자에게는 끔찍한 시간이라는 사실을 우리는 잊지 말아야 한다. 일상의 지옥을 체험하는 순간이다. 자녀가 누군가의 '셔틀'로 피해를 보고 있다는 사실을 부모가 안다면 어떨까. 하늘이 무너져 내리듯 가슴이 저릴 것이다. 평생을 선하게 산 사람이라 할지라도 분노가 치밀 것이다. 셔틀 문화는 명백한 또 하나의 폭력이다.

'빵 셔틀'이라는 용어는 스타크래프트라는 게임에서 착안한 말이라고 한다. 스타크래프트에는 '유닛 셔틀'이라는 비행기가 있다. 자신의 병력을 태우고 이동하는 운송 수단으로 게임에서 승패를 결정하는 중요한 게임 아이템이다. 게임에 익숙해서였을까. 청소년 중 일진에 속하는 아이는 자신이 필요로 하는 것을 대신 '운송'해 주는 약자를 '유닛 셔틀'로 여겼다. 그래서는 안 되는 데도 약한 친구를 컴퓨터 화면 속의 운송 수단처럼 말 한마디로 제어하려 했다. 어떤 이들은 그 자체를 즐기는 것처럼 보이기도 한다. 나는 말하고 누군가는 순종하는 모습에 희열을 느꼈을지도 모른다. 공동체와 교육이 무너져 가는 이 사회의 일그러진 단면이 아닐 수 없다. 왜 이러한 일이 자행될까. 인간 자체가 악해서일까. 아니면 단순히 게임에 익숙한 아이들의 치기 어린 행동, 문화의 어두운 단면으로만 보아야 할까.

'빵 셔틀' 문화는 이 사회의 서열화되고 계급화된 성인 세대의 모습을 그대로 반영하고 있다. 힘 있는 자가 약한 자를 다스리고 부리는 정글과도 같은 사회의 모습이 아이들의 일상 속에 그대로 투영되어 있다. 어린 시절부터 보고 듣고 자란 모습이 어느 틈엔가 표현되기 시작한다. 왜 이런 일이 일어나는 걸까?

여러 가지 이유가 있겠지만 균형을 잃은 친구 관계가 중요 원인 중 하나다. 자라는 아이들에게 친구 관계만큼 중요한 것도 없다. 어린 시절부터 친구와 관계 속에서 사회성을 기를 수 있는 환경을 제공해 주어야 한다. 오늘을 살아가는 자녀는 대부분 균형을 잃은 친구 관계 속에서 자라나고 있다. 그들에게 친구란 오로지 또래 집단 속에서만 존재한다. 또래 집단 가운데 권력을 가진 아이와 지배를 받는 아이가 생겨난다. 또래 집단 속에서 이문열의 《우리들의 일그러진 영웅들》 속 엄석대 같은 이들이 탄생한다. 생존을 위해 그 권력에 부역하는 그룹도 생겨난다.

진정한 친구란 나이를 초월한 관계가 함께 뒤따라야 한다. 또래 집단 안에서 친구와 교제하는 그들에게 나이 어린 그룹과의 교제도 필요하다. 위 선배와 교제도 관계의 균형을 잡는 데 필수적이다. 가장 중요한 것은 어른 친구다. 신체적으로는 성인 못지않게 성숙했지만, 여전히 미성숙한 점이 많은 시기다. 이러한 청소년들을 품어 주고 그들의 치기 어린 행동을 용납하며 지도할 수 있는 어른 친구는 건강한 사회성을 위해 없어서는 안 되는 관계다.

문제는 이 사회가 또래 집단 이외의 친구는 가질 수 없는 시스템으로 점점 변해 왔다는 것이다. 이 사회가 선후배와의 관계를 통해 서로를 가르치고 배우는 자리를 빼앗았다. 아침, 저녁으로 만나는 부모와 수업 시간에 마주하는 교사 이외의 어른 친구를 갖는다는 것은 거의 불가능하다. 그런 아이가 유일하게 선택할 수 있는 선택지가 '또래 집단'이다. 균형이 무너질 수밖에 없다. 그속에서 힘 있는 자와 없는 자의 관계가 생기고 우리들의 일그러진 영웅이 생겨난다. 피해자도 속출한다.

관계의 불균형이 벌어지게 된 원인 가운데 자신을 표현하는 데 익숙하지 못한 문화적 영향도 무시할 수 없다. 빵 셔틀로 고통당하는 아이들에게 "싫어!"라고 거부한다는 뜻을 왜 적극적으로 표현하지 않았느냐고 탓할 수 있을까?

우리는 자라며 어른에게 말대꾸해서는 안 된다고 배웠다. 부당한 요구라 할지라도 권위에 순복하는 것을 미덕으로 여기며 살아 왔다. 어린 시절 수업 시간에도 의견을 나누기보다는 선생님의 이야기에 귀 기울이는 것이 바른 학생의 모습이라고 배웠으며 이것이 자연스럽게 자리 잡았다.

어른의 말에 순종하고 예禮를 따르는 것이 무엇이 문제인가! 권위를 인정하고 질서를 따르는 것은 건강한 공동체의 모습이다. 문제는 권위를 인정하는 것이 아니라 요구받을 때다. 말씀에 순종하고 예를 따르는 것이 아니라 복종을 강요받고 잘못된 기준을 강요받을 때다. 이런 상황 속에서 관계의 무능력이 학습된다. 잘못인 줄 알면서 그 길을 계속 걷다 보면 길이 아닌 그 자리에 길이 생겨난다.

부모의 역할에 대해
고민하다

부모로서 무엇을 해야 하며 어디까지 감당해야 할까. 범위를 규정하는 일이 쉬우면서도 간단치 않다. 부모의 역할 중 많은 부분을 학교와 학원이 대신해 온 지 오래다.

부모의 권위도 예전만 못하다. 부모보다 학교 선생님을 무서워하고, 이제는 학원 선생님의 권위가 그 위에 있는 것이 현실이다. 변해 가는 시대 속 우리 앞의 현실이다. 학교와 선생님의 권위도 점점 무너져 간다. 또래 속에 갇힌 아이들을 보호해 줄 마지막 방어선이 무너지고 있다. 부모의 역할 규정이 절실한 이유이기도 하다. 개념 정리가 필요하다. 다른 이에게 넘겨줄 수도, 주어서도 안 될 부모만의 역할이 있지 않을까! 남이 대신할 수 없음에도 의결권을 이양한 부모의 역할이 얼마나 많은가! 나의 자녀지만 시간이 흐르면서 부모도 잘 알지 못하는 어떤 존재가 되어 가는 모습에 깜짝 놀라는 부모가 많다. 우리가 놓아 버린 부모의 역할은 무엇인가? 자녀가 살며 배우는 것 중 부모에게서만 배울 수 있는 것이 있지 않을까? 다른 누군가가 아닌 부모와 오랫동안 살며 사랑하는 여정 속에서만 가능한 가르침과 배움 말이다. 로버트 폴컴이 이야기한 《내가 정말 알아야 할 것은 유치원에서 배웠다》의 차원일 수도 있다. 삶의 기본과 세상을 바라보는 관점에 대한 이야기 말이다. 어린 시절 사람들과 관계하며 저절로 배우는 것 중 부모의 역할은 절대적이다.

부모의 역할은 자녀의 기본을 형성하는 일에만 머물 수 없다. 자녀의 다양한 능력도 부모가 대신 꿔야 하는 꿈 중 하나다. 오랜 세월에 걸쳐 세워지는 능력에 대한 것은 아이들이 볼 수 없다. 알 수도 없다. 그래서 가꿀 수도 없다. 부모가 먼저 알아야 한다. 분별해 줘야 할 일이 분명 존재한다. 우리 아이의 삶에 능력을 선물해 주는 꿈을 부모가 먼저 꿔야 한다. 얼마나 많은 자녀가 자신이 스스로 판단하기 이전에 받아들인 것으로 인생을 살아가는지 모른다. 준비되지 않아 불행을 떠안은 자녀도 있다. 잘못된 것을 받아들인 상태로 세상에 발을 디딘 자식의 모든 잘못이 부모 때문만은 아니다. 분명한 것은 감당해야 할 부모 역할이 바로 행해지지 않고 있다는 사실이다.

자녀의 꿈,
부모가 먼저 꿔라

부모의 역할 중 놓치기 쉬운 것이 자녀의 꿈에 대한 부분이다. 우리 아이들이 살아갈 미래에 대한 이야기다. 부모는 아이들의 꿈을 대신 꾸는 존재여야 한다. 진로에 대한 꿈이 아니다. 직업에 대한 꿈도 아니다. 삶의 방향성에 대한 부분이며 인간의 기본 도리에 대한 부분이다. 주도적인 아이로 자라 가도록 도와야 할 판에 자녀의 꿈을 대신 꾸라는 말이 역설처럼 들릴 수도 있지만 그렇지 않다. 이것은 부모의 중요한 역할이다. 아이를 대신하여 아이가 세상을 살 때 필요한 사리를 분별해 줘야 한다. 아이이기에 알 수 없는 것이 얼마나 많은가. 이 세상은 볼 수도 없고 예측할 수도 없는 일로 가득하다. 캥거루 맘이 되라는 뜻이 아니다. 아이를 과잉보호하는 부모가 되라는 말이 아니다. 부모가 삶의 변하지 않는 이치와 원리에 대한 길잡이가 되어야 한다는 의미다. 자녀가 성인이 되어 어떤 직업을 가지고 어떤 곳에서 살든 품고 살아가야 할 '그것'이 있지 않을까! 또한 남들이 볼 때 멋진 삶을 사는 것 같아도 무의미한 인생을 살게 하는 '그것'이 있음을 인생 선배들은 이야기한다. 이런 것은 학교가 가르칠 수 없는 것이다. 가정 교육이라는 용어 안에 이 모든 것이 담겨야 한다. 가정 교육은 식탁에서만 하는 것이 아니다. 부모의 교훈과 가르침을 통해서만 진행되는 것이 아니다. 숨 쉬며 살아가는 일상을 통해 이루어진다. 처음과 나중을 논하기 힘들다. 어떨 때는 과정의 진보를 논하기 어려울 때도 있다. 그 결과는 같이 살아갈 때보다 자녀가 독립해 자신의 인생을 책임질 때 즈음 열매 맺게 된다.

요즈음 친구 같은 아빠와 엄마를 이야기한다. '친구' 같은! 좋다. 좋긴 좋지만 위의 역할을 못하는 상태에서의 '친구 같음'에서 어떤 의미를 찾을 수 있을까. 결코 아이들의 삶에 좋은 영향으로 나타날 수 없다. 부모는 아이들이 절대로 알 수 없는 삶의 원리와 원칙을 보여 주고 알려 주고 따라갈 기회를 주어야 한다. 아이들의 자율에 맡겨도 될 일이 있고 그런 차원을 넘어선 주제가 있다. 진정한 주도성은 그 가운데서 세워져 간다. 부모가 대신 꿔야 하는 꿈은 자녀가 인생의 주도권을 지니고 살아가는 주도적 인간을 만들기 위한 것이어야 한다.

유대 교육을 언급할 때 빠지지 않는 것이 가정 교육이다. 인성을 세우고 유대인의 기본 소양을 세워 가는 일은 가정 교육을 통해 시작된다. 가정 교육을 통해 부모가 감당해야 할 문제로 바라본다. 유대인의 밥상머리 교육, 베드 타임 스토리, 유대인의 가족회의 등. 이 모든 것은 형식적인 가정 교육 프로그램이 아니다. 유대 민족의 정체성을 세워 가는 그들만의 알고리즘이다. 부모가 꿈꾸는 아이들의 꿈과 미래에 대한 이야기다. 이것이 유대인의 저력이다. 가정 교육을 통해 민족의 정신을 전승하고 아이들이 살아갈 미래를 오늘 준비하는 부모의 임무를 수행한다. 우리에게 회복되어야 할 부모의 자리를 유대인 부모에게서 본다.

유대 조기 교육 Vs.
한국 조기 교육

한국의 조기 교육은 유명하다. 어린 시절부터 영어 유치원에 보내며 세계화를 준비한다. 초등학생이 조기 교육 과정을 통해 중·고등학교 수학과 영어를 공부하는 일을 어렵지 않게 볼 수 있다.

유대인도 우리나라만큼 자녀 교육에 관심이 많다. 어느 나라를 가든지 한국 부모와 유대인 부모의 자녀 교육에 대한 관심은 유명하다. 두 나라의 부모들은 자녀의 조기 교육에 어느 민족보다 관심을 두고 있으며 시간과 열정을 쏟는다. 그러나 한국인의 조기 교육과 유대인의 조기 교육에는 큰 차이가 있다. 한국인은 내용에 집중하는 반면 유대인은 과정에 집중한다. 한국인은 과목 학습을 중요시하고 유대인은 과정 학습을 중요시한다. 한국인의 조기 교육이 사고해야 할 내용에 집중하는 반면 유대인은 호기심을 가지고 질문하는 사고 과정을 중요하게 여긴다. 유대인의 조기 교육은 삶의 방향성에 대한 것, 인간의 역량 강화에 집중한다. 이를 위해 유대 부모는 역사를 가르치고 질문하는 삶의 습관을 세워 준다. 그 과정을 통해 자녀는 가치관, 세계관, 신앙관을 세운다. 유대인은 이 일을 가정에서 감당해야 한다고 강조한다. 그 어떤 기관과 전문가의 역할이 아닌 부모의 역할이라고 이야기한다.

잃어버린 의결권을 회복하라

지도자에게 주어진 가장 큰 힘이 의결권이다. 결정할 힘이요 권한이다. 방향을 정하고 내용을 정한다. 방법을 정하고 기술을 정한다. 기한을 정하고 처음과 마지막을 선포할 수 있는 권한이다. 가정에서 가장에게 가장 큰 의결권이 있다. 학교에서는 교장, 국회에서는 국회의원, 행정부에서는 대통령에게 의결권을 준다.

정치인의 의결은 한 사람의 의결로 끝나지 않는다. 국민의 생활과 나라 살림에 영향을 미친다. 구체적인 예를 들지 않더라고 잘못된 정치적 의결로 인해 우리가 당해야 했던 피해는 허다하다. 그 결과는 참혹하기까지 하다. 국민 경제는 피폐해지고 국민의 세금이 필요 없는 곳으로 줄줄이 새 나간다.

한 사람을 세우는 과정에 수많은 의결이 행해진다. 좋은 의결이 있는가 하면 한 사람의 인생을 망치는 의결도 있다. 오늘의 나는 지난 시간 행해진 의결의 결과다.

자녀에게 의결권을 주기 전 의결권 대부분은 부모에게 있다. 인간의 주도성을 이야기할 때 한 인간의 책임은 자기 자신, 본인에게 있는 것이 분명하다. 하지만 부모와 자녀의 관계에서 잊지 말아야 할 한 단계가 더 있다. 그것이 바로 자녀의 삶에 있어 부모의 자리, 부모의 의결권이다. 부모의 의결은 자녀의 행복과 직결된다. 자녀의 삶에서 부모가 내리는 순간순간의 의결, 지혜로운 선택은 자녀에게 펼쳐질 미래, 이후 다가올 세계에서 자녀가 풍요롭고 영향력 있는 존재로 살아갈 수 있는 선물이 된다. 반면, 아무 죄 없는 아이가 부모의 잘못된 선택에 의해 방향과 자질, 역량이 결정된 체 사회에 내던져지기도 한다. 그들은 어디서부터 잘못되었는지 모른 채 꼬인 실타래를 풀기 위해 모든 힘을 쏟으며 살아

간다. 그렇다고 잘 풀리지도 않는다. 평생 져야 할 짐인 경우가 많다. 모든 것이 자신의 책임이라고 탓하며 희망 없는 인생을 마지못해 살아가는 사람이 우리 주변에 얼마나 많은가?

자녀의 삶의 책임이 모두 부모에게 있는 것은 아니다. 다만, 우리가 그동안 손 놓았던 부모 자리가 없는지 돌아볼 필요가 있다. 부모의 역할임에도 학교와 사회가 대신해 줄 것이라 착각하며 살아왔던 역할이 있었음을 인정하는 용기가 필요하다.

오늘 우리가 부모로서 내리는 결정, 행해진 의결의 결과가 자녀의 미래가 될 수 있음을 알고 고민하고 갈등하며 부모로서의 의결을 해야 한다. 지금까지 놓았던 의결권을 되찾자! 잃어버린 의결권을 회복해야 한다. 자녀가 자기 삶의 주도성을 갖고 독립된 인생을 살아가기 위해 오늘 지켜야 할 부모의 자리를 지켜야 한다.

3장

유대인 교육의 비밀,
트리비움하라!

Part 1

문심혜두 정보력 : 문법grammar

지식의 수용성 - 정보 이해력을 높여라

트리비움이
유대 교육의
숨은 커리큘럼이다.

유대 교육의 비밀, 트리비움이 답이다

맛 칼럼니스트 황교익이 텔레비전 프로그램에서 불고기의 역사에 대해 한 이야기가 친일 논쟁을 불러일으킨 적이 있다. 그는 한 프로그램에 나와 "불고기가 일본어 '야키니쿠'를 번안한 것"이라고 했는데 그것이 시청자를 불편하게 했다. 황교익은 언론과의 인터뷰에서 "불고기, 떡볶이, 삼겹살, 김치 같은 음식은 우리 고유의 것이라는 인식이 강하기에 역사적인 기원의 문제를 다루거나 맛에 대한 부정적인 평가에 민감하다."며 그것은 "음식에 민족주의가 강하게 투영되어 있기 때문이다."라고 비판한다. 황교익은 음식에 대해서 "우리만의 고유한 무엇을 자꾸 찾으려는 경향이 우리에게 있다. 그런 시각이 음식 문화를 보편적 인류 역사 안에서 이해하는 것을 방해한다."라고 강조했다. 음식이라는 게 어느 한쪽에서 일방적으로 넘어가고 이식되는 게 아니라는 주장이다. "다른 문화로 넘어가면 사람들이 늘 먹던 방식에 변형이 일어나고 영향을 준다. 서로 간섭하고 변형을 일으키면서 음식이 우리 삶 속에서 흘러간다."라고 말한다. 우리 고유의 전통 요리인 불고기에 대해서도 같은 입장을 폈다.

"일본의 많은 문헌에서는 쇠고기를 요리하면서 한국의 영향이 컸음을 밝히고 있다. 소를 도축하고 발골하는 기술, 쇠고기 굽는 방식도 우리가 일본 사람한테 널리 가르쳤다고 전한다. 그러나 불고기 조리법에서 왜간장, 설탕 같은 걸 사용하는 것은 우리가 일본의 영향을 받았고 지금도 그 흔적이 남아 있는 것이다. 음식으로 보자면 그렇게 봐야 하는 게 정상이다. 나는 한국의 불고기가 일본에서 왔다고 얘기한 적이 한 번도 없다. 다만 음식이란 문화를 넘나들며 영향을 주고받는 가운데 형성된다는 점을 강조했을 뿐이다."

유대교와 유대인에게
그리스 문화가 보인다

유대 교육과 관련하여 우리는 비슷한 상황에 직면하게 된다. 유대인의 특별함을 이야기할 때면 그들이 종교, 전통을 수많은 세월, 역경 속에서 지켜 냈다는 사실에 집중하곤 한다. 그것은 사실이기도 하고 오늘날의 유대인을 더 신비한 존재로 바라보게 하는 프레임이기도 하다. 우리는 유대인이 다르다는 것을 강조하려 한다. 차이를 부각한다. 문제는 그것이 지나쳐 상상을 더해 간다는 데 있다. 비밀이 신비화되면 그것은 교육의 차원이 아닌 미스터리 차원으로 넘어가게 된다.

우리가 잊고 지나치기 쉬운 사실이 있다. 인간의 삶과 문화는 서로에게 영향을 주고받는다는 점이다. 일방적이지 않다. 독립적일 수만은 없다. 유대인도 예외가 아니다. 유대인이 자신만의 특수성을 지켰다는 것을 부정하지는 않는다. 역사의 수많은 굴곡을 지나오면서도 자신의 것을 지키는 일에 성공적이었다. 하지만 유대인조차도 역사 속에서 끊임없이 다른 문화의 좋은 것과 중요한 것을 자신의 문화로 흡수했다는 사실을 부정해서는 안 된다. 때로는 원하지 않던 이국의 문화가 유대인의 삶 깊숙이 뿌리 내린 적도 있을 것이다. 그중에서 헬레니즘의 영향은 유대인에게 매우 직접적이었고 큰 영향을 끼쳤다.

성경을 보면 유대 사두개파와 바리새파가 등장한다. 그들의 신학과 철학 속에서 그리스 철학에 지대한 영향을 받은 흔적을 발견하게 된다. 신의 유일성은 인정하나 세상과의 관계는 부정하는 사두개파는 에피쿠로스학파의 영향을 받았다. 신의 존재를 믿고 영혼의 불멸은 믿었지만, 부활을 부정하고 운명에 의해 인간의 삶이 결정된다는 스토아학파의 주장은 바리새파에게 영향을 주었다. 세상 만물 안에 있는 모든 것이 신이라는 스토아학파의 범신

론까지는 아니어도 그들의 논리와 사상이 유대 바리새인에게 영향을 끼친 것은 분명해 보인다. 그들뿐만이 아니다. 유대 상류층 종교 지도자와 정치 지도자 사이에 그리스 문화가 팽배했고 유대 군중이 그것을 비난하는 기록이 여러 군데 나타난다.

기독교 지도자 중 한 사람이며 유대인 중의 유대인이라 자신을 칭했던 사도 바울도 그리스·로마 문화와 사상에 정통했던 인물이다. 그리스·로마 사상가에게 기독교의 복음을 전하는 과정에서 그들의 사상을 논리적으로 파헤치며 기독교의 복음을 변증한다. 때로는 논쟁을 피하지 않았다. 그리스·로마 사람도 새로운 사상과 다른 종교에 많은 관심을 가진 민족이었기에 바울과의 논쟁을 즐겼다는 기록이 있다. 사도 바울은 그리스나 로마 문화권 안에 살며 그들과 동화되지는 않은 듯하다. 다만 그들의 사상에 대해서 깊이 연구한 흔적을 곳곳에서 발견할 수 있다. 그들과 논쟁을 할 때 그리스의 시나 문장을 예로 들며 그리스인을 전도하려 하였다.

저명한 역사학자요 신학자였던 마르틴 헹엘은 자신의 저서 《유대교와 헬레니즘》에서 '대략 기원전 3세기 중반부터 모든 유대교는 엄격한 의미에서 '헬레니즘적 유대교'로 특징지어야 한다.' 라고 강조했다. 헹엘은 유대교의 성지인 예루살렘조차 히브리어 뿐만이 아니라 아람어와 그리스어가 일반적으로 쓰이던 헬레니즘의 영향 아래 있었으며 유대 상류층은 정치적인 목적을 가지고 유대교를 헬레니즘에 동화하려는 여러 시도를 했다고 증언한다. 기원전 175년에는 유대인 대제사장 야손이 예루살렘에 김나시온을 건립하는 등 유대인들 사이에 자리 잡은 친 그리스 문화의 증거가 여럿 발견된다.

물론 정통 유대인의 반발도 거셌다. 일본 강점기 친일파에 대한 우리 민족의 반대와 저항, 분노가 어떤 것이었는지 누구나 잘 알고 있다. 상류층 양반 가운데 유행처럼 번진 서양식, 일본식 문화는 반대와 분노를 일으키기에 충분했다. 동시에 어떤 사람에게는 부러움과 기대의 대상이었다는 것 또한 부인할 수 없다. 세련됨이라는 명목으로, 시대의 변화를 상징하는 하나의 문화 코드처럼 어쩔 수 없는 분위기 속에 일본의 문화는 하나둘 우리나라에 영향을 주었다.

오늘날 우리 모습은 어떠한가! 해방된 지 70년이 지났음에도 일제의 잔재가 우리 생활과 언어 가운데 얼마나 뿌리 깊게 남아 있는가! 문화란 그런 것이다. 소리, 소문 없이 삶에 영향을 끼친다. 유대인에게 있어서 그리스 문화는 우리에게 영향을 준 일본 문화 이상이었다는 유추는 비상식적인 논리가 아니다. 다만 우리에게 이미 자리 잡은 유대 신드롬과 그들에 대한 신비한 상상이 더해져 유대인 종교와 그들의 삶의 문화는 오로지 유대교적인 것으로 잘 보존되고 전승되었다고 우리가 믿고 있을 뿐이다. 마르틴 헹엘도 이 점을 강조한다. 위에서 언급하였던 것처럼 종교 지도자인 대제사장의 주도로 유대인의 성지 예루살렘에 김나시온이 건립되었다는 사실을 간과해서는 안 된다. 김나시온이 어떤 곳인가! 고대 그리스에서 운동선수가 훈련하는 시설이자 사교장의 핵심이다. 한 시대의 문화가 집약된 하나의 상징이다. 당시의 김나시온에서는 호메로스에 대한 지식까지 교육했다고 한다. 호메로스가 누군가! 고대 그리스어로 쓰인 가장 오래된 서사시 《일리아스》와 《오디세이아》의 저자이자 당대 최고의 시인으로 알려진 자다. 상상이 되는가? 유대인의 심장부에서 그리스 사상이 집약된 내용을 가르치다니. 물론 극심한 반대 분위기가 있었다. 우리에게 반일 감정이 있었듯이 유대인에게 반헬레니즘적 분위기가 형성된 것은 지극히 당연한 결과다.

유대 문화와 종교의 이러한 변화에 거부감을 드러낸 것은 서기관 그룹이었다. 그들로부터 시작해 율법학자와 유대 군중 사이에서 우려를 표현하는 사람이 생겼다. 일부에서는 격렬하게 저항하기도 했다. 이러한 저항은 수백 년 동안 지속되었고 그 운동은 모든 백성에게 토라를 적극적으로 가르치는 교육으로 이어졌다. 모세로부터 이어져 온 토라는 그들의 경전이요 정신이며 유대인의 비전과 꿈이 담긴 유대인의 상징과도 같은 것이다. 이전에도 토라는 그들에게 중요했지만 헬레니즘의 도전 속에서 다시 한번 토라의 중요성을 강조하고 자신의 것을 지키기 위해 유대인은 노력했다. 마르틴 헹엘은 이런 반대 운동의 핵심 세력에게까지 헬레니즘의 영향이 스며들었음을 강조한다.

"수백 년간 지속된 헬레니즘의 영향에 대항한 운동의 종착점은 기원후 2세기 랍비단Rabbinat이었다. 그러나 분명하게 반反 헬레니즘적 경향이 있는 토라 운동 가운데서도 그리스식 교육 이론의 방법과 형태를 받아들였다."

헬레니즘의 정신적 영향이 유대 사회 곳곳에 침투해 있었고 모든 백성에게 히브리의 신앙이요 정신인 토라를 가르치는 데조차 그 방법과 형태에서 헬레니즘의 흔적을 찾아 볼 수 있다는 것이다. 당시의 팔레스타인 유대 공동체에 그리스어로 기록된 유대교 문학이 일반화되었다는 것을 보면 그리스식 교양 교육은 우리가 상상하는 것 이상으로 유대 사회에 깊숙하게 자리 잡았던 듯하다. 바로 그 지점에서 트리비움을 발견하게 된다.

트리비움이
유대 교육의 숨은 커리큘럼이다

트리비움은 고대 그리스로부터 시작된 교육 커리큘럼이다. 그리스 시대를 거쳐 중세에 이르기까지 찬란한 문화의 융성을 이루게 한 여러 가지 교육 방식 중 하나이며 핵심이라고 할 수 있다. 그 교육 방식이 유대인의 삶 깊숙한 곳에 자리 잡았고 그것이 유대인의 종교, 문화와 만나 꽃을 피우게 된다. 트리비움은 우리가 아는 유대 교육의 다양한 프로그램과 그들이 보여 준 놀라운 결과 사이를 이어 주는 다리가 되었다.

세계에는 수많은 종교가 있다. 각자의 종교를 믿는 민족에게는 그들만의 교육 프로그램이 있다. 그럼에도 유대 민족과 같은 결과를 집단으로 보여 주지 못하는 것은 그들의 교육 프로그램이 트리비움 능력을 강화해 주는 프로세스가 아니었기 때문이다. 우리는 지금까지 보이는 유대인의 종교 문화와 교육 프로그램에 관심을 가져 왔다. 그것을 벤치마킹하여 우리 삶에 구현하기 위해 계속해서 노력해 왔다. 그럼에도 그 결과는 그리 성공적이지 못했다. 다람쥐 쳇바퀴 구르듯 시대적으로 유행하는 유대인의 그 어떤 프로그램에 관심을 가질 뿐이다. 보이는 유대 교육이 아닌 숨겨진 유대 교육의 비밀에 관심을 가져야 할 때다. 그것을 훈련하여 우리가 원하는 목표를 이뤄야 한다. 그 핵심이 바로 유대 교육의 비밀, 숨은 커리큘럼 '트리비움'의 역량 강화에 있다. 그리스인의 커리큘럼인 트리비움으로 유대인의 교육 비밀을 풀려는 이 책의 시도는 전혀 새로운 차원의 것이 아니다. 트리비움이 유대인이나 고대 그리스, 로마의 지혜에 국한된 것이 아니기 때문이다. 트리비움이 우리 인간 지능의 프로세스에 관한 것임을 알 때 이 노력의 가치는 더욱 분명해진다.

인간 지능의 핵심 프로세스,
트리비움

인간 지능은 수용, 논리, 표현의 과정을 통해 계발된다. 모든 인간은 자신만의 특별함을 지니고 있으며 그것은 자신의 인간 지능을 훈련하는 과정을 통해 드러난다. 그 시기를 앞당기는 유일한 방법은 인간 지능의 원리를 알고 늘 원리를 따라 생활하는 것이다. 일상이 훈련의 장이 되는 방법을 넘어서는 수단과 기술은 존재할 수 없다. 일반 대중과 유대인의 차이는 그들의 훈련의 장이 프로그램인가 아니면 일상인가에 있다. 유대인은 독서, 질문, 하브루타, 종교적인 활동을 특별한 환경 안에서만 하지 않았다. 일상이 그들에게는 배움의 장이었다. 그것이 의무이고 원함이기도 했다. 삶의 문화 안에서 이 모든 것이 이루어진다.

"생각이 행동을 낳고, 행동이 습관을 낳고, 습관이 성격을 낳고, 성격은 운명을 바꾼다."라는 에머슨의 이야기는 자기 계발적 구호만이 아니다. 삶의 원리 그 자체다. 유대인의 토라에 대한 믿음은 그들의 생각을 사로잡고 유대인적인 삶의 행동을 낳았다. 그것은 한두 사람의 실천이 아닌 민족의 습관이 되었고 우리가 아는 유대인만의 독특한 성격, 일곱 가지 정신을 만들어 냈다. 오늘 우리가 이야기하는 유대인의 특별함은 트리비움의 자연스러운 원리와 적용이 낳은 결과이지 기적이 아니다. 유대인과 같이 영향력 있는 존재가 되기를 바라는가! 일상을 새롭게 디자인하라. 진정한 인생의 비전을 찾고 그 안에서 성공의 습관을 형성하라. 그중에서도 인간 지능의 능력을 훈련하는 배움의 길, 트리비움의 길을 만들고 꾸준히 그 길을 걸어라.

인간 지능의 원리 트리비움은 매우 자연스러운 것이다. 살아 숨 쉬는 존재라면 누구나 자유롭게 인간 지능의 3원리 즉 수용하고, 연결하며, 표현하는 능력을 활용하며 살아간다. 세상 어느 곳에서든 이 자연스러운 인간 지능의 세 가지 원리를 소중히 여기고 발전시켜 나간 사람은 특별한 존재가 되었다. 유대인을 이야기할 때 항상 예로 등장하는 노벨상의 경우도 그렇다. 유대인이 노벨상을 많이 탄 것은 사실이나 80%의 노벨상은 다른 민족 가운데서 나왔다. 유대인 예술가와 기업인의 뛰어남을 많은 책에서 강조하는데 유대교를 믿지 않는 민족과 수많은 국가에서도 뛰어난 기업가, 예술가, 법조인이 존재한다. 그들이 유대교의 토라를 믿고 따라서가 아니다. 그들에게 하브루타의 문화가 있어서가 아니다. 그들의 삶 가운데 있는 수많은 활동, 배움의 과정을 통해 트리비움 능력이 세워졌기 때문이다. 훈련된 능력으로서의 트리비움은 삶의 능력이 되어 자신이 속한 분야에서 큰 업적을 이루는 원동력이 된다. 누구에게나 있는 트리비움 능력을 잘 관리하고 훈련한다면 누구나 이 시대를 살며 영향을 미치는 특별한 존재가 될 수 있다.

유대인의 특별함이 바로 이 지점에 있다. 누구에게나 있는 이 자연스러운 인간 지능의 원리를 더욱 특별한 것으로 만들었기 때문이다. 개인의 선택이 아니라 민족 자체의 문화로 만들었다. 누구나 사용하고 관리하면 능력의 원천이 되는 트리비움을 그들은 일상을 통해 세워 갔다. 배움을 일상으로 만들고 민족의 문화로 만들었기에 트리비움 능력을 최고의 단계로 끌어올릴 수 있었다. 그것이 유대인을 개인의 특별함을 넘은 특별한 민족으로 만들었다. 인간이라면 누구에게나 주어진 인간 지능의 원리를 그리스·로마 사람은 교육 과정으로 체계화해 놓았으나 그들의 문화는 역사 속에 발자국만 남기고 사라졌다. 반면 그들의 삶 언저리에 있던 유대인은 그것을 스쳐 지나가는 흔적이 아닌 삶의 문화로 만들었다. 유대 종교와 문화 깊숙한 곳에 자리 잡은 생활 양식은 자연스럽게 그들의 트리비움 능력을 향상하는 원동력이 되었다. 그들이 나라 없이 백성으로 전 세계를 떠돌아다닐 때도 트리비움은 유대인의 종교 문화 유전자에 담겨 지속되었다. 정착하며 살아가는 곳 어디에서도 숨겨진 생존 본능, 숨은 커리큘럼으로 트리비움은 그들의 삶에 깃들었다.

이 책에서 이야기하고자 하는 바는 그리스의 교육 방식을 유대인이 그대로 받아들였다는 것이 아니다. 다만 세상을 놀라게 한 유대인 교육의 비밀은 신비도, 미스터리한 일도 아니라는 것을 밝히기 위함이다. 유대 관련 책을 접하면 접할수록 그들의 대단함에 대한 탄성이 더해간다. 그들의 토라와 탈무드, 놀라운 암송에 대한 이야기는 우리를 주눅 들게 하기에 충분하다. 그렇다고 우리가 유대인이 될 수도, 그들의 농사와 율법에 대한 탈무드를 공부할 수도 없다. 물론 그럴 필요도 없다. 지금까지 유대 관련 서적에서 강조한 유대인의 특별함에 관한 이유로 제시된 것은 유대인과 상관관계에 있거나 그 중심에 있는 것이 분명하다. 그러나 그러한 시도는 작은 몸짓 혹은 프로그램 그 이상도 이하도 아니다. 프로그램이 삶과 문화를 대신할 수는 없다. 그 문제의 해법은 트리비움을 오늘날 우리 삶에서 어떻게 구현할 것인가에 대한 논의에서 풀어 나가야 한다. 유대인의 그 무엇을 흉내 내는 것이 아닌 우리 삶의 문화 속에서 풀어야 한다. 유대인의 탈무드가 아니라 우리의 탈무드가 필요하다. 유대교와 토라가 아니라 우리의 토라가 필요하다. 쉬운 일은 분명 아니다. 우리의 노력, 변화에 대한 시도가 바로 그 지점에서부터 시작되어야 한다.

트리비움으로
비전을 디자인하라

누구나 바라는 꿈, 비전, 마음의 소원이 있다. 그것이 무엇이든지 간에 그것을 이루기 위해 필요한 구성 요소를 갖추는 일은 중요하다. 불은 원하지 않아도 산소와 재료와 발화점 이상의 온도가 한자리에 모이면 발생하게 되어 있다. 꿈과 비전도 그것을 가능하게 하는 요소가 모일 때 이루어진다. 트리비움 능력은 우리 인생의 꿈을 이루는 구성 요소 가운데 하나다. 수많은 것 중 하나가 아닌 그 어떤 것으로도 대신할 수 없는 핵심 요소다. 인간을 인간되게 하고 나를 특별하게 만드는 능력이 바로 트리비움이다. 트리비움은 배움의 기본 도구인 동시에 꿈을 이루고 비전을 성취하는 가장 넓고 든든한 기반이 되어 준다.

유대인의 삶의 문화가 트리비움 능력을 세우는 일상으로 디자인되었듯이 이 책을 읽는 독자들도 나의 삶 가운데 트리비움 능력을 세우는 삶을 디자인하기를 바란다. 유대교인이 되지 않아도 가능한 일이다. 더는 탈무드로 그들의 교리와 삶의 문화를 들여다보거나 그들이 이룬 결과를 그 어떤 신비의 안경을 끼고 바라보지 않아도 된다. 트리비움을 훈련함으로써 나의 삶 속에서 유대인의 성공 신화를 이루어 갈 수 있다. 우리의 삶의 자리에서 특별함을 창조하는 능력은 예전부터 우리에게 주어져 있었다. 무능력으로 채워졌던 일상에 변화를 주자. 트리비움을 마중물로 하여 잊고 있던, 나조차 생각하지 못했던 나의 능력을 발견하고 세워 보자. 트리비움이 여러분과 나의 삶에 좀 더 가치 있는 것으로 자리하기를 꿈꿔 본다.

트리비움 독서법		
문법(grammar)	논리학(logic)	수사학(rhetoric)
읽기/듣기	생각하기	쓰기/말하기
수용	이해	표현
읽기/듣기	질문/분석	자기표현
정보 수용	분석 이해	의사소통
주입 훈련	사고 훈련	표현 훈련
모으기	이어 붙이기	완성하기
기초 골조 공사	지붕 외벽 공사	인테리어 이사
정보	이해	적용
지식	이해	성숙
순종	질문	창조
정보 수용	정보 정리	활용
지시	지도/지원	위임
정보 축적	정보 배열	정보 사용
내용 지식	이해 사고	창의 지혜
앵무새 단계	건방진 단계	시인의 단계
어린이	청소년	성인
수용성	논리력	표현력
사실 설명	사실 관계 파악	삶에 적용
사실	이론/논리	실행/적용
기초	구조	실용
사실 이해	관계 이해	적용 지혜
지식 단계	이해 단계	지혜 단계
지식의 수용성	지식의 관계성	재구성된 지혜
입력	정보 처리	출력
먹고	소화하고	성장하고
문심혜두	관주위보	융합 창의
십진분류 독서법	박이정 독서법	앵커 독서법

트리비움 일상 수업

잃어버린 기술,
트리비움

10여 년 전부터 인문학 열풍이 불었다. 20년 가까이 서점 베스트셀러를 차지하던 자기 계발 도서를 제치고 역사서와 고전이 자리의 한쪽 면을 차지하기 시작했다. 출판계에서는 고전을 강독하는 책이 연이어 쏟아져 나왔다. 출판계만의 일이 아니다. 사람들의 옛것에 대한 관심이 모든 분야에서 늘어 가기 시작했다.

급변하는 시대의 영향일까? 산업 사회, 지식 정보화 사회를 지나 찾아 든 제4차 산업 혁명의 시대, 인공 지능 시대에 사람들이 진부하다 할 수 있는 옛것에 보이는 관심은 시대의 아이러니다. 역사를 공부하려는 사람이 늘고 있다. 역사책의 판매량이 늘기 시작했다. 거들떠보지 않던 철학과 사상에 대한 관심도 예전보다 부쩍 늘었다.

갑작스러운 변화 속에 찾아든 그 어떤 공허한 빈자리를 고전이 채워 줄 것이라 여기기 때문일까! 반짝이는 관심으로 끝날 것 같던 인문학의 열풍은 지금도 식을 줄 모른다. 제4차 산업 혁명 시대의 상징인 SNS도 인문학의 콘텐츠를 실어 나르는 탁월한 통로로 활용 중이다. 고리타분하다고 여기던 고전과 인문학은 여러 형태로 모습을 바꿔가며 독서계와 교육계에 또 다른 흐름을 만들고 있다.

고전 교육이란
무엇인가

우리는 오래된 책, 역사 속에서 사람들에게 인정받으며 그 생명을 연장해 온 책을 고전이라 부른다. 또한 고전을 배우는 것을 고전 교육이라 여긴다. 호메로스와 플라톤, 카이사르와 키케로의 글을 읽고 아리스토텔레스와 세네카의 생각을 들여다보는 행위 말이다. 역사, 시간, 공간을 지나며 사람들에게 공감을 얻었다면 거기에는 사람들의 필요를 채워 줄 무엇인가가 있는 것이다.

그렇다면 그런 책을 읽는 것 자체를 고전 교육이라 부를 수 있을까? 충분하지 않다. 진정한 고전 교육은 오래되고 유명한 내용을 받아들이는 행위만을 이야기하지 않기 때문이다. 중요한 것은 그것을 공부하는 형식과 방법에 있다. 플라톤의 《국가》를 읽는 것 자체만으로도 의미 있는 일이겠으나 진정한 고전 교육은 거기서 한 걸음 더 나아가야 한다. 내용만이 아닌 형식과 방식이 동반되어야 한다.《국가》를 쓰며 사고했던 플라톤의 사고 체계를 만나는 과정이 필요하다. 플라톤의 국가를 읽는 동안 글을 쓴 플라톤의 고민과 갈등 앞에 서야 한다. 플라톤의 선택과 집중, 빠뜨릴 수밖에 없던 책의 행간, 그의 생각을 만날 수 있어야 한다. 독서를 역사와의 대화라 말하는 것도 이런 이유 때문이다. 고전이 고전이 된 것은 글에 시대의 아픔과 번민, 미움과 사랑 등 인생 이야기가 깊이 있게 담겨 있기 때문이다. 시대가 변하고 공간이 바뀐다 해도 변함없이 가치 있는 우리의 이야기를 담아낼 때 그것은 진정한 고전으로 만들어져 간다. 동화와 재미를 동반한 소설일지라도 절대 가볍지 않다. 고민하고 갈등하며 생각을 담은 그 자리에 이 시대를 사는 내 생각, 사고 체계가 채워질 때 고전은 내 삶의 고전으로 자리한다.

진정한 고전 교육을 위해 필요한 방법은 무엇인가! 트리비움이다. 근대 교육학의 선구자인 체코의 교육 철학자 요한 아모스 코메니우스는 자신의 저서《대교수학》의 저술 목적을 다음과 같이 밝힌다.

"모든 것을 모든 사람에게 가르치는 보편적인 기술, 모든 국가의 모든 도시, 마을, 촌락에 모든 청소년 남녀가 하나도 제외됨 없이 빠르고, 즐겁게, 철저하게 지식을 배우고…… 교사는 덜 가르치고, 학생은 더 배우며, 학교는 소음과 싫증과 부질없는 수고를 덜고, 더 많은 여가와 즐거움과 확고한 진보가 있는 장이 되는 …… 교수법을 찾고 발견하는 것이다."

트리비움이 바로 그 방법이다. 트리비움은 비단 교수법만은 아니다. 배움의 길에 선 모든 이의 학습 역량이며 인간 역량 그 자체다. 가르치는 자나 배우는 자 모두 트리비움의 방법을 훈련해야만 한다. 그런 뒤에야 참된 교육, 배움의 과정에 진보를 이루어 가는 교육을 진행할 수 있다.

그런데 이처럼 강력한 배움의 도구인 트리비움이 배움의 현장에서 충분히 다루어지지 않는다. 누구나 활용하는 능력이면서도 그 가치를 알고 훈련하는 사람이 많지 않다. 왜 그런 일이 벌어졌을까! 문제의 발단은 르네상스 시대로 거슬러 올라간다.

잃어버린 기술
트리비움을 회복하라

르네상스는 14세기부터 16세기 사이 유럽에서 일어난 문예 부흥, 문화 혁신 운동이다. 중세의 종말과 근세의 시작을 알리는 르네상스는 과학 혁명을 이룬 시대이기도 하다. 르네상스는 잃어버린 고대 그리스와 로마 문명을 되살리기 위한 시도로 시작되었다. 중세 기독교 문화에 가려 빛을 잃었던 옛 그리스와 로마의 문학, 사상, 예술을 본받아 인간 중심의 정신을 되살리려는 시도였다.

종교 시대라 일컬어지던 중세를 벗어나려는 몸부림이었다.

르네상스가 가져온 변화와 혁신은 놀라운 것이었다. 이전에 없던 것이었다. 인류를 르네상스 이전과 이후로 나누어 생각하게 할 만큼 큰 변혁이었다. 그러나 그토록 큰 혁신이 가져온 풍요 가운데 그리스·로마의 놀라운 유산인 트리비움이 잊히기 시작했다. 그 자리를 수많은 현대 교육의 방법과 도구가 차지하기 시작했다. 잃어버린 고대 그리스와 로마의 유산을 상속받으려는 시도 가운데 교육 커리큘럼으로서의 트리비움에 대한 관심이 줄었다는 것은 아이러니한 상황이 아닐 수 없다.

1947년 여성 최초로 옥스퍼드대학에서 학위를 취득한 도로시 세이어스는 르네상스 이후 놀랍도록 다양한 변화가 교육이 길을 잃고 방황하는 계기가 되었다고 강조한다.

"중세가 끝나가는 시점부터 교육은 진정한 목표를 잃기 시작했다. 세계는 르네상스 이후의 빠르고 놀랍도록 혁신적인 변화에 당황했다. 그뿐 아니라 새롭게 제시된 수많은 '과목'의 풍부함에 흥분했다. 그러한 마음은 이전 교육 커리큘럼을 낡은 규율로 규정하고 벗어나려는 시도로 이어졌다. 현대 교육의 중대한 결함은 학습의 기술을 커리큘럼에서 제외하고 모든 시간을 과목을 배우는데 쏟고 있다는 점이다. 학생들은 많은 과목을 배우지만 모든 면에서 더 무지하고 자신이 원하는 주제에 대해 스스로 학습할 줄 모른다. '과목 가르치기'에 집중하여 약간의 성공을 이뤘을지는 모르나 집중하는 법, 생각하는 법, 논쟁하고 자신의 결론을 찾아가는 법을 가르치는 데 실패했다."

세이어스는 현대 교육이 트리비움을 버렸다고 말한다. 배우는 법을 가르치고 능력을 세우는 과정 학습으로서의 트리비움을 잃어버리고 과목 학습에 매몰되었다고 한탄한다. 수많은 과목을 배우며 지식은 자라는 듯하지만 정작 생각하는 능력은 세우지 못한다는 것이다.

도로시 세이어스는 오늘날의 교육이 학생들을 지적으로 무기력한 존재로 만든다고 지적한다. 동시에 우리 자녀에게 배우는 법과 생각하는 능력을 세워 가는 교육 과정의 필요성을 이야기한다. 그는 자신의 논문 〈잃어버린 학습의 도구들〉을 통해 트리비움을 그 대안으로 제시한다. 고대 그리스로부터 시작하여 로마 시대에 체계를 갖추고 중세 학교 현장에서도 활발히 활용된 고전 커리큘럼인 트리비움을 중심으로 한 교육이 진행되어야 한다고 강조한다.

"과목을 배우게 하기 전에 학습의 도구 활용법을 먼저 가르쳐야 한다. 단순히 중세 시대로 돌아가자는 것이 아니다. 다만 진보적인 후퇴가 가능하다는 상상을 해 보자는 것이다. 우리는 트리비움의 목적과 방법에 완전히 익숙한 선생님을 학교에 보내야 한다. 그들이 '수정된 현대 트리비움'의 체계로 아이들을 가르치도록 해야 한다. 언어의 문법, 어휘력을 세우는 것부터 시작하여 논리를 세우고 말과 글로 자신의 주장을 펼칠 수 있도록 해야 한다."

오늘날 교육 문제의 근원이 트리비움의 상실이고 그 문제를 해결하기 위해 트리비움 능력을 세우는 교육 과정을 회복하는 일이 필요하다고 역설하는 것이다.

천재라는 말이 통용되던 때가 있었다. 지금도 그 말은 유효하다. 어떤 분야든 설명할 수 없는 능력을 보이는 사람이 있다. 그들은 대부분 보통 사람이 성취하는 노력의 결과를 앞지르며 분명한 차이를 보여 준다. 그럴 때마다 사람들은 '역시 노력보다는 타고난 재능이 중요하다'고 말하곤 한다.

시대가 변하며 과학과 교수 학습 영역이 괄목할 만한 진보를 이루었다. 무엇보다도 대뇌생리학의 진보와 인간 지능에 대한 이해는 다양한 학습 방법, 기술, 도구가 더해지며 '천재의 비밀'은 대부분 비밀이 아닌 학습이 가능한 능력의 영역이라는 것이 밝혀졌다. 트리비움의 가치가 바로 여기에 있다. 트리비움은 천재라 일컬어지던 사람의 핵심 능력이며 모든 사람의 능력은 트리비움의 진보와 맥을 같이 하고 있다. 학습 기술은 그 격차를 좁혀 주었고 구체적인 도구는 예전에 갖지 못했던 능력을 사람들에게 선물하였다.

트리비움 1단계
: 문법

트리비움의 1단계는 문법grammar의 단계다. 지식의 수용 방법, 배우는 방법을 훈련하는 단계다. 한마디로 표현하자면 잘 보고, 잘 들으며 잘 배우기 위한 기초 능력을 향상하는 단계다. 배움의 주제에 대한 구체적인 내용에 앞서 세상의 큰 그림을 하나씩 배워 가며 정보 수용력을 세우는 데 집중한다.

문법 단계의 핵심 키워드는 읽기와 듣기, 정보와 수용, 사실과 이해, 기초 지식 등이다. 이 시기에 아이들은 눈과 귀로 들어오는 수많은 정보를 스펀지처럼 흡수한다. 논리가 부족해서 온전한 지식을 갖추기보다 각 분야의 부분 지식을 수용하는 시기라고 할 수 있다.

아동 발달 단계에 따라 정의한다면 문법의 시기는 유아기부터 12세 정도까지다. 트리비움의 문법, 논리, 수사 3원리는 무 자르듯 나누어져 교육할 수 없는 자연스러운 인간 지능의 요소다. 이 세 가지는 함께 연결되어 작동하며 자란다. 다만, 시기별로 우선순위에 차이가 있을 뿐이다. 유아기와 초·중·고등학교 시절에 특별히 집중해야 할 내용을 선별하여 교육을 진행하는 것도 같은 이유에서다. 12세가 되기 전에 아이들의 특성에 맞는 교육을 진행해야 하는데 트리비움에서는 이 과정을 문법이라 명명하고 있다.

정보를 수용하고 사실을 이해하는 과정이 유년기에만 진행되는 배움의 과정은 아니다. 분명한 점은 이 시기에 배움의 기초 능력을 세우는 일에 실패할 경우 그 영향을 평생에 걸쳐 받는다는 것이다. 아름다움에는 유통 기한이 있다는 말이 있다. 외모, 외적인 매력에 관한 이야기다. 반대로 내적인 매력, 말과 표정이 부드럽고 품성이 좋은 사람의 매력은 유통 기한이 없다. 시간이 갈수록 매력을 더해 간다. 트리비움도 내적인 매력과 마찬가지다. 한 번 배우고 익힌 지능으로서의 역량에는 유통 기한이 없다. 100세 시대를 살아가는 오늘, 트리비움 능력이야말로 정년을 연장하는 보증 수표다. 그중에서도 수용의 문을 넓히고 견고히 하는 문법 단계는 매우 중요하다. 운동을 할 때 자세를 잡고 기초 체력을 세우는 것이 중요하다고 이야기한다. 경제에서도 물류가 원활하게 운송되기 위해서는 차량과 배 같은 운송 수단도 중요하지만 우선 길을 닦아야 한다. 길이 없다면 최고의 운송 수단도 무용지물이다. 트리비움 중 문법 단계는 배움의 길을 내는 과정이다. 시간이 흐를수록 길은 넓어지고 수많은 배움의 샛길이 생겨날 것이다. 어떤 배움의 길, 통로를 만드느냐는 효율적인 학습 과정에 국한된 일이 아니다. 우리 삶에 관한 이야기다. 인생이 풍요와 행복으로 채워지느냐 결핍과 불행으로 나아가느냐를 결정하기 때문이다. 어린 시절, 자녀에게 이 기초를 튼튼하게 세워 줘야 한다. 이것을 이루는 체계적인 배움의 기회를 제공해야 한다. 아이가 주도적으로 인생을 선택하기 전 의결권의 대부분을 가진 부모와 이 사회 어른들에 의해서 그 기회가 제한되거나 차단되는 불행이 우리 가운데 일어나지 않도록 힘써야 한다.

현대 교육도 지식의 수용에 많은 관심을 두고 있다. 그러나 트리비움이 강조하는 수용과는 거리가 멀다. 현대 교육은 지식을 수용하는 역량 개발에 교육 목표를 두지 않는다. 수용 능력을 훈련하며 정보력을 세우고, 이해력을 훈련하는 수용의 과정이 아니다. 오로지 정보 수용 그 자체에 관심을 둔다. 사고의 훈련과 기술 향상이 아니라 사고 없이도 가능한 수용의 과정을 반복적으로 수행한다. 스스로 배우는 능력을 키우는 교육이 아니라 가르치는 내용을 잘 기억하게 하는 데 집중한다. 자연스러운 인간 지능의 원리를 따르지 않고 오로지 평가 가능한 기준 위에 모두를 올려놓기 위한 노력만이 진행되고 있다. 스스로 배우는 능력을 세워 가지 못한다. 하나를 배우면 또 하나를 배우기 위해 교사에게 의존하는 학습자로 훈련된다. 수많은 과목을 배웠고 좋은 성적을 올렸어도 새로운 과목을 배울 때는 또다시 의존적으로 되게 만드는 교육이 현대 교육이다.

유대 교육은 물고기를 잡아 주는 교육이 아닌 물고기 잡는 법을 가르쳐 주는 교육이라 말한다. 물고기 잡는 능력이 바로 트리비움 능력이다. 유대 교육은 사람이 독립적인 존재가 되게 하는 데 그 목적이 있다. 스스로 읽고, 스스로 생각하고, 스스로 표현하는 존재가 되게 하는 데 있다. 그것을 위해 가르치기보다는 훈련에 집중한다. 수많은 과목에서 좋은 점수를 받도록 가르치기보다 하나를 배우더라도 그 속에서 지식 수용 능력을 숙달하고 기존 지식과 새로운 지식을 비교 분석하며 관계를 파악하는 훈련에 집중한다. 남의 지식이 아닌 나만의 독창적인 지식을 창조하기 위한 표현의 과정도 게을리하지 않는다. 이것이 바로 트리비움의 훈련 과정이다. 트리비움 능력을 훈련할 때 비로소 고기 잡는 원천 기술을 지닌 학습자가 될 수 있다. 트리비움을 훈련함으로써 얻는 최고의 유익은 그 능력이 지속한다는 것이다. 트리비움의 가치를 알게 된다면 오늘 우리 배움의 자리에 대한 어떤 변화의 시도가 진행되어야 한다는 것은 분명하다.

문법의 단계에서
집중해야 하는 훈련

첫째, 어휘력을 향상하라. 어휘의 양과 이해의 정도가 매우 중요하다. 아이에게는 수용된 어휘가 곧 세상을 보는 전부이기 때문에 풍부한 어휘를 갖추기 위해 힘써야 한다. 어휘력은 한두 번의 암기나 사전 찾기를 통해 세워지지 않는다. 반복 학습이 필요하다. 책상에서 하는 학습도 중요하지만 다양한 어휘를 반복적으로 접하는 일상의 기회를 얻는 것이 가장 필요하다. 자녀가 사용하는 일상의 언어, 어휘에 주목하라. 우리의 사고는 어휘력 이상으로 깊어지거나 넓게 확장되지 않는다. 어휘 능력의 강화는 생각하는 능력의 향상으로 이어진다.

둘째, 독서하라. 더는 강조할 필요가 없는 배움의 과정이다. 책을 읽는 과정에 있어서 호기심은 매우 중요하다. 호기심을 갖는 순간이 학습자가 확장되는 시간이기 때문이다. 호기심을 마중물로 지금까지는 관계없던 세계가 나에게 다가온다. 그것에 관한 정보가 쌓여 간다. 작은 정보와 지식이 내 인생의 일부가 되어 간다.

자녀의 독서 지도에 있어 어떤 주제로 읽기를 시작해야 하는지 묻는 사람이 많다. 가장 좋은 방법은 자녀가 관심을 보이는 영역으로부터 시작하는 것이다. 관심을 가졌다는 것은 그것에 대한 동기가 부여되었다는 것을 의미한다. 동기 부여는 모든 것의 첫 단계다. 독서에서도 마찬가지다. 동기 부여가 되어 있다면 그때가 그 주제에 관해 기초를 세울 절호의 기회다. 부모 입장에서야 자녀가 더 가치 있고 의미 있는 분야의 지식에 관심을 두기를 바라겠지만 그 바람은 일단 마음속에 접어 두길 바란다. 관심을 두는 주제가 학습해서는 안 되는 나쁜 주제이거나 어린아이에게 부적절한 주제가 아니라면 그들의 선택을 지지해 주어야 한다. 내용 자체보다 지식을 받아들이는 바른 방법을 훈련하도록 도와주는 데 집중하라. 문법 단계가 인간 지능의 기초를 다지는 과정이라는 것을 잊지 말자. 한 발짝 한 발짝 내디딘다는 마음 자세로 자녀의 독서 과정을 적극적으로 지원해야 한다.

셋째, 일상의 대화가 중요하다. 이 시기의 아이는 주변 사람과의 대화를 통해 성장한다. 어휘력도 자라고 세상을 보는 눈도 대화의 과정을 통해 확장된다. 또래 집단이 유일한 관계여서는 안 된다. 다양한 연령의 친구와 교제하는 기회는 책상에서의 배움과는 또 다른 배움, 변화와 성숙을 이루는 시간이다. 무엇보다도 어른과의 대화가 중요하다. 아이에게 유아적인 언어와 쉬운 어휘로만 대화하려는 시도는 지혜로운 선택이 아니다. 아이들이 이해하는 정도보다 조금 높고 어려운 어휘를 사용해야 아이들의 사고 능력을 키울 수 있다. 동기가 부여되면 조금 어려워도 문제 되지 않는다.

자녀의 주변 사람을 관리하라. 누구와 매일 반복적으로 대화하는지 확인하라. 부모를 포함하여 자녀가 어른 친구와 함께하는 시간을 늘려 주기 위한 선택은 미래를 위한 최고의 지혜.

넷째, 미디어를 관리하라. 부모 세대의 어린 시절과는 다른 세상이 펼쳐지고 있다. 부모는 바보상자라며 텔레비전을 멀리하도록 지도받던 시대를 살았다. 오늘을 사는 아이의 손에 들려진 스마트폰은 이전의 텔레비전과 비교할 바가 아니다. 시대가 변해 창의성을 표현하는 도구로 스마트폰, 컴퓨터가 활용되고 있으나 배움의 기초를 다져야 하는 문법 시기에 있는 자녀를 위해서는 스마트폰과 같은 자극적인 미디어나 오락은 조금 더 철저히 관리해야 한다. 그것을 접하는 시기를 늦출 수만 있다면 최대한 늦추는 것이 좋다. 미디어 활용 교육도 필요하나 이 시기의 자녀에게는 읽기와 듣기, 오감으로 느끼는 과정을 통해 수용의 문을 넓혀가는 일이 그 무엇보다 중요하다.

생각의 마중물

: 문심혜두 사용 설명서

공부의 시작

: 문심혜두

다산 정약용은 자신의 저서 여러 곳에서 사람을 제대로 가르치려면 무엇보다 '문심혜두'를 계발하는 데 관심을 가져야 한다고 강조한다. 문심文心이란 문자를 알아차리는 마음이자 글을 이해하는 능력을 말한다. 혜두慧竇는 지혜의 구멍으로 지혜의 샘, 지혜의 근원을 의미한다. 한마디로 문심혜두를 개발하라는 것은 글을 이해하는 능력을 키우라는 것이다. 정약용은 글을 이해하는 지혜의 능력을 열어 주어야만 자신의 역량을 키울 수 있다고 보았다. 문심혜두의 향상 없이는 교육이 깊은 배움으로 나아갈 수 없다고 여러 곳에서 강조했다.

정약용은 훌륭한 학자이기 이전에 훌륭한 아버지이자 스승이었다. 두 아들을 훌륭하게 가르쳤을 뿐 아니라 사위와 외손자의 스승으로 그들을 뛰어난 학자로 성장시켰다.

정약용하면 강진에서의 유배 생활을 떠올리게 된다. 그는 유배 생활 가운데서도 다산초당을 세우고 제자 18명을 중심으로 많은 후학을 길러낸 것으로 유명하다. 그곳에서도 그의 관심은 문심혜두를 여는 일이었다. 정약용은 누구를 대상으로 하든지 모든 교육의 출발이자 목표는 문심혜두를 계발하는 것으로부터 시작하였다. 문심혜두 없는 지성의 발전은 있을 수 없고 자신이 속한 분야에서 영향력을 나타낼 수 없다고 보았다. 그렇다고 정약용의 문심혜두에 대한 강조가 지적인 능력을 향상하는 데만 관심을 둔 것은 아니다. 정약용 연구가로 널리 알려진 박석무는 문심혜두를 개발하는 것이 지적인 능력을 바탕으로 하여 올바른 한 사람으로 서게 하기 위한 제일 우선적인 요구라고 말한다. 그는 또한, 정약용 학문의 기초가 온전한 전인을 세우는 데 있다고 이야기한다.

교재가 좋아야
지혜가 자란다!

정약용이 문심혜두 계발과 관련하여 강조한 것 중 특이한 점은 교재 선정에 대한 그의 생각이다. 정약용은 자녀들이 글자를 제대

157

로 배우고 글의 이치를 올바르게 이해하기 위해서는 우선 교재가 올바르고 정당해야 한다고 강조한다. 당시 학문하는 사람의 입문 교과서로 널리 활용하던 천자문을 그 예로 들었다. 정약용은 조선 시대 교육의 최고 장애물이 천자문이라고까지 말했다. 천자문이 교재로서 결격 사유가 많다는 것이다. 정약용은 교재가 학습하는 사람이 두 가지를 동시에 배울 수 있도록 구성되어 있어야 한다고 강조했다. 첫째는 내용을 잘 전달하는 것이며 둘째는 내용을 배우는 과정에서 사고하는 능력을 연습할 수 있어야 한다는 것이다. 정약용이 지적한 천자문의 문제가 바로 여기에 있다. 내용이야 천于 자의 한자로 구성되어 있기에 문제가 없겠지만 한자의 순서, 구성, 배열이 잘못되었다고 지적한다. 한자어 1,000자를 공부하는 과정에서 사고 능력도 자라야 하는데 천자문의 구성이 사고 작용을 방해한다고 보았다. 정약용은 단어가 의미 단위로 분류되어 있지 않고 낱글자로 배열되어 있다는 것을 주장의 근거로 삼는다. 하늘 천, 땅 지, 검을 현, 누를 황. '하늘은 검고, 땅은 누렇다'처럼 문장이 되고 이해가 어렵지 않은 듯 보이기도 한다. 하지만 실상은 그렇지 않다. 뒤로 갈수록 전혀 다른 의미의 단어 하나하나가 나열되는 형태로 구성되어 글을 처음 배우는 아이가 이해하기에 어렵고 적당하지 않다고 보았다. 의미 단위로 분류되어 있지 않기에 그것을 암기하기 위해 쏟는 노력이 사고력의 향상으로 이어지지 않는다는 뜻이다.

정약용은 유형별로 학습해야 한다고 주장한다. 하늘과 땅에 대한 글자를 배웠다면 일월日月 성신星辰 같은 천문과 지리 같은 명사를 함께 배우는 것이 효과적이라고 보았다. 그런 학습 방법을 통해서만이 책을 읽는 가운데 문자에 대한 이해력이 늘고 궁극적으로 종합적인 사고를 가능하게 하는 지혜의 샘이 열리기 때문이다.

정약용은 자신이 지적한 부분을 보완해 상·하권으로 구성된 한자 교재 《아학편》을 펴낸다. 정약용은 "문자는 만물을 분류하기 위하여 생겨났다. 먼저 형태와 성질, 이치와 원리, 대상과 사건별로 자세히 알아야 한다. 그 다음 서로 다른 점을 분별할 수 있어야 한다. 그리할 때 사물의 이치를 명확하게 알게 되어 비로소 지혜의 구멍이 열리고 글의 뜻을 깨달아 아는 힘이 자라난다."며 이천 자의 한자어를 다양한 주제로 분류해 구성해 놓았다. 같은 개념의 글자들이 단위를 이루어 학습자의 이해와 기억을 돕도록 기획한 것이다. 예를 들어 상권에는 사람, 신체, 관계, 자연 등 아이들이 일상생활에서 쉽게 접하는 명사를 중심으로 글자를 구성했다. 하권은 추상명사, 대명사, 형용사 같은 추상어와 학습자의 주관적인 판단과 이해가 요구되는 덕목의 글자로 구성했다. 정약용은 "일상생활과 관련된 교재는 경험 불가능한 내용을 담고 있는 단순한 이론서가 아니라 실제 생활에서 적용하고 실천할 수 있는 삶의 방법과 원리를 제시하는 실제적인 삶의 교재이어야 한다."라고 하였다. 일상생활과 관련한 주제 어휘로 구성했을 뿐만 아니라 아이의 인지 발달 순서를 따라 자연스럽게 이해할 수 있도록 분류하기 위한 배려가 '아학편'에 가득하다.

책을 읽을 때 방법과 기술에 앞서는 것이 왜 책을 읽어야 하는가 하는 동기의 문제다. 책을 읽지 않는 아이에게는 책을 읽게 하는 것 자체가 목표가 되어야 하는 이유도 여기에 있다. 그러나 읽어야 할 이유가 있는 자녀라면 문제는 달라진다. 동기의 문제가 해결되었기에 더 좋은 방법과 기술을 함께 생각해 보아야 한다. 이때 중요한 것이 어떤 책과 교재를 선택하는가이다. '어떤 책'을 읽는가에 따라 좋은 정보를 얻는 것을 넘어서 글을 이해하는 지혜, 생각하는 능력을 넓히는 기회를 받을 수 있기 때문이다. 정약용의 정의대로라면 좋은 책이란 단순히 좋은 내용이 열거된 책이 아니다. 그 책을 읽은 사람의 생각하는 능력이 자라야 하며, 바른 길로 삶을 변화하는 데 도움을 주는 책이 좋은 책이다.

유대인의 교육
: 동기를 부여하며 문심혜두로 나아가기

정약용이 강조하는 문심혜두를 여는 교육을 유대인의 트리비움에서 찾을 수 있다.

유대인 아이가 태어나서 제일 먼저 접하는 것 가운데 하나가 히브리 알파벳과 책이다. 유대인 부모는 자녀가 글자를 모르는 어린 시절부터 히브리 알파벳을 형상화한 장난감과 책을 만지고 놀며 책과 친숙해질 수 있는 환경을 마련하기 위해 힘쓴다. 그러한 차원의 시도 가운데 하나가 칠판과 책장에 바르는 꿀이다. 유대인에게는 자녀가 세 살이 되면 꿀로 칠판을 만들고 히브리어 알파벳을 적은 뒤 그것을 핥아먹게 하는 풍습이 있다. 더러는 깨끗한 책 표지에 꿀을 바르고 아이가 표지에 발린 꿀을 빨아 먹게 한다. 다른 뜻이 있어서가 아니다. 어린아이에게 책의 가치를 깨닫게 하기 위한 부모의 작은 몸부림이다. 미련하고 유치하게 보일 수도 있지만, 목표는 분명하다. 꿀이 입에서 달콤한 것처럼 책이 인생의 달콤한 꿀과 같다는 것을 이야기하고 책을 통해 얻는 지적인 능력 또한 꿀처럼 달콤한 것이라고 느끼게 해 주는 풍습이자 선조들의 마음이다. 영국 에든버러에서 시작하여 전 세계적인 독서 운동으로 자리 잡은 북 스타트도 같은 차원의 관심과 노력이다.

글자를 아는 아이가 유치원에 들어갔을 때도 마찬가지다. 유대인은 많은 양의 학습에 목표를 두지 않는다. 진도를 중요하게 여기지 않는다. 오로지 아이가 책을 보며 생각하는 능력을 자라게 하는 데 집중한다. 유대인은 목적에 맞게 환경을 정비한다. 오늘날 우리 주변의 유치원이 첨단 미디어로 교육 환경을 마련하려 하고 그것을 자랑으로 여기는 것과는 달리 이스라엘 유치원은 매우 단순한 공간으로 꾸며져 있음을 보게 된다. 컴퓨터와 스마트 미디어보다는 펑크 난 타이어, 고장 난 텔레비전과 가구, 고물상에서나 볼 수 있을 법한 잡동사니들로 유치원 공간을 채워 놓는다. 유대인의 가정도 마찬가지다. 집 안에 텔레비전을 두지 않는 가정이 대부분이다. 아이들이 스스로 생각하도록 하는 일을 방해하는 그 어떤 것도 허락하지 않으려는 듯 유대인은 일상과 환경을 디자인한다. 그들이 책을 만나 문심혜두를 여는 일을 방해하는 어떤 환경도 허용하려 하지 않으려는 목적으로 일상의 문화가 디자인되어 있다. 유대인의 특별함은 문심혜두의 능력을 세우는 것을 마중물로 하여 트리비움을 세우도록 디자인된 그들의 일상, 교육, 문화에 있음을 잊지 말아야 한다.

트리비움의 마중물
: 문심혜두를 열어라!

오늘날 우리에게 시급한 것은 정보의 양을 더해가는 것이 아니다. 도리어 너무 많은 정보가 우리에게 주어져 혼란을 초래하고 있다. 새로운 배움이 오늘이라고 해서 왜 필요가 없겠는가! 다만 이제는 예전처럼 정보가 없어 고통받는 일이 많이 줄어든 듯하다. 이러한 상황 속에서 우리는 어떻게 책을 읽어야 할까? 토끼 두 마리 중 어느 하나도 놓쳐서는 안 될 것이다. 하나는 좋은 내용, 정보, 지식이라는 토끼며 다른 하나는 생각하는 능력, 글을 제대로 이해하는 능력이라는 토끼다. 우리의 스승 정약용은 읽기의 진정한 능력이 여기에 있다는 것을 문심혜두를 통해, 천자문의 문제를 통해 강조해 왔다. 글을 이해하는 지혜의 구멍을 열고 넓히는 문심혜두 학습법으로 시작하라는 것이다. 문심혜두가 열리면 그곳으로 수많은 정보가 수용된다는 것이다. 그 정보는 낱개의 개별 정보가 아니라 문심혜두를 바탕으로 체계와 질서를 가진 지식으로 자리 잡는다는 뜻이다.

  유대인의 창의력과 그들이 보여 주는 놀라운 능력은 하늘이 준 재능, 그 어떤 신비가 아니다. 그것은 그들이 트리비움 능력을 세웠기에 가능한 결과다. 그들의 종교가 유대인에게 동기를 부여하고 태도를 세웠으며, 이를 바탕으로 유대인은 문화가 된 교육과 일상 속에서 트리비움 능력을 키웠다. 그리고 그 시작은 문심혜두를 여는 일, 글을 이해하는 지혜의 구멍을 열고 넓히는 것으로부터 시작되었다. 이제 유대인처럼 트리비움하라! 그 시작은 문심혜두를 여는 일로부터 시작되어야 한다는 것을 기억하자.

배움의 길 만들기

: 독서로 시작하라

요즘 하브루타가 대세다. 유대인의 능력의 비밀을 하브루타를 통해 풀 수 있다는 기대 가운데 하브루타 강좌가 개설되고 관련 책수십 권이 쏟아져 나왔다.

하브루타는 질문을 활용한 토론 학습이다. 의문을 질문으로 만든다. 표현을 통해 생각을 나눈다. 의견 제시가 중요하기에 주장을 펼치며 논박하는 과정에 집중한다. 객관적인 논리와 주관적인 견해도 얼마든지 허용된다. 승리를 위한 논리 싸움이 아니다. 여타 다른 토론과 다른 점이다. 진리를 추구하는 과정에서 하는 생각 나눔이다. 생각과 생각이 만나는 현장에서 논리의 부족함이 드러난다. 생각은 하브루타의 나눔을 통해 세밀하게 다듬어진다. 생각의 그릇이 채워져 가는 기쁨도 누린다. 정보를 지식으로 만들며 나만의 깨달음을 얻어 가는 탁월한 배움의 방법이 하브루타의 매력이다.

하브루타를 통한 표현, 생각의 나눔이 중요하면 할수록 먼저 요구되는 것이 있다. 바로 독서다. 독서를 통한 정보와 지식의 수용은 하브루타를 더욱 힘 있게 한다. 하브루타는 질문과 토론을 통해 진행되지만, 독서를 통해 준비되고 강화되기 때문이다. 하브루타를 운동 경기라고 한다면 독서는 그 이전의 준비 운동이며 운동 이후의 스트레칭이다. 하브루타가 표현의 과정에서 논리를 확인하고 세워가는 학습이라면 독서는 수용을 통해 논리를 세워 가는 첫걸음이다. 그렇다고 독서의 목표가 수용 그 자체는 아니다. 에드먼드 버크는 말한다. "사색 없는 독서는 소화되지 않는 음식을 먹는 것과 같다." 독서의 목표는 사색이다. 반론 없는 독서는 의미가 없다. 훌륭한 지식을 뛰어난 방법으로 기존 지식과 연결 짓는 것이 사고 학습인데 그 '뛰어난 방법'이 독서며 하브루타다.

배움의 도구를
준비하라

현대 교육은 백과사전식 교육 형태를 취한다. 초·중·고등학교 12년 동안 교과서라는 백과사전을 한 해 한 해 진도에 따라 배워 간다. 우리는 백과사전이 얼마나 유용한 도구인지 알고 있다. 교과서도 사람들이 알고 있는 것 이상으로 훌륭한 교재다. 잘 정리되고 짜임새 있는 진도는 어느 정도 학생의 변화와 성숙을 이끈다. 문제는 이 모든 것을 배우는 과정에 트리비움 능력을 강화하며 생각하는 능력을 키우는 것을 전제로 기획되지 않았다는 점이다. 같은 내용을 같은 시간에 전국에 있는 또래 집단이 학습해 나간다. 학습자에게 내용의 선택권이 없다. 배움의 속도에 대한 선택권도 없다. 이해하지 못한 내용이 있어도 다음 내용의 진도가 진행되어야 한다. 목표가 분명하기 때문이다. 정해진 12년 동안 누구도 예외 없이 12년 치의 교과서에 담긴 내용을 전달받아야 하기 때문이다. 내용의 전달이 주된 목표이기에 과정 학습의 수용력, 이해력에 관심을 가질 수 없다. 전달한 내용을 얼마나 정확하게 숙지했는가에 대한 평가가 이루어진다. 잘 따라오는 학생은 우등생으로, 진도를 따라오지 못한 학생은 열등생으로 분류한다. 열등생에 대한 배려는 없다. 이해하지 못한 것을 이해시키는 데 관심을 둘 수가 없다. 다음 날의 진도가 이미 정해져 있기 때문이다. 살아 있는 책, 온전한 독서를 하며 생각하는 훈련에 집중할 수 없다. 모든 학생이 책을 살 수도, 그들의 독서력을 판단할 평가 체계도 마련되어 있지 않기 때문이다.

가르침은 배움을 전제로 해야 한다. 가르쳤는데 배우지 못했다면 가르침은 실패한 것이다. 가르침이 배움을 목표로 한 것이라면 학습자의 학습 능력에 관심을 가져야 한다. 진도를 나가는 것이 중요하고 가르침에 집중하는 일이 중요한가? 그렇다면 가르침을 받아들일 수 있는 훈련된 학습자를 세우는 것이 선행되어야 한다. 학습자가 배울 능력이 없는데 진도를 나간다면 이것이 무슨 의미가 있는가. 학습자가 배우지 못하고 있다면 가르치는 자는 가르침을 중단해야 한다. 학습자의 문제를 파악하고 학습자의 기본 토양을 새롭게 해야 한다. 진행되는 일이 중요하면 할수록 먼저 할 일을 해 놓아야 한다. 씨 뿌리기 전에 땅을 뒤엎어야 하고 집을 짓기 전 땅을 다지는 것이 필요하다. 가르치기 전에 학습자의 학습 능력, 배움의 길을 잘 닦아 놓아야 한다. 아무리 좋은 것을 전달하려고 해도 학습자는 훈련된 인간 지능, 배움의 역량만큼만 배운다. 효과적인 교육을 진행하려 한다면 학습자로 배우는 법을 배우도록 하고 그 능력이 체화되도록 해야 한다.

들에서 벌목꾼이 부지런히 나무를 베고 있었다. 그는 성실하게 일에 집중했다. 관리자의 눈치도 보지 않았다. 하루에 10시간이 넘게 나무를 베는 일에 집중했다. 그러나 일의 진행은 시간이 지나면 지날수록 더뎌졌다. 벌목량도 줄어들고 일한 만큼 결과가 나지 않기에 벌목꾼은 시름에 잠긴다.

'무엇이 문제지? 시간을 좀 더 투자해야 하나?'

그는 이전보다 작업 시간을 늘렸다. 이전보다 더 열심히 일했다. 그러나 벌목량은 이전보다 더 줄어만 갔다.

그러던 어느 날, 근심에 잠긴 벌목꾼에게 친구가 다가와 물었다.

"뭐가 걱정인가? 힘든 일이라도 있는가?"

"나는 최선을 다하는데 시간이 가면 갈수록 작업 분량이 줄어들어 걱정이야. 지난달보다 작업 시간을 늘려 보았지만 결과가 좋아지기는커녕 더 나빠진 것 같아. 도대체 무엇이 문제일까?"

이야기를 들은 친구는 심각한 친구에게 웃으며 질문했다.

"혹시 자네의 도끼 좀 볼 수 있나?"

도끼를 찬찬히 들여다본 친구는 말했다.

"이 도끼로 계속 나무를 베었다는 건가?"

그렇다는 대답에 "도끼의 날은 언제 갈았나? 얼마나 자주 날을 가나?" 친구는 다시 물었다.

벌목꾼은 귀찮다는 듯이 대답한다.

"나무 벨 시간도 모자라는데 도끼날을 갈 시간이 어디 있겠는가?"

친구가 대답했다.

"그것이 문제네. 이렇게 무딘 날로 어떻게 나무를 벨 수 있겠는가? 자네가 열심히 베어도 나무의 양이 줄어만 갔던 것은 열심히 나무 베는 일에만 집중하는 사이 도끼의 날이 무디어졌기 때문일세. 도끼날을 갈지 않고 일하는데 어떻게 작업 능률이 오를 수 있겠는가? 잠시 하던 일을 멈추고 도끼날을 갈아 보세. 잠시 일을 쉬기에 불안하기는 하겠지만 날카롭게 갈린 도끼날은 아마 지난달보다 더 높은 작업량을 선물해 줄 걸세."

누구나 한 번쯤은 들어 보았을 '갈지 않는 도끼'에 대한 이야기다. 우리 삶에서 이런 일은 비일비재하게 일어난다. 도끼날 가는 일이 중요하다는 사실을 알면서도 우리는 삶의 도끼날을 갈지 않는다. 마땅히 준비해야 할 도구를 준비하지 않고 정비하지 않은 채 중요한 일상을 살아가고 있다. 그러고는 문제의 원인을 다른 데서 찾고 해결하려고 한다. 이것이 바로 실패가 반복되는 중요한 이유다.

배우는 사람에게는 도끼날을 갈 시간이 필요하다. 진도가 아무리 중요하다 한들 학습자의 도끼날이 준비되지 않는다면 진도를 나가 봤자 무슨 의미가 있겠는가! 우리나라 초등학교 아이들은 배움의 길, 그 기초를 닦아야 하는 시기에 너무 많은 내용을 수용해야 하는 상황에 내몰리고 있다. 영어권 현지 영어교사도 풀지 못하는 영어 문제가 우리 중·고등학교 시험 문제로 출제되고 있다. 학습 동기도 충분하지 않고 태도도 준비되지 않았는데 불필요할 정도로 많은 양의 내용이 진도라는 이름으로 아이를 압박한다. 그렇게 많은 시간을 들여 학습했는데도 시간이 지나면 기억이 나지 않는다. 악순환의 연속이다. 생각하는 법은 배우지 않았는데 높은 수준의 생각을 해야 하는 내용이 쏟아져 들어온다. 두뇌가 과부하에 걸려 방전된다. 많은 학생이 진도 따라가기를 포기한다. 그들은 더는 공부에 의미를 두지 않는다. 얼마나 많은 아이가 알아듣지도 못하는 내용을 가르침이라는 이름으로 전달하는 교실에 앉아 시간을 낭비하고 있는가? 그들의 잘못이 아니다. 그것은 폭력에 가깝다. 교육이라는 이름으로 우리 아이에게 주어진 놀라운 기회를 얼마나 잔인하게 앗아가고 있는가?

왜 독서가 필요한가? 독서는 도끼날을 가는 행위이기 때문이다. 독서의 과정 속에 우리의 생각을 다듬을 수 있다. 인간 지능이 자라고 트리비움 능력이 자연스럽게 세워져 간다. 독서만이 우리 인생에서 갈아야 할 도끼날은 아니다. 그러나 독서를 통한 우리의 준비는 전 인생에 걸쳐 삶의 영향으로 다가온다.

하브루타,
독서로 시작하라

독서와 하브루타는 동전의 양면과 같다. 하브루타가 짝을 이루고 하는 질문과 토론 학습이라면 독서는 자문자답을 통해 논리를 점검하고 세워 가는 홀로 하는 하브루타다. 독서 없는 표현이 가치 있기 힘들고 표현 없는 독서는 의미 없는 활동에 지나지 않는다. 질문, 토론, 하브루타는 독서를 전제로 한 논리와 표현의 방법과 기술이다. 의미 있는 하브루타를 만드는 최선의 길은 독서로부터 시작되어야 한다.

유대인은 책의 민족이다. 유대인처럼 책을 많이 읽는 민족도 드물다. 유대인의 읽기에 대한 태도는 남다르다. 그들에게 읽기는 학습의 차원을 넘어선다. 종교적인 행위인 동시에 삶 그 자체다. 읽는 행위를 어릴 적부터 훈련하는 이유도 교육에 대한 열정 때문이 아니다. 조기 교육을 위한 치맛바람도 아니다. 생존에 대한 문제며 신앙적 사명을 위한 준비다. 신의 명령에 대한 순종이며 유대인의 전통을 물려주기 위한 노력이다. 유대인 가운데 뛰어난 인재가 많이 나오는 것은 어찌 보면 당연한 일인지 모른다.

유대인은 베갯머리 독서로도 유명하다. 읽기 전에 들려준다. 읽어야 할 내용을 들음으로써 생각하게 한다. 스스로 읽는 책 읽기도 중요하지만, 문화로 전승되는 책 읽기의 힘은 강력하다. 탈무드는 이렇게 전한다. '어린 시절 부모가 들려준 이야기가 평생 창조적인 영감을 샘솟게 하는 마르지 않는 샘이 되어 주는 것이다.'

유대인 아이 대부분이 3살부터 히브리어 알파벳을 배우기 시작한다. 다섯 살부터는 토라를 읽기 시작한다. 글을 읽을 줄 아는 5~6세가 되면 파티를 열고 자신만의 기도책, '세데르'를 선물받는다. 유대인 가정의 '꿀 책'에 대한 이야기도 이때 등장한다. 의식에 지나지 않을 수 있다. 그러나 꿀처럼 성경과 책이 달다는 사실을 전하려 하는 유대인의 진심이 담긴 행위다. 책을 통한 유대 정신이 자녀의 생각에 스며든다. 유대 부모의 마음이 유산으로 자녀에게 상속되어 가는 순간임이 분명하다.

만 13세에 진행하는 유대 성인식 바르 미츠바 또한 책의 날이다. 유대 구성원으로 지금까지 공부한 토라를 암송하며 발표한다. 사람들은 귀 기울인다. 지난 과정의 진보를 나타내 보이는 바르 미츠바는 진정한 유대인으로 거듭나는 날이다. 토라의 기초를 닦은 이들은 이제 탈무드를 통해 더 깊이 있는 토라 연구 과정에 동참하게 된다. 기존의 지식을 학습하는 단순한 과정을 넘어선다.

자기 생각을 정립해 가는데 목표를 둔다. 토라와 탈무드의 가르침을 읽고 자신의 의문을 질문으로 답한다. 정답이 아닌 문제 해결 과정에 집중한다. 이 과정을 통해 종교관이 세워진다. 세계관과 인생관도 분명해진다. 그 시작점에 읽는 행위, 독서가 있다. 토라를 읽고 탈무드를 읽는다. 독서로 과거를 만나고 미래를 디자인한다.

그들에게 책은 장식용이 아니다. 끊임없이 읽는다. 토라와 탈무드뿐만이 아니라 수많은 유대교 관련 서적을 읽는다. 읽고 또 읽는다. 세종대왕의 독서법을 백독백습이라고 했던가. 백독백습은 읽는 양과 투자한 시간에 관한 강조가 아니다. 그 과정 속에 트리비움을 훈련하여 생각하는 능력을 향상하는 데 초점을 두고 있다. 처음 읽을 때 드는 생각과 100번 읽은 뒤에 드는 생각이 결코 같을 수는 없다.

유대인의 독서가 그러하다. 그중에서도 토라에 대한 그들의 사랑은 상상 이상이다. 읽고 암송하고 끊임없이 그 뜻을 살핀다. 고대 유대인은 이렇게 반복적으로 읽던 책이 낡아져 더는 볼 수 없을 정도가 되면 정성스럽게 땅에 파묻었다고 한다. 자기 생각을 세워 가는데 영향을 끼친 책에 대한 그들의 마음이다.

유대인의 독서는 종교에만 머물지 않는다. 독서의 중심에는 토라, 탈무드, 기도책이 있지만 세상을 알아가기 위한 폭 넓은 주제의 책 읽기도 일상의 중요한 시간이다. 탈무드도 이러한 시각을 세밀하게 돕는 교재다. 유대인 격언에는 유독 책에 관한 내용이 많다.

'책과 의복이 동시에 더러워지면 먼저 책부터 닦아라.'

'만일 가난한 나머지 물건을 팔아야 한다면 우선 금, 보석, 집, 땅을 팔아라. 마지막까지 팔아서는 안 되는 게 책이다.'

'책을 읽고 깊이 있게 생각하지 않는다면, 당나귀가 책을 싣고 길을 걷는 것과 다를 바 없다.'

'책이 없는 집은 영혼이 없는 집과 같다.'

　책과 독서는 유대인만의 전유물이 아니다. 역사 가운데 끊임없이 강조되어 온 활동이 독서다. 다만 유대인의 역사는 책과 함께 쓰여 졌다. 2,000여 년이란 방랑의 세월을 이겨 낸 힘도 토라의 내용을 읽고 그것을 믿는 가운데 주어진 것이다. 고통의 세월에도 모국어인 히브리어를 잊지 않기 위해 노력했다. 방랑자 신세였음에도 항상 홀로 있는 자리를 마련하고 기도하며 독서에 힘썼다. 그 홀로 있는 자리가 있었기에 하브루타를 통한 나눔은 토론 그 이상의 가치를 지니게 되었다. 생각을 나누는 것을 넘어 생각을 더욱 빛나고 가치 있는 것으로 만들 수 있었다.

　유대인처럼 성공하기를 꿈꾼다면 먼저 독서하라! 독서가 삶이 되게 하라! 의무로서의 독서를 넘어 독서가 원함이 되게 하라. 하브루타의 나눔은 독서를 전제한 것이다. 독서 없는 하브루타, 의미도 효과도 없다. 유대인처럼 하브루타를 하려면 책을 읽어야만 한다. 그렇다면 독서하라! 유대인처럼 독서하라! 독서로 배움의 길을 디자인하라!

듣기를 훈련하라!

'시간이 금이다!'

'세월이 유수와 같다!'

'한 번 간 시간은 되돌릴 수 없다!'

'승자는 시간을 관리하며 살고 패자는 시간에 끌려 산다!'

시간의 중요성을 이야기하는 격언은 우리의 오늘을 돌아보게 한다.

누구나 시간 관리에 관한 책을 한번은 들춰 보았을 것이다. 언제나 주어졌던 24시간, 아무 의미 없던 시간이 가치 있게 느껴지는 때가 있다. 지금까지와 다른 의미로 시간을 생각하는 때가 찾아온다. 나와 같은 시간을 살며 다른 결과를 내는 이들의 출현이 계기가 되기도 한다. 그들은 나를 동기 부여하기도, 나를 자책하게도 한다.

'같은 시간, 같은 공간에서 노력했는데 왜 결과가 다른가?'

'왜 저들에게는 나에게 없는 변화, 성숙, 성취가 있는 것일까?'

나에게 주어진 시간의 쓰임새에 대해 다시 돌아보는 시간도 이러한 상황 속에 찾아온다.

시간에 대한 고민은 다양한 측면으로 확장된다. 새로운 방법을 도입해 보기도 한다. 이전과는 다른 내용을 수용해 변화를 모색하기도 한다. 만남을 통한 도약을 꿈꾸는 것도 이 때문이다. 유학을 떠나는 사람이 던지는 질문과 선택도 마찬가지다. 삶의 공간을 바꿔 변화를 시도하고자 한다. 나와 다른 피부색, 문화적 배경을 지닌 이들 속에서 도전받고 자극받기를 기대한다. 이전에 되지 않던 일이 새로운 환경에서 성취되기를 꿈꾸며 유학을 떠나는 것이다. 상담, 벤치마킹, 컨설팅, 평생 교육도 다른 측면에서 하는 같은 시도다. 더 나은 내가 되기 위한 노력이다. 오늘보다 나은 내일을 꿈꾸는 작고 큰 몸짓이다.

유대인에 대한 우리의 관심도 마찬가지다. 그들에게 나타난 특별한 변화와 성취가 처음에는 신기했다. 또한 부럽고 궁금했다. 우리는 그 궁금증을 풀기 위해 노력하기 시작했다. 심지어 우리 주변에 유대인 같은 성취를 이뤄 내기 위한 노력이 유대 교육이라는 이름으로 다양하게 시도되고 있다.

'왜 유대인은 다른가?'

수많은 해법과 연구 결과가 있지만 우리가 간과해 온 능력이 트리비움이다. 그중에서도 유대인의 영혼과 생각, 생활 깊숙하게 자리하고 있는 '듣는 문화'다. 유대인에게 듣기는 학습으로서의 수용 통로이기 이전에 신앙인으로서 삶의 자세다. 그들에게 듣기는 문화며 신앙의 핵심 통로다.

유대인의 원천 능력
'듣는 신앙, 듣는 문화'

유대인 교육의 비밀을 푸는 열쇠로 독서, 질문, 하브루타가 주목받고 있다. 탈무드와 유대 경전 토라도 이러한 관점에서 사람들에게 주목받고 있다. 그런데 이 모든 것은 그들의 신 여호와와 유대인 간의 관계에서 비롯된다. 이 관계를 깨달아야만 유대 교육을 이해할 수 있다.

유대인은 대인 관계를 하브루타의 방식을 통해 세워 간다. 일방적이지 않다. 상호 보완적이다. 어느 민족보다 적극적으로 대상과의 소통을 추구한다. 반면 하나님과의 관계는 질문하고 하브루타하는 관계가 아니다. 인간에게는 묻고 따지는 그들이지만 신과의 관계는 어떤 면에서는 일방적인 것처럼 느껴지기도 한다. 신은 말하고 그들은 듣는다. 여호와와의 관계에서의 듣기는 절대적인 순종을 전제한다. 그들에게는 요구되는 것은 '잠잠함'이다.

'모든 육체가 여호와 앞에서 잠잠할 것은 여호와께서 그의 거
룩한 처소에서 일어나심이니라 하라 하더라.'　(스가랴 2:13)

　다른 종교, 다른 민족, 다른 문화권에 속한 사람은 유대인의 이
러한 종교적인 성향을 이해할 수 없을 지도 모른다. 유대인의 특
별함은 이상하리만치 다른 관계의 설정, 그 균형 가운데 누리는
축복이다. 유대인에게 있어 이러한 축복은 하나님과의 관계에서
약속된 것이다. 순종의 결과로 오늘날의 축복을 선물받았다는 믿
음은 소수 유대인의 믿음이 아니다. 유대 보수 종교인으로부터 전
세계에 흩어져 현대 문명의 옷을 입고 살아가는 수많은 유대인
의 믿음이다. 그들에게 그 믿음은 절대적이다. 그들이 생활 속에
서 다양한 종교 전통을 준수하는 것도 의무의 대한 부담 때문만
은 아니다. 약속의 성취, 축복의 누림으로 인한 원함이다. 하나님
과의 관계를 이어가기 위한 자발적인 순종이다.
　유대인은 여호와 앞에서 잠잠했다. 하나님의 말씀을 선포하는
선지자의 말에 귀 기울였다. 신 앞에서의 듣기는 유대인에게 소리
를 수용하는 차원의 것이 아니다. 구전으로 전해진 율법을 듣고
삶으로 실천했다. 글로 쓰인 토라의 말씀을 듣고 그것을 삶에 투
영하기 위해 힘썼다. 토라의 말씀 중 율법 613개를 목숨처럼 여기
며 지켰다. 하라 명하신 말씀을 듣고 지켰다. 하지 말라 명하신 말
씀을 듣고 지켰다.

2번째 계명, 모든 유대인 남자는 할례를 받아야 한다.

(창세기 17:10)

11번째 계명, 유월절 기간 동안에는 누룩으로 만든 떡을 먹어서는 안 된다.

(출애굽기 12:19)

344번째 계명, 가난하여 종이 된 동족(同族)에 대해서는 노예 부리듯 해서는 안 된다.

(레위기 25:39)

581번째 계명, 새신랑은 1년 동안 집을 떠나지 못하도록 하여야 한다.

(신명기 24:5)

613번째 계명, 토라(율법)를 써서 간직하고 있어야 한다.

(신명기 31:19)

계명 613가지는 격언 이상이다. 종교 율법 이상이다. 유대인은 이 계명을 생명처럼 여겼다. 율법을 듣고 순종하는 것과 구원을 연속 선상에서 받아들였다. 그 율법에 대한 들음이 순종으로, 순종이 오늘날 유대인의 특별함으로 이어졌다고 많은 사람이 인정하고 있다.

부모와 자녀와의 관계,
들음과 순종 Vs. 불순종

비단 유대인의 종교에 대한 이야기만이 아니다. 부모와 자녀와의 관계도 마찬가지다. 부모가 어린 자녀에게 순종을 요구할 때가 있다. 부모가 요구하는 순종이 억압을 위한 것이 아님을 우리는 잘 안다. 그런데 자녀가 순종하기보다는 불순종할 때가 더 많은 것이 현실이다. 부모가 말을 하지만 듣지 않는다.

그들이 자라 성인이 되고 부모가 되었을 때, 지난 어린 시절을 돌아보며 후회하곤 한다. 부모의 말에 불순종했던 시간을 생각하며 가슴 아파하기도 한다. 그들은 지난 시간을 교훈 삼으며 자녀에게 교훈하고 가르친다. 어떤 자녀는 부모의 말을 듣고 순종하나 말을 듣지 않는 자녀는 또 나타난다. 부모와 자녀와의 이러한 관계는 뫼비우스의 띠와 같다. 우리 인생에 끝없이 반복되는 순환 고리처럼 계속된다.

부모의 말이 들리지만 그들은 왜 듣지 않는 것일까? 귀로는 들리지만 그것이 마음에 들지 않기 때문이다. 맘에 드는 사람이 있고 들지 않는 이들이 있다. 이유도 불명확하다. 듣기와 순종도 마찬가지다. 아마도 들을 이유보다 듣고 싶지 않은 마음이 더 컸기 때문일 것이다. 진정한 듣기는 귀에 들려오는 소리 언어만으로는 불가능하다. 소리 언어에 의미가 담기고 그 의미가 나에게 가치 있게 여겨져야 한다. 유대인이 인공 지능 시대, 과학 문명의 시대를 사는 오늘날에도 유월절이 되면 맛이 없는 누룩 없는 빵을 먹고, 초막절에 편안한 집을 나와 마당에 천막을 치고 조상의 옛 고통을 기억하는 것도 이 행위를 '의무'만이 아닌 '의미 있는' 것으로 받아들이기 때문이다. 의미가 받아들여지면 말에 귀를 기울인다. 들려오는 말을 듣게 된다.

자녀가 부모의 말에 순종하며 좋은 관계를 맺기 원하는가? 자녀가 잘되고 성공하기를 원하는가? 나아가 나의 삶의 변화를 원하는가? 그렇다면 듣기를 원하기 전에 그들을 동기 부여하라. 들을 수밖에 없는 의미를 자녀에게 만들어 주라. 그러면 그들이 부모의 말에 귀 기울일 것이다. 나에게도 의무를 넘어서게 만드는 이유를 찾아라. 그것이 원함이 되면 그것이 요구하는 메시지가 들릴 것이다. 내 마음과 몸이 따르게 될 것이다.

교육 방법으로서의
듣기

언어에는 네 가지 기능이 있다. 말하기, 듣기, 읽기, 쓰기다. 교육은 언어의 네 가지 기능을 중심으로 디자인된다. 그중 실생활에서 가장 큰 비중을 차지하는 것이 듣기다. 언어를 깨우치기 이전 아이들의 호기심은 대부분 보고 듣는 것을 통해 채워져 간다. 특별히 누군가의 말을 듣는 과정은 유아기 어린이가 할 수 있는 수용의 거의 모든 것이기도 하다.

성인이 되어서도 마찬가지다. 사람들 대다수는 쓰기보다는 읽는 입장에 선다. 말하기보다 들음으로 배움을 이어간다. 아이러니한 점은 우리가 살며 가장 많이 활용하는 듣기를 한 번도 제대로 훈련한 적이 없다는 것이다. 물론 듣기는 말하기와 읽기와 연관되어 있다. 지능의 자라는 정도에 따라 듣는 능력도 자연스럽게 성장하게 되어 있다. 그럼에도 듣기의 중요성에 비해 듣는 것에 대한 교육과 학습자로서의 관심이 현저하게 떨어진다는 것은 부인할 수 없다.

외국어를 습득할 때 듣기는 가장 중요한 학습 과정이다. 들리지 않으면 말할 수 없고 언어 습득 자체가 불가능하다. 그래서 귀를 뚫는다는 명목으로 수많은 듣기 학습이 진행되고 듣기 평가가 수행된다. 모국어의 경우는 전혀 다르다. 듣기 학습이 전무하다. 학습의 유형 중 듣기의 학습 효과가 가장 낮다는 부정적인 평가만 있을 뿐이다. 그러는 사이에도 우리는 항상 들음으로써 배운다. 학교에서도 수업을 듣고 종교 단체에서도 설교를 듣는다. 그러나 어디에서도 듣기를 위한 체계적인 커리큘럼은 준비되어 있지 않다.

듣기는 인간의 가장 원초적인 수용의 통로다. 배움의 첫 번째 통로이기도 하다. 잘 듣는다는 것은 잘 배운다는 것과 같은 말이다. 유대 교육 하브루타의 핵심도 듣기에 있다. 하브루타는 단순히 질문하고 상대방과 토론하는 것이 아니다. 토론이라고 하는 것은 듣기를 전제로 한다. 듣기 없는 토론은 불가능하다. 듣는 일에 성공적일 때 하브루타를 통한 소통이 가능하다. 우리나라의 토론이 성공적이지 못한 이유는 말을 잘하지 못해서가 아니다. 논리가 부족해서도 아니다. 상대방의 말을 잘 듣지 못하기 때문이다.

듣기는 관계다

잘 듣는다는 것은 지식 수용 이상의 의미가 있다. 관계 형성의 기초를 제공해 준다. 대상을 전제로 하기 때문이다. 읽기는 자기 주도적으로 진행할 수 있지만 듣기는 관계 주도적이다.

듣기는 말하기와 관계가 크다. 상호 의존적이다. 듣는다는 것은 말한다는 것을 전제한다. 마찬가지로 말한다는 것도 듣는다는 것을 전제한다. 말하는 사람은 듣는 사람에 대한 이해가 있어야 하고 듣는 사람 또한 말하는 사람에 대한 바른 이해가 있어야 한다. 소통의 과정을 요구한다. 마음의 소통이고 삶의 소통이다. 듣는다는 것은 관계의 이어짐이기 때문이다.

듣는다는 것은 무르익은 열매를 따는 과정이어야 한다. 타인의 말에 핵심이 담겨 전달되기 전에 듣기를 멈추고 자신의 말을 하려는 것은 어리석은 시도다. 타인이 준비한 열매를 따 먹을 기회를 스스로 포기하는 것이다. 사람들은 상대방의 의도가 말에 담기기 전에 자신의 의도가 담긴 말을 전하려 한다. 듣기에 집중하지 않고 내 메시지를 전하는 일에만 관심을 가진 사람의 듣기는 소통의 길을 막아 관계를 그르친다. 기다려야 한다. 차분히 들어야 한다. 듣기는 완전해야 한다. 듣기는 기회를 놓치면 다시는 그 기회가 주어지지 않는다.

심리학자 칼 로저스는 "다른 사람의 가능성을 발견하는 데 있어 가장 적합한 도구는 듣는 것이다."라고 강조했다

말과 듣기,
그리고 영향력

사람은 말하고 싶어 한다. 그것은 기본 욕구다. 말은 영향력이기 때문이다. 관계 속에서 영향을 받기보다는 영향력을 행사하려 한다. 세상은 말하고 싶은 욕구를 지닌 사람으로 가득 차 있다. 심리학자 윌리엄 제임스 박사는 인간의 욕구 가운데 가장 강력한 욕구가 '존중받고 싶은 욕구', '중요하다고 인정받고 싶은 욕구'라고 말한다. 내가 말하고 내 말을 누군가 들을 때 사람들은 희열을 느낀다. 남의 말을 듣기보단 내 말을 상대방이 들어주길 원하는 마음이 누구에게나 있다. 우리가 잊지 말아야 하는 것은 내가 내 말에 귀 기울여 주는 관계를 찾는다면 다른 사람도 마찬가지라는 사실이다. 다른 사람의 이러한 욕구도 누군가가 내 이야기에 귀를 기울여 줄 때 채워진다. 건강한 관계는 서로의 이야기에 관심을 기울이는 것으로부터 출발한다. 경청이 관계를 세워 가는 데 중요한 이유다. 경청은 상대로 하여금 존중받는다는 느낌을 받게 한다. 경청을 통해 사람의 마음을 얻을 수 있다. 경청은 단순히 상대방의 말을 듣는 것이 아니다. 귀로 듣고, 눈으로 듣고, 표정으로 듣고, 마음으로 듣는 것이 경청이다. 경청을 하면 들리는 소리

언어에 담긴 원함과 동기를 발견할 수 있다. 상대방의 의도를 살피는 과정이 경청의 과정이다. 진정한 경청은 표현하지 않은 메시지에 귀를 기울이는 것이다. 듣는 것은 나를 위한 것이기 이전에 남을 위하는 나의 배려요 관계의 태도다. 타인의 원함을 들어주는 과정이다. 듣는다는 것은 상대방에 관해 관심이 있다는 것에 대한 증표다. 누군가의 마음을 얻고 싶다면 그의 이야기에 집중하라.

듣기를 훈련하라

듣기는 다른 언어 기능과 비교하여 볼 때 자기 주도적으로 훈련하기가 어렵다. 음성 언어의 특성상 스쳐 지나가기 때문이다. 붙잡아 둘 수가 없다. 녹음하지 않는 이상 한 번 놓치면 따라잡을 수 없다.

훈련이 어려운 두 번째 이유는 부족한 배경지식 때문이다. 듣는다는 것이 비단 소리만을 듣는 것이 아니기 때문이다. 사람은 새로운 지식을 듣는 그대로 수용하지 않는다. 자신의 배경지식, 스키마 정보를 통합하고 조직화하는 인지적 개념이나 틀을 전제로 듣는다. 귀로 받아들인 음성 언어가 기존 지식과 연결되며 이해되기에 같은 내용을 들어도 다른 이해가 발생하게 된다. 초깃값이 다르기 때문이다.

듣기 훈련이 어려운 세 번째 이유는 전체적인 맥락을 파악하는 능력이 필요하기 때문이다. 한마디로 이해력이 부족하다. 맥락을 이해하지 못하면 수많은 정보가 내 귀를 스쳐 지나갈 뿐이다.

진정한 듣기는 훌륭한 지식을 뛰어난 방법으로 기존 지식과 연결지으며 이해할 때 완성된다.

잘 듣기 위해 필요한 것은 무엇일가?

첫째, 관심과 집중이다. 관심은 마음의 방향이고 집중은 마음과 몸의 태도다. 듣고자 하는 내용에 관한 관심이 있다면 그것 하나만으로도 듣는 능력이 향상된다. 사람들은 듣는 행위를 매우 수동적인 태도로 받아들인다. 만일 듣기를 능동적으로 이끌 수 있다면 듣기의 효과가 증대할 것이다.

병원을 가면 의사가 진찰을 한다. 제일 먼저 하는 작업이 청진기를 통한 진단이다. 청진기聽診器는 무엇인가. 들어聽 보는診 것이다. 수동적으로 들려오는 소리를 받아들이는 것이 아니다. 듣는 이의 청진기가 바로 관심이다. 들어 보는 사이에 필요한 기술이 질문이다. 관심을 가지고 듣다 보면 의문이 생긴다. 의문을 질문으로 바꿔 던지다 보면 내용이 더 잘 들리고 보인다.

둘째, 정보가 명확해야 한다. 명확하다는 것은 잘 설명되었다는 뜻이다. 필요한 정보가 충분히 전달될 때 전체를 잘 이해할 수 있다. 말하는 사람에 관한 정보는 내가 제어할 수 없다. 이때 필요한 것이 학습이다. 예습이 중요한 이유다. 내가 들으며 학습해야 하는 분야에 관한 책을 읽어야만 한다. 이것만으로도 이해력은 높아진다. 성인이 된 이후의 듣기 능력은 읽기 능력과 긴밀하게 연결되어 있다.

질문도 정보를 명확히 하는 과정에서 던지는 물음이다. 청문회

聽聞會가 그러한 자리다. 청문회의 영어식 표기는 히어링hearings이다. 듣기 위한 자리가 청문회다. 부족한 정보, 지식, 증거를 찾아 사실을 명확하게 밝히는 자리다. 질문을 통해 들어야 할 이야기를 끌어낸다. 우리가 보는 정치권의 청문회는 청문하려 하지 않고 발언에 집중하는 정치인으로 가득하다. 들으려 하지 않는다. 애초부터 들을 생각이 없는 듯하다. 선진 문화는 듣는 문화가 자리 잡힌 곳에서 생겨난다.

셋째, 트리비움 능력이다. 훈련된 인간 지능, 인지 능력이 바로 잘 듣기 위한 절대 조건이다. 그중에서도 정보 수용력, 문법에 해당하는 능력이 향상되어야 한다. 잘 보고 잘 듣고 잘 배운다. 수용되는 음성 언어를 조직화하며 바라본다.

배움은 사람의 꿈을 이루는 수단이 된다. 우리의 일상을 가득 채우는 듣기. 우리는 듣기를 관리해야 한다. 듣는 능력을 향상해야 한다. 나의 미래와 꿈이 소중하다면 오늘 나의 일상은 관리되어야 한다. 그중에서도 배움의 내용과 도구의 관리는 필수적이다. 교육의 현장을 관리하지 않는다는 것은 나의 꿈과 비전을 관리하지 않음이요 우리 자녀의 미래를 준비하지 않는 것이기 때문이다. 피터 드러커는 "계획이란 미래에 관한 현재의 결정이다."라고 말한다. 듣는 능력을 향상하기 위한 오늘의 준비가 미래를 더욱 의미 있고 가치 있게 만든다는 사실을 잊지 말아야 한다.

듣기로
크리에이터되기

이러한 상황 속에서 나만의 탁월성, 트리비움 능력을 세워 가기 위해 필요한 것은 무엇인가. 먼저 시스템을 구축해야 한다. 보통 사람의 시스템 안에서 탁월성을 이루어 나갈 수 있도록 구조적 지원이 필요하다. "19세기 교실에서 20세기 교사들이 21세기 아이들을 가르친다."라고 혹자는 이야기한다. 오늘 우리 학교와 사회의 모습이다. 변화가 필요하다. 무엇보다 트리비움 능력을 세워 가야 한다.

문법, 지식의 수용 능력을 향상해야 한다. 트리비움은 교과목이 아닌 인간의 역량에 관한 것이다. 역량 강화를 위한 일관성과 지속성이 요구된다.

먼저 책을 읽는 구조를 만들어야 한다. 지식이 수용되어야 한다. 크리에이터의 창조적 아이디어가 마중물이 되는 정보와 지식이 요구된다. 보통 사람의 시스템 안에서 오래 살다 보면 수용되는 지식이 없어도 불편함이 없다. 보통 사람의 문화가 주는 편안함이다. 그러나 주변 사람 누구나 책을 읽는 문화 안에서 살고 있다면 상황이 달라진다. 읽지 않으면 불편하다. 이 불편함은 변화와 발전을 위한 창조적인 불편함이다. 거부해서는 안 되는 새로운 도약을 위한 불편함이다.

듣고 말하는 구조를 만들어야 한다. 듣기만 해서도, 말하기만 해서도 안 된다. 자유롭게 듣고 말하는 환경 속에서 우리의 사고력은 더욱더 세밀해진다. 듣기를 훈련하는 과정을 세밀히 살피는 것으로 인공 지능 시대의 대안인 트리비움 능력, 지식과 정보의 수용 능력, 정보력, 이해력의 탁월성을 추구하는 분위기를 조성하자.

트리비움 워크숍

:
!
?
;

배움의 동기와 태도의 문제가 준비되었다면 이제는 방법, 기술, 구체적인 프로세스를 준비해야 한다. 유대인의 특별함, 유대인이 아니어도 분야별로 족적을 남긴 여러 민족 수많은 사람에게 나타난 공통의 능력 트리비움을 세워 가는 과정 학습의 디자인이 필요하다. 이번 파트인 '문심혜두 정보력: 문법'과 이어서 소개할 '관보위주 사고력: 논리학', '융합 창의의 표현력: 수사학'에서는 각 파트 말미마다 트리비움 역량을 세우고, 사고의 질을 높여가는 다양한 워크시트가 제공될 것이다.

이 워크시트는 20여 년 넘는 기간 동안 다양한 현장에서 성인과 어린이의 학습 활동을 통해 검증된 자료다. 오프라인을 통한 나눔이 아니기에 의지만 있다면 시도할 수 있는 자기 주도 학습 자료를 중심으로 소개한다.

워크시트의 목표는 분명하다. 천천히 차례를 지켜 가며 사고의 질을 높이는 배움의 과정을 일상에 디자인하는 것, 트리비움을 프로그램이 아니라 삶의 커리큘럼으로 세우는 것, 세상의 모든 지식과 지혜를 수용하는 능력을 향상하는 것이 첫 번째 목표다. 두 번째 목표는 수용된 지식을 뛰어난 방법으로 기존 지식과 연결하여 정보 지식 사고 체계에 질서를 부여하는 것이다. 마지막 목표는 세상의 다양한 생각에 대해 나만의 사고 체계, 대안을 제시하는 융합 창의 표현 능력을 세우는 것이다.

❖ **워크시트를 활용할 때 참고하세요!**
트리비움 워크숍 워크시트의 작성 예로 활용되는 모든 자료는 저자의 딸이 7세부터 15세까지 실제로 학습한 자료입니다. 학습 과정의 상태와 변화를 조금이라도 독자가 느낄 수 있도록 한 명의 자료를 중심으로 구성했으며 오타나 내용의 수정 없이 그대로 옮겨 놓았음을 밝힙니다.

1) 어휘력 사전 (레벨 1)

어휘력 사전은 어휘에 대한 이해의 질을 높여 가는 과정 학습이다. 한글을 아는 아이로부터 모든 성인에 이르기까지 두루 활용 가능한 사고 학습이다. 이미 알고 있는 단어, 처음 접한 단어에 대해 내가 내릴 수 있는 최선의 정의를 문장화하는 것으로 시작하라. 이후 사전을 찾아 그 의미를 옮겨 기록하면 된다. 이 단순한 과정에서 나의 어휘에 대한 이해의 정도를 확인할 수 있다. 자연스럽게 사전적 정의와 비교하며 내 정의의 질을 높여 가는 기회로 삼을 수 있다. 문장화를 거친 어휘에 대한 기억은 자연스럽게 장기 기억으로 넘어간다. 어린아이에게는 매일 한 단어 이상씩 일상에서 반복하는 것만으로도 사고 능력의 기초를 다지는 좋은 커리큘럼이 되어 줄 것이다. 성인도 이 과정을 진행하며 일상 중 사용하는 많은 어휘에 대해 명확히 정의하지 못하는 자신을 접하게 될 것이다. 자신만의 어휘력 사전을 만들어 가기 시작하라. 일상 속에서 세밀하게 사고하는 습관을 디자인하는 소중한 마중물 학습이 될 것이다.

Hodoe Q.T. 어휘력 사전　　○○○○년 ○월 ○일 ○요일

증거	(나의 정의) 자기가 한 것을 진짜 밝히는 것.
	(사전적 정의) 증명할 수 있는 근거.
	(나의 정의)
	(사전적 정의)

2) 어휘력 사전 (레벨 2)

레벨 1에다 비슷한 말, 반대말, 한자 같은 다양한 항목을 더해 보았다. 원문장은 책을 읽는 가운데 이해가 정확하지 않은 어휘를 발견할 경우 그 어휘를 포함한 한 문장을 기록하면 된다. 영어 단어를 암송할 때 단어만 외우는 것이 아니라 문장과 함께 학습하면 이해도 빠르고 기억도 잘되는 것과 마찬가지 원리를 적용한 항목이다. 무엇보다 자신이 이해한 어휘를 활용하여 한 문장을 작문해 보는 것이 레벨 2의 핵심이다. 글쓰기는 한 줄로 쓴 자기 생각을 마중물로 진행된다. 한 문장을 만들기 위해 어휘를 조합하는 사고 과정에서 생각하는 근육이 자라며 트리비움의 프로세스가 자리 잡기 시작한다.

Hodoe Q.T. 어휘력 사전		○○○○년 ○월 ○일 ○요일		

책 제목	어린이 신문	출판사	동아일보	페이지

원 문장	어제는 브라스통의 관악기 연주를 볼 수 있었다.			

<table>
<tr><td rowspan="4">연주</td><td colspan="4">(나의 정의)</td></tr>
<tr><td colspan="4">연주란 손, 발 등을 움직여서 악기에 아름다운 소리를
만드는 것.</td></tr>
<tr><td colspan="4">(사전적 정의)</td></tr>
<tr><td colspan="4">악기를 다루어 곡을 표현하거나 들려주는 일.</td></tr>
</table>

비슷한 말	공연	한자	펼	연
반 대 말	구경	한자	아뢸	주

문장 만들기	피아노 연주를 잘하면 사람들이 많이 부러워하겠지?

책 제목		출판사	페이지

원 문장	
	(나의 정의)
	(사전적 정의)

비슷한 말		한자	
반 대 말		한자	

문장 만들기	

3) 어휘력 사전 (레벨 3)

레벨 3은 한자어의 뜻을 명확히 알아 가는 과정을 추가했다. 일상의 언어 가운데 한자어가 많은데, 한자의 정확한 뜻을 알면 자연스럽게 어휘에 대한 이해력이 높아지게 된다. 한자를 익히는 기회로 삼아도 좋다.

작성 》 장○○ (○세)

1 회의	會		議		나의 정의	
					무엇을 하려고 계획을 짜는 것.	
		회		의		
뜻풀이 속뜻	여럿이 모여 어떤 일에 대해 의논하는 것 또는 모임.					
원문장(原文章)	오늘은 호도애 회의가 있는 날입니다.					
명문장(明文章)						
作 文 지을 글월 작 문 글쓰기, 글짓기 composition, essay writing	**1** 단문	오늘은 청소 당번을 정하기 위해 회의를 하겠습니다.				
	2 장문	회의를 하다가 싸울 때가 있습니다. 서로 자기 말만 하는 건 좋은 태도가 아닙니다.				
會 회	會	會	會			
議 의	議	議	議			

196

해당 어휘가 포함된 문장 가운데 명문장이 있다면 책에서 옮겨 적어 놓는 항목을 추가했다. 어휘의 뜻을 이해했는지 확인하는 차원에서 해당 어휘를 활용하여 한 문장 또는 두 문장의 글을 작성해 본다.

2 회의	會 회	議 의	나의 정의		
뜻풀이 속뜻					
원문장(原文章)					
명문장(明文章)					
作 文 지을 글월 작 문 글쓰기, 글짓기 composition, essay writing	**1** 단문				
	2 장문				

會 회	會	會	會			
議 의	議	議	議			

4) 어원 사전

특별한 어원을 가진 말이 있다. 어원을 알면 단어에 대한 이해를 넘어 어휘를 활용할 때도 많은 도움을 받을 수 있다. 일주일에 한 가지씩 어원을 찾아 학습하는 일상의 계획과 실행은 질을 높여 사고하는 좋은 계기가 될 것이다.

작성 》 장○○ (○○세)

1	004 교활하다.
뜻풀이	교(狡)나 활(猾)은 전설의 동물 이름이다. 교(狡)는 옥산(玉山)에 사는 동물로 모습과 울음소리가 개와 같지만 머리에 쇠뿔을 달고 표범 무늬를 하고 있다. 교가 나타나면 그해엔 여지없이 풍작이어서 길조로 받아들여 누구나 반긴다. 교(狡)의 주변에는 간악하기로 유명한 활(猾)이 항상 붙어 다닌다. 활은 요광산(堯光山)에 살며 동굴 안에서 겨울잠을 자는 동물이다. 몸에는 돼지 털이 나 있고 기합을 지르듯 울어 대면 온 세상이 큰 혼란에 빠져 흉조의 상징이기에 사람들이 활을 두려워한다. 교(狡)나 활(猾)은 산속에서 호랑이 같은 맹수를 만나면 자신의 몸을 구부려 공처럼 만든다. 호랑이가 입을 벌리고 삼키려 들면 재빨리 입안으로 들어가 내장으로 굴러가 그것을 파먹는다. 배가 아파 호랑이가 날뛰어도 끝까지 내장을 뜯어 먹는다. 호랑이가 죽어서야 유유히 뱃속에서 빠져나온다. 좋아 보이고, 선해 보이는 교(狡)의 모습으로 다가와 우리의 내장까지 파먹을 마음을 품은 활(猾) 같은 이들이 세상에는 많다. 판단의 순간에 조심스럽게 사람과 일을 살펴야 교활한 자들의 늪에 빠지지 않을 수 있었다.

트리비움 워크숍

자신만의 어원 사전을 만들어 보자. 인터넷에서 발췌해도 좋지만, 요약과 자기 생각을 덧붙여 가며 문장화하면 의미 있는 사전이 완성되어 갈 것이다.

2	020 빈축을 사다.
뜻풀이	

5) 속담 & 관용구 사전

속담과 자주 사용하는 관용구의 정확한 의미를 안다면 말과 글에 대한 이해도가 자연스럽게 높아질 것이다. 하루에 한 가지씩, 일주일에 한 가지씩 일관성 있게 학습해 간다면 물방울 한 방울이 모여 이룬 멋진 폭포와도 같은 놀라운 이해와 사고력을 세워 가게 될 것이다. 어려운 속담과 관용구일 필요는 없다. 난이도를 조절해 가며 매일 조금씩, 차례를 지키면서 일관성을 유지하면 그것으로 충분하다.

작성 》 장○○ (○○세)

1	금강산도 식후경
뜻풀이	아름다운 금강산의 천하제일 절경을 구경하는 일이라도 배가 고프면 즐길 맛도 힘도 나지 않는 것과 마찬가지로, 무슨 일을 하든지 배를 우선 채우고 시작하라는 말.

2	
뜻풀이	

3	
뜻풀이	

문심혜두 정보력 : Grammar Workshop

6) 사자성어

알아 두면 도움이 될 만한 사자성어를 정기적으로 학습한다면 생각하는 능력을 세우는 기초 능력의 탁월한 재료가 될 것이다.

작성 》 장○○ (○세)

1	까마귀 烏 오	합할 合 합	갈 之 지	마칠 卒 졸
뜻풀이	'까마귀가 모인 것 같은 무리'라는 뜻으로, 질서(秩序) 없이 어중이떠중이가 모인 군중(群衆) 또는 제각기 보잘것없는 수많은 사람.			

202
트리비움 워크숍

2								

뜻풀이

3								

뜻풀이

문심혜두 정보력 : Grammar Workshop

7) 독서 Q.T. (Question Thinking) 워크시트

일기를 쓸 때도 다양한 형식을 활용할 수 있다. 이 워크시트는 독서 일기를 쓰는 도구 가운데 하나다. 어떤 책은 모든 내용이 맥을 같이하며 이어지는 내용으로 구성되기도 하나, 전혀 다른 주제의 글을 꼭지 수십 개로 나누어 출간하는 책도 있다. 매일 2~3페이지 분량의 짧은 꼭지 글을 읽고 요약하고 감상문을 쓰는 것으로 일기를 대신하는 것도 시도할 만하다. 이때 글의 핵심 키워드를 찾아내는 훈련은 짧은 글을 읽을 때나 책 한 권을 읽을 때나 빼놓을 수 없는 중요한 과정 학습 중 하나다. 많은 사람이 글을 이해하지 못하는 이유 중 하나가 글의 핵심 키워드와 서브 키워드를 구분하지 못한다는 데 있다. 아무리 두꺼운 책일지라도 그 책을 관통하는 핵심 키워드가 한두 가지는 꼭 있게 마련이다. 짧은 글도 어휘 한두 가지를 중심으로 쓰게 된다.

일시	○○○○년 ○월 ○일 ○요일 / 날씨 : 흐림		STORY 1	
제목	책 제목	어린이 지식 e : 생명과 환경 편	저자	
			이름	EBS
	오늘의 이야기	8. 삶을 켜는 〈텔레비전 끄기〉	직업	지식채널
핵심 어휘	우리의 일상	텔레비전		삶을 켜기

요약

우리의 일상 중 이미 하루에 1시간 49분, 1년에 약 한 달을, 우리의 인생 중에 7년을 오직 텔레비전을 시청한다. 하지만 그 때문에 없어지는 가족과의 대화. 우리의 인생에서 텔레비전을 끈다면 어떻게 될까? 첫날은 할 것이 없고 어색하겠지만 곧 가족들과 함께할 시간을 가지게 되며 우리 삶을 켜게 된다. 우리가 우리 일생에 일부분을 차지하고 있는 텔레비전을 끄고 삶을 켠다면 우리는 가족과 함께하는 시간을 되찾게 될 것이다.

깨달음 감상문 = 책 내용 + 일상생활 이야기 + 내가 읽었던 책 이야기 + 내 생각

감상문은 책과 삶과 생각을 연결 지어 가며 깨달음을 찾아가는 생각의 길입니다.

깨달음 감상문

이 이야기는 나에게 적용되지 않을 뿐더러 요즘 아이들 이야기에도 해당 되지 않는다. 왜냐하면 요즘은 텔레비전이 어쩌고저쩌고 해서 TV를 보지 않는 사람들도 많고 학원, 학교, 직장을 다녀서 밤 10시에 들어온다면 학원 숙제니 뭐니 그런 것 해야 해서 요즘은 텔레비전을 끈다고 해서 되는 것이 아니라고 생각한다. 요즘 아이들은 엄마 아빠 가족들과 함께할 시간이 필요하다고 생각한다. 또한 TV 말고 스마트폰을 줄여야 한다고 생각한다. 왜냐하면 요즘은 모두가 다 스마트폰을 가지고 놀기 때문이다. 나도 아빠가 전화용으로 주신 스마트폰으로 계속 뭘 하게 되는데 여하튼 이제 하지 말아야겠다.

8) 독서 Q.T. (Question Thinking) 2 워크시트

독서 Q.T. 워크시트에 원고지 모양의 글쓰기 형태를 취하고 각 칸에 번호를 부여하여 제한된 시간에 자신의 글쓰기 속도를 측정할 수 있도록 만들었다.

일시	년 월 일 요일 / 날씨 :		KDC	
제목	책 제목		저 자	
			이름	
	오늘의 이야기		직업	
핵심어휘				

주제 :

1	2	3	4	5	6	7	8	9	10	11	12	13	14	15	16	17	18	19	20	21	22	23
24	25	26	27	28	29	30	31	32	33	34	35	36	37	38	39	40	41	42	43	44	45	46
47	48	49	50	51	52	53	54	55	56	57	58	59	60	61	62	63	64	65	66	67	68	69
70	71	72	73	74	75	76	77	78	79	80	81	82	83	84	85	86	87	88	89	90	91	92
93	94	95	96	97	98	99	100	101	102	103	104	105	106	107	108	109	110	111	112	113	114	115
116	117	118	119	120	121	122	123	124	125	126	127	128	129	130	131	132	133	134	135	136	137	138
139	140	141	142	143	144	145	146	147	148	149	150	151	152	153	154	155	156	157	158	159	160	161
162	163	164	165	166	167	168	169	170	171	172	173	174	175	176	177	178	179	180	181	182	183	184
185	186	187	188	189	190	191	192	193	194	195	196	197	198	199	200	201	202	203	204	205	206	207

요약

깨달음 감상문 = 책 내용 + 일상생활 이야기 + 내가 읽었던 책 이야기 + 내 생각

감상문은 책과 삶과 생각을 연결 지어 가며 깨달음을 찾아가는 생각의 길입니다.

제목 :

1	2	3	4	5	6	7	8	9	10	11	12	13	14	15	16	17	18	19	20	21	22	23
24	25	26	27	28	29	30	31	32	33	34	35	36	37	38	39	40	41	42	43	44	45	46
47	48	49	50	51	52	53	54	55	56	57	58	59	60	61	62	63	64	65	66	67	68	69
70	71	72	73	74	75	76	77	78	79	80	81	82	83	84	85	86	87	88	89	90	91	92
93	94	95	96	97	98	99	100	101	102	103	104	105	106	107	108	109	110	111	112	113	114	115
116	117	118	119	120	121	122	123	124	125	126	127	128	129	130	131	132	133	134	135	136	137	138
139	140	141	142	143	144	145	146	147	148	149	150	151	152	153	154	155	156	157	158	159	160	161
162	163	164	165	166	167	168	169	170	171	172	173	174	175	176	177	178	179	180	181	182	183	184
185	186	187	188	189	190	191	192	193	194	195	196	197	198	199	200	201	202	203	204	205	206	207
208	209	210	211	212	213	214	215	216	217	218	219	220	221	222	223	224	225	226	227	228	229	230
231	232	233	234	235	236	237	238	239	240	241	242	243	244	245	246	247	248	249	250	251	252	253
254	255	256	257	258	259	260	261	262	263	264	265	266	267	268	269	270	271	272	273	274	275	276
277	278	279	280	281	282	283	284	285	286	287	288	289	290	291	292	293	294	295	296	297	298	299
300	301	302	303	304	305	306	307	308	309	310	311	312	313	314	315	316	317	318	319	320	321	322
323	324	325	326	327	328	329	330	331	332	333	334	335	336	337	338	339	340	341	342	343	344	345
346	347	348	349	350	351	352	353	354	355	356	357	358	359	360	361	362	363	364	365	366	367	368
369	370	371	372	373	374	375	376	377	378	379	380	381	382	383	384	385	386	387	388	389	390	391

Part 2

관주위보 사고력 : 논리학logic

지식의 관계성 - 논리 사고력을 세워라

✡

창의력을 꿈꾼다면
트리비움으로
논리력을 키워야 한다.

논리학,
정보와 지식의 질서를 부여하자

하나를 듣고
열을 아는 능력

'하나를 들으면 열을 안다.'는 말이 있다. 적은 노력을 큰 성과로 연결하는 능력이다. 이보다 더 효율적일 수는 없다. 사람들 대부분은 하나를 들으면 하나를 알기 때문이다. 어떤 사람은 하나를 배우고 그 하나마저 잊어버리기도 한다.

사람들은 '열을 안다.'는 말을 막연하게 생각해 왔다. 나와는 상관없는 것으로 여겼다. 천재라 일컬어지는 이들의 특별한 능력이라 생각했다. 범접할 수 없는 신비한 능력으로 여겼다. 하지만 그렇지 않다. 쉽게 얻을 수 없을 뿐, 절차를 따르면 방법과 기술에 의해 습득 가능한 후천적 능력이다. 그동안 그 이유를 설명할 수 없었을 뿐이다. 그 이유가 설명되면 문제가 달라진다. 누구든 노력해서 얻을 수 있는 배움의 차원으로 들어오게 된다. 열을 아는 특별함이 더는 신비가 아니기 때문이다.

'열을 안다.'는 것이 단순히 많이 안다는 의미는 아니다. 그것은 온전히 아는 것이다. 부분적인 앎이 아니라 전체에 대한 깨달음이다. 무엇에 대하여 '하나부터 열까지' 아는 것이다. 모든 이치를 깨달아 아는 것이다. 지식적인 앎을 넘어서는 앎이다. '열을 안다'에서의 '열'은 완전한 수다. 많이 안다는 의미가 아닌 온전히 아는 것에 대한 상징적인 표현이다. 이제 우리는 그 능력을 얻기 위해 필요한 과정이 무엇인가 질문해야 한다.

하나를 제대로 알기
– 나누면 된다

먼저 하나를 알아야 한다. 하나를 배우는 일이 모든 일에 우선되어야 한다. 배우되 바로 배워야 한다. 바로 알아야 한다. 하나도 제대로 알지 못한 상태에서 열을 아는 단계로 나아갈 방법은 없다.

무엇인가를 제대로 알기 위해 필요한 능력은 '나누어 볼 수' 있는 능력이다. 나누어 볼 때 대상을 제대로 알 수 있다. 하나의 문제를 작은 단위로 분류하여 볼 때 문제 해결에 가까워진다.

환자는 의사에게 아픔을 호소한다. 그때 의사는 환자를 진단한다. 의사의 역할은 아픈 환자를 청진聽診하고 문진問診하여 문제점을 찾는 것이다. 청진기로 듣고, 질문을 통해 묻는다. 보이지 않는 몸의 세계를 들여다보고 나누어 본다. 필요에 따라 엑스레이, MRI도 찍는다. 이 모든 진단 활동과 기술은 문제를 나누어 보는 과정이다. 자세히 나눠 보면 볼수록 문제점에 다가간다. 문제점이 발견되면 문제를 해결할 기회가 주어진다.

컴퓨터가 고장 나면 이용자는 어찌할 줄 몰라 한다. 나눠 볼 수 없기 때문이다. 나눠 볼 수 없으면 문제점을 찾을 수 없다. 그때 서비스센터를 찾는다. 전문가의 역할은 문제를 나눠 보는 것이다. 전문가는 문제를 일으킨 원인을 찾는다. 원인을 찾아 고장을 일으킨 문제점을 해결하면 컴퓨터는 정상적으로 작동한다.

전문가는 하나를 제대로 아는 사람이다. 나눠 볼 수 있는 역량을 지닌 사람이 전문가다. 전문가에게 최우선적으로 요구되는 것은 정확히 분류하여 나눠 보는 능력이다. 분류하여 볼 수 있는 능력은 진정한 앎을 위해 필요한 필수 능력이다. 분류하여 나눠 보면 보이지 않던 것이 보이기 시작한다. 이것이 전문가의 역량이다.

하나로 열 만들기
– 연결하면 된다

전문가가 되었다고 열을 아는 능력자가 되는 것은 아니다. 나누어 보는 것이 하나를 제대로 알아 가는데 필요한 능력이지만 이것만으로는 하나를 배워 열을 알 수는 없다. 이때 필요한 능력이 연결하는 능력이다. 새롭게 배운 지식 하나가 기존 지식과 연결되면 이전에 없던 새로운 지식으로 탄생한다. 나누어 보면 자세히 보이고 연결하여 보면 새로운 세상이 열린다. 하나가 열이 되기도 하고 백이 되기도 한다.

사람들은 연결하여 새로움을 창조하는 능력을 창의력이라 부른다. 창의력은 한 분야의 전문 능력만으로는 세울 수 없다. 이때 필요한 능력이 연결하는 능력이다. 익숙함에 낯섦이 더해져야 한다. 사람들이 스티브 잡스에게 열광했던 이유는 잡스가 최고의 컴퓨터 전문가였기 때문이 아니다. 그는 전자 제품에 인문학적 질문을 던졌다. 누구도 던져 본 적이 없는 질문이다. 그 결과 제품이 작품으로 변화되었다. 스티브 잡스의 창의력은 어떤 신비한 능력이 아니었다. 전자 제품이라는 익숙함에 인문학의 낯선 질문을 연결했다. 창의적인 사람들은 자신의 익숙함에 남이 연결해 본 적이 없는 것을 연결하려고 시도한다. 그 결과로 세상에 없던 세계가 창조되어 왔다.

창의력은
논리의 다른 이름이다

문제는 창의를 추구하는 사람에게 논리가 준비되지 않을 때 발생한다. 창의력이 하나를 배우면 열을 알도록 만드는 핵심 능력이라면 논리는 그 마중물 능력이다. 논리가 하나를 제대로 아는 능력이며 정보와 지식에 질서를 부여하기 때문이다. 정보와 지식이 연결된다고 그것 자체가 창의는 아니다. 논리가 부여될 때만 가치를 지니게 된다.

창의력은 논리의 다른 이름이다. 창의력은 비논리가 아니다. 일반적인 논리를 뛰어넘는 초超 논리다. 남들이 파악하지 못한 논리가 창의다. 시간이 지나면 창의가 상식이 되고 만인의 논리로 자리 잡아 간다. 인류의 역사는 이 과정이 반복되어 온 시간이다.

창의력을 꿈꾸는가? 그렇다면 충분히 논리적이어야 한다. 나를 가두는 논리가 아니라 확장이 가능한 논리를 디자인해야 한다.

논리는
생각의 중심이다

사회생활의 기초는 논리다. 학교생활도, 직장 생활도 논리 위에 세워진다. 상식도 논리의 다른 이름이다. 논리는 관계를 이어 주는 최소한의 끈이다. 능력으로서의 논리 이전에 상식이라는 수많은 논리 위에 관계가 세워진다. 논리가 없으면 관계가 무너진다.

설득의 과정 가운데 논쟁이 일곤 한다. 논쟁은 필요한 과정이지만 그것의 목표는 공감을 끌어내기 위한 것이어야 한다. 공감을 위한 논쟁이 되기 위해서는 그 과정이 논증이어야 한다. 주장에 대한 근거와 이유가 분명해야 한다. 주장이 관철되기를 바란다면 충분한 논리로 자신의 주장의 옳고 그름을 증명해야 한다. 아무리 좋은 아이디어라도 논리를 지녀야 사람의 동의를 얻을 수 있다. 논증 없는 논쟁은 말다툼에 지나지 않는다.

배움의 과정에 있는 아이에게 논리를 세워 주어야 한다. 상식도 논리이기는 하나 진정한 능력으로서의 논리는 훈련을 해야 하는 고도의 사고 작용이다.

논리는 사물과 사건에 대하여 나만의 정의를 내리는 힘이 되어 준다. 논리는 사물에 대해 바른 설명을 가능하게 한다. 사실을 사실로 보는 힘이 논리다. 논리를 세워 가기 위해서는 하나의 사실에 대한 다양한 논리를 접해 보아야 한다. 다양한 주장과 논리를 접하는 가운데 자신만의 기준을 확인하고 세워 나가게 된다. 논리 훈련은 나와 다른 주장과 간격을 채우는 노력이며 자신의 오류를 확인하는 과정이다. 논리가 없다는 것은 생각하는 능력이 없다는 말과 같다. 사람들 대부분은 자신이 논리적이라 생각한다. 하지만 그것은 어설프고 부분적인 지식에 기초한 논리인 경우가 대부분이다. 현대 교육의 실패는 논리를 충분히 훈련하지 않았다는 데서 그 원인을 찾을 수 있다.

보고 듣는 것이 달라져야 한다

참된 변화는 새로운 정보와 지식을 수용하고 그것이 내 안에서 질서를 가질 때 나타난다. 변화하려면 무엇인가 들어와야 한다.

정보를 수용해야 한다. 지식이 쌓여 가야 한다. 수용과 이해의 과정이 지속되어야 하며 그 위에 논리가 더해져야 한다.

오늘날 우리의 문제는 보고 듣는 것의 한계로부터 온다. 배움의 한계는 곧 나의 한계다. 배움의 확장은 내 삶의 확장으로 나타난다. 나의 일상의 배움과 경험이 확장된다는 말은 내 삶의 선택지가 넓어진다는 것과 같은 의미다. 비전이 있다면, 꿈이 분명하다면, 보고 듣는 것이 달라져야 한다. 보고 듣는 것이 달라져야 내 삶에 기회가 다가온다.

일상이 변화해야 한다. 만남에 변화를 주어야 한다. 읽는 책의 주제에 변화를 주자. 관심의 영역을 넓혀 보자. 나와 상관없다 여겨지는 것에 잠시라도 관심을 가져 보자. 배움이 특정한 내용과 주제에 한정되지 않도록 주의하자.

매일 하는 일 속에서 변화를 이루기란 쉽지 않다. 하지만 새로운 책, 만남, 일의 도전 속에서는 평소에 하던 생각이 아닌 다른 생각이 떠오르게 된다. 나와 다른 사람과의 만남은 융합의 장이 되어 준다. 나와 다른 삶을 살았던 이들과 만나 교제하다 보면 나도 모르던 나를 발견할 수 있다. 매일 같은 사람을 만나 교제하는 사람에게는 찾아볼 수 없는 변화다.

변화하기를 원하는가? 있는 자리를 떠나라! 새로운 만남을 고대하라! 새로운 경험도 마찬가지다. 새로운 운동을 시도하라. 새로운 장소로 떠나는 여행도 도움이 된다. 항상, 늘 있던 자리가 아닌 새로운 자리를 추구하라. 나의 일상에 낯섦을 용납하라. 내 삶에 새로운 질서를 디자인해야 한다. 그때 나의 일상은 더욱 소중한 것이 된다. 익숙함은 더 가치 있는 것이 된다.

인간의 변화는 복잡하면서도 단순하다. 그 중심에 트리비움이 있다. 참된 논리력은 수용과 표현의 과정이 반복되는 가운데 우리에게 찾아온다. 어떻게 지식을 수용하고 체계화해서 표현하는가는 우리의 인생 변화와도 관련되어 있다. 트리비움 능력 계발은 노력의 과정이 필요하다. 트리비움이 변화의 원리며 걸어갈 길이다. 누구에게나 열린 기회다. 그 길을 걸어가면 된다. 묵묵히 절차를 따라 일관성을 유지하며 지속해서 그 길을 걷고 훈련하는 것이다. 그것만이 배움의 지름길을 넘어 배움의 고속도로, 변화의 아우토반을 나의 삶의 중심에 디자인하는 것임을 잊지 말자.

생각을 훈련하라

> "당신에게 가장 필요한 책은 당신으로 하여금 가장 많이 생각나게 하는 책이다."
>
> _ 마크 트웨인

나는 결혼 전 웨이트 트레이닝을 즐기는 편이었다. 20대 중반에는 헬스클럽과 대학 기숙사에서 학생을 가르치기도 했다. 헬스클럽을 찾는 사람의 관심 대부분은 아름다운 몸매를 가꾸는 것이다. 남성미의 상징처럼 각인된 근육질의 몸매, 식스 팩은 모든 남자의 바람인 듯하다. 여성은 날씬한 몸을 갖는 것에 대한 관심이 대단하다. 인간의 가장 기본적인 욕망인 식욕을 억제해 가면서까지 노력하는 모습을 통해 관심의 정도를 알 수 있다. 그러나 사람들 대부분은 자신의 원하는 바를 경험하지 못한다. 모든 일에 있어 마찬가지겠으나 이 일에서도 특별히 요구되는 것이 인내이기 때문이다. 인내의 과정 없이 원하는 몸매를 갖는 것은 불가능하다. 수 없는 반복과 훈련을 참아 내고 일관성을 유지해야만 한다. 매우 단순하면서도 간단한 진리다. 자신이 원하는 성과를 거두기 위해서는 그것을 이룰 수 있는 행동을 반복하는 것이 필요하다. 최고의 방법과 기술이 더해져야 함은 말할 필요조차 없다.

트리비움의 논리도 마찬가지다. 논리와 생각은 훈련의 과정을 요구하는 계발의 영역이다. 생각은 훈련해야 한다. 많은 경우에 있어 원하는 목표를 이루지 못하는 이유 중 하나가 생각을 훈련하지 않았기 때문이다. 나름의 생각만 있을 뿐 훈련된 생각을 준비하지 못해 일의 성공을 이루지 못한다. 100kg 역기는 근력이 준비된 자에게는 문제가 되지 않지만, 누군가에게는 평생 들 수 없는 무게다. 생각의 근육도 마찬가지다. 생각 근육이 준비되지 않은 사람은 작은 문제 앞에서도 당황한다. 문제를 발견하지 못할 뿐 아니라 어떤 문제도 해결하지 못한다.

훈련된 사고는 다르다. 큰 문제도 버겁지 않다. 문제점이 보이고 해결 방안이 떠오른다. 기업이 인재를 영입하는 이유도 그들의 훈련된 생각의 능력 때문이다. 아인슈타인은 "문제가 생긴 것과 똑같은 수준에서는 그 문제를 해결할 수 없다. 그것을 넘어서서 더 높은 수준으로 올라가야만 문제를 해결할 수 있는 것이다."
라고 말한다.

생각은 훈련의 과정을 통해 준비해야만 한다. 지금보다 더 높은 수준으로 올라가기 위한 구체적인 노력이 필요하다.

지능은
훈련된 생각이다

지능은 생각하는 능력이다. 수용된 정보와 사물을 대하는 사고 능력의 정도가 나의 지능이다. 생활 속에 찾아드는 수많은 사건과 사고에 대해 합리적으로 사고하고 문제를 해결해 가는 힘 역시 지능이다.

지능에 대한 정의는 연구자의 수만큼이나 다양하다. 데이비드 웩슬러는 '합리적으로 사고하며, 환경을 효과적으로 다루는 개인의 종합 능력'이 지능이라고 정의하였다.

하워드 가드너는 '지능은 학업 성취와 관련된 단일 능력이 아니다. 지능은 다차원적이어서 여러 가지 하위 능력으로 구성된 복합 능력이다. 하위 능력은 상호 독립적이며 언어 지능, 논리 수학 지능, 공간 지능, 음악 지능, 신체 운동 지능, 인간 친화 지능, 자기 성찰 지능, 자연 친화 지능 등 8가지 능력으로 나눌 수 있다.'라고 했다.

지능에 대한 정의에 약간의 차이는 있지만 모든 이의 공통적인 주장을 정리하면 다음과 같다.

'지능은 새로운 것을 배우고 익히는 학습 능력이며 정보와 지식에 질서를 부여하는 종합 능력, 인간 삶의 다양성과 독특성을 특정 짓는 총체적인 능력이다.'

좋고 나쁨을 선택하는 가치관도 지능을 바탕으로 한다. 중요한 것과 중요하지 않은 것을 선택하는 것도, 먼저 할 것과 나중에 할 것을 구별하는 것도 지능의 힘이다.

의식적 훈련으로
무의식적 지능과 생각의 능력 세우기

지능은 우리 삶의 자연스러움이고 무의식적으로 가동되는 사고 체계다. 지능은 훈련을 통해 자라난다. 의식적인 훈련의 단계를 통해 무의식의 세계로 진입할 때 드러난다. 피아노를 배울 때 왼손과 오른손의 훈련과 연습을 반복한다. 발로 밟는 페달에 대한 훈련도 이어진다. 무술을 배울 때도 주먹 지르기를 배우고 발차기를 배운다. 공격과 수비를 나누어 단계에 따라 훈련한다. 이 모든 과정은 의식적인 훈련 과정이다. 노력을 요구한다. 수많은 시간 동안 의식적인 훈련의 과정이 있어야만 무의식적인 연주 능력과 무술 능력을 갖추게 된다.

우리가 이야기하는 사고력과 창의력은 의식의 세계를 넘어 무의식의 단계에서 활용하는 지능의 활동이다. 그 단계에 도달하기 위해서는 수많은 방법과 기술을 적용하고 단계를 나누고 훈련해야 한다. 나누어진 훈련 과정을 통과해야만 원천 능력으로서의 인간 지능이 세워진다.

기억의 문제도 마찬가지다. 한 번 읽고 두 번 읽어서는 기억할수가 없다. 여러 번 반복하는 과정을 거칠 때 의식적인 기억이 무의식의 기억으로 넘어가게 된다. 단기 기억은 훈련의 과정에 존재하는 기억이다. 장기 기억은 그 단기 기억의 훈련 과정을 지속하고 반복하며 논리 체계 안으로 연결할 때 형성되는 무의식적 기억이다.

인간 사고는
알고리즘이다

요리를 잘하는 사람이 있다. 재료를 똑같이 준비해 주어도 유독 맛난 요리를 내놓는 사람이 있다. 같은 재료임에도 왜 다른 결과가 나타나는 것일까? 요리 과정이 다르기 때문이다. 이것이 알고리즘의 차이다.

손맛이 좋다는 말을 많이 한다. 요리 잘하는 사람을 향한 찬사다. 어떤 사람은 말 그대로 손에서 어떤 신비한 에너지가 나간다고까지 이야기한다. 그러나 이 모든 차이는 알고리즘의 차이 때문에 발생한다. 라면을 끓이는 것은 어떠한가? 김치를 담그는 행위는 어떠한가? 단위를 나누어 보면 수십 단계의 행동 지침으로 나눌 수 있다. 그 단위가 작으면 작을수록, 지침이 구체적이면 구체적일수록 실패할 확률이 낮아진다. 알고리즘의 질이 맛을 결정한다. 알고리즘의 구체성이 성공과 실패를 결정짓는다.

예측이 실패하느냐 성공하느냐의 문제도 알고리즘 프로세스의 요소 충족성에 의해 판가름 난다. 알고리즘 요소의 충족과 결핍이 성공과 실패의 원인이라면 성공을 위한 알고리즘을 디자인하는 우리의 노력은 더욱 구체적이 되어야 한다.

책을 선택하는 것도 신중해야 한다. 부분 지식을 전체인 양 열을 올리는 책은 피해야 한다. 책 한 권에 모든 내용을 담아낼 수는 없다. 그러나 알고 부분을 강조하느냐 모르고 부분을 전체로 이야기하느냐는 전혀 다른 문제다. 책의 내용도 주제를 전달하는 것을 목표로 설계한 하나의 알고리즘 체계다.

선거 기간이 되면 여론 조사를 통해 선거 결과를 예측한다. 설문의 정확도가 설문 기관의 신뢰도를 결정한다. 선거 당일 출구 조사를 한다. 여론 조사, 출구 조사의 알고리즘은 무엇일까? 사실에 가까운 정보를 얻기 위한 그들만의 알고리즘에 의해 설문의 질문이 제작되고 항목이 나누어진다. 사업을 하기 전에, 제품을 만들기 전에 수요 조사를 한다. 조사 과정의 알고리즘이 이후의 과정을 지배하게 되어 있다.

인간 사고는 알고리즘이다. 인간 사고는 훈련을 통해 체계화된 사고로 발전한다. 체계화된 사고가 활용 가능한 지능이며 결과를 만들어 내는 인간 역량이다. 알고리즘은 일어나지 않는 일을 예측

하고 그 과정을 설계하여 일어나도록 하는 프로세스다.

학문은 알고리즘이다. 현실 세계를 이야기하는 사고의 체계화가 학문이다. 그 체계가 견고하고 논리적일수록 학문이 추구하는 현실 세계의 변화는 가속화된다. 왜 학문 연구의 결과로 현실 세계를 바꾸지 못하는가? 알고리즘에 누락과 중복이 발생하였기 때문이다. 떡볶이를 만드는 일에서도 작은 차이가 맛을 결정하는데 교육 과정 설계의 차이가 만드는 결과야 말로 얼마나 큰 차이가 나겠는가? 교육의 알고리즘은 더욱 세밀해져야 한다. 체계적인 교육 계획, 세밀한 교육 알고리즘을 통해 누릴 결과는 결코 작은 것이 아니다. 요리의 알고리즘이 잘못되면 요리를 망치고 학문의 알고리즘이 잘못되면 잘못된 배움이 발생한다. 교육의 알고리즘이 잘못 짜인다면 잘못된 배움을 넘어 인생의 무너짐으로 귀결될 수 있다는 사실을 기억해야 한다. 알고리즘의 체계성이 사고의 체계성이며, 우리는 그 사고를 하고 세상을 살아가기 때문이다.

일가견이 있다는 말이 있다. 사전에서는 '어떤 문제에 대하여 독자적인 경지나 체계를 이룬 견해'라고 정의한다. '도통했다'는 말과 비슷한 의미에서 사용하곤 한다. 모든 것을 알았다는 말과 같다. 우리는 생각의 영역에 있어 일가견을 이루어야 한다. 그것이 트리비움의 훈련을 통해 가능하다. 트리비움이 인간 사고의 알고리즘이다. 훈련된 트리비움의 가치를 알게 된다면 우리는 그것이 가장 중요한 일이며 먼저 해결해야 할 과제임을 고백하게 될 것이다.

끊임없이
탐구해야 한다

생각이란 의식이다. 그 의식이 태도를 형성하고 여러 가지 태도가 습관을 형성한다. 생각과 의식은 자신이 사는 환경의 영향을 받는다. 우리가 지닌 생각은 우리 의식의 한계, 환경의 한계를 고스란히 반영하고 있다. 우리가 알고 있는 지식 대부분은 부분 지식이라는 것을 알아야 한다. 내가 무엇을 보았다면 보지 못한 부분이 더 많고 크다는 사실을 알아야 한다. 내가 알았다고 생각하는 그 순간, 내가 알지 못하는 더 큰 세계가 있다는 사실을 인정하는 것이 지혜다. 내 눈에 보이는 것이 다가 아니다. 내가 읽고 깨달은 것이 사실이 아닐 수도 있다는 가능성을 인정하기는 쉽지 않겠지만 그것이 사실이다. 그 자리가 변화의 자리다. 그 자리에서 생각을 훈련하고 탐구하라. 탐구를 통해 나와 다른 생각을 마주하게 된다. 오늘 내 생각에서 빠진 생각의 조각을 발견하는 것도 탐구의 즐거움이다. 세상의 모든 능력을 소유할 수는 없겠지만 어떤 분야건 간에 활용 가능한 원천 능력으로서의 능력을 갖추는 일만큼 즐겁고 가치 있는 일이 또 어디 있겠는가! 생각을 훈련하여 트리비움의 역량을 키워라!

요약의 힘

: 사실과 창조의 경계선

모든 성공은 하나를 넘어 다양한 요인 때문에 발생한다. 실패도 마찬가지다. 단순화의 오류에 빠져서는 안 되지만 복잡성의 늪에서 허우적거리는 것 또한 피해야 하다. 유대인의 특별한 영향력에 대해서도 마찬가지다. 유대인의 성공에 대한 모든 요인을 둘러싸고 있는 큰 그림을 파악하는 과정이 중요하다.

교육의 목표에 관한 인재상을 정리하는 것도 마찬가지다. 미래는 어떤 인재를 원하는가? 교육을 통해 추구하는 것 중 하나가 바로 이 질문에 걸맞은 인재를 양성하는 것이다. 가정 교육을 통해 준비하는 모든 것도 결국 나와 다른 사람과의 관계에서 영향력을 나타내기 위함이다. 학교 교육, 사회 교육, 평생 교육의 방향성도 다르지 않다. 수많은 지도자와 교육자의 의견을 종합해 보면 미래의 인재상은 크게 네 가지로 정리된다.

첫째, 문제를 발견할 수 있는 사람이다.
둘째, 문제를 해결할 수 있는 사람이다.
셋째, 세상이 필요로 하는 것을 줄 수 있는 사람이다.
넷째, 세상이 필요로 할 것을 알고 준비하는 사람이다.

네 가지로 요약한 미래 인재의 유형도 달성 가능한 목표라기보다는 추구하는 인재상에 가깝다. 그렇다면 이러한 인재가 되기 위해 필수적으로 준비해야 하는 능력은 무엇인가? 트리비움이 바로 그 능력의 핵심인데 그 중심에 있는 것이 요약 능력이다.

요약의 중요성은 충분히 강조되지 못했다. 무시되기까지 했다. 요약의 힘에 대한 이해가 부족하다. 요약을 학창 시절 국어 시험에 등장하는 문제 정도로 이해하는 사람이 적지 않다. 요약의 가치를 깨닫지 못함은 단어에 대한 몰이해로 끝나지 않는다. 내 인생의 꿈, 비전과 거리가 멀어지고 목표의 성취와 성공이 아닌 실패로 끝날 가능성이 크다. 요약이 뭐라고 꿈, 비전, 성공, 실패와 연관 짓느냐고 하는 사람도 있을 것이다. 하지만 요약은 배움의 과정에서 반드시 향상해야 할 능력 중 하나다. 요약은 트리비움의 핵심 능력인 동시에 모든 능력의 배경이 되기 때문이다.

요약이란 무엇인가

요약은 말이나 글의 중심 내용을 정리하는 것이다. 요약에 대한 우리의 가장 기본적인 이해다. 학창 시절의 요약은 단순했다. 읽은 내용 중 중요한 내용에 밑줄을 긋고 그 내용을 열거하는 차원으로 진행했다. 하지만 진정한 요약은 단순히 내용만 열거하는 것이 아니다. 내용의 구조, 이야기의 프로세스에 대한 정리다. 상대방의 논리를 나만의 논리 체계로 재구성하는 것이다. 이야기의 핵심과 그것을 뒷받침하는 근거를 분류하여 정리하는 작업이 요약이다. 그래서 요약의 첫 번째 과제는 주제를 찾는 것이다. 주제를 중심으로 글쓴이의 논리를 재구성해야 하기 때문이다. 장황하게 늘어놓은 이야기의 초점을 찾는 일이 요약의 출발이다.

요약은 주제를 중심으로 중복을 피하며 핵심을 말하고 빠진 전제를 찾아 주제와 연결하는 작업이다. 상세함보다는 명확한 가이드라인의 제시가 이루어지는 과정이다. 부분 지식이 아닌 지식과 정보의 전체 모습을 디자인하는 과정이다. 건물의 조감도, 투시도, 설계도와 같다. 내용을 빠뜨리는 차원이 아니라 구조화하고 추상화하는 과정이다. 기획력이 요약 능력을 기초하는 이유도 여기에 있다.

요약은 주관적인 견해가 아닌 객관성을 요구한다. 주어진 내용은 필터링 과정을 통해 객관적인 자료로 거듭난다. 제시된 정보를 가치 중심으로 정리하기 때문이다. 정보의 홍수 시대에 좋은 것과 중요한 것을 파악하는 힘은 최고의 능력이다. 먼저 알아야 할 것을 분별하고 준비하는 것도 무엇보다도 중요한 과제인데 이것을 가능하게 하는 것이 요약 능력이다.

요약은 모든 학습의 전제다. 학교에서 진행하는 수업의 이해 여부도 요약 능력과 관계가 있다. 요약이 안 되면 그 어느 것도 다음 단계로 넘어갈 수 없다. 수업을 받는 학생이 전 시간의 수업 내용을 요약하지 못한다면 다음 수업 내용을 충실히 배울 수 없다. 제대로 된 요약 없이 다음 내용을 온전하게 이해할 수 없기 때문이다. 시험공부를 하는 사람에게 요약 능력은 승부처에서 당락의 열쇠가 되곤 한다. 요약 능력이 없는 사람은 중요하지 않은 내용을 골라가며 학습한다. 요약 능력이 있는 사람은 중요한 것과 중요하지 않은 것을 구분하며 학습한다. 핵심을 파악할 수 있어야 이해가 된다. 요약이 되면 요점을 중심으로 내용을 설명할 수 있다. 이것이 학습의 결과에 고스란히 드러난다.

토론에 있어서도 요약은 기본이다. 토론은 논쟁을 전제로 한 소통인데 진정한 논쟁은 상대방의 주장에 대한 올바른 이해가 있어야 가능하다. 상대방이 주장하는 것이 무엇인지 요약이 안 된 상태에서 토론을 진행한다면 그것은 말싸움 이상도 이하도 아니다.

토론이 아닌 일반적인 관계 속에서 하는 대화는 어떠한가? 말의 핵심도 파악하지 못하는 이와 대화하고 싶은가? 말귀를 알아듣지 못하고 자신의 말만 쏟아 낸다면 올바른 관계 형성에도 문제가 발생한다.

독서 능력과
요약 능력은 비례한다

글쓰기가 구조를 짜고 내용을 늘리는 것이라면 요약은 글 속에 숨겨진 구조를 찾고 구조에 따라 줄여 쓰는 과정이다. 저자의 사고 과정을 추리하며 읽는 방식이 좋은 독서 방식인 이유다. 글의 상관관계를 밝혀 나가며 읽는 훈련이 우리에게는 필요하다. 생각을 하며 읽는 것이다. 글을 읽으면서 구조를 잡아야 한다. 구조를 잡아야만 핵심 내용을 담아내는 요약이 가능하다. 저자의 사고 과정을 추론하는 것이 글 읽기의 힘인 동시에 요약의 과정이다.

대학 교육의 핵심도 요약에 있다. 요약 능력이 제대로 훈련되어야 논문 학습이 가능해진다. 현존하는 연구 자료를 학습하여 요약해야만 그 위에 가설을 세울 수 있기 때문이다. 새로운 가설을 증명해 가는 연구는 이전의 연구에 대한 요약 없이는 불가능하다. 프랑스는 요약 능력을 향상시키기 위해 초등학교 2학년 때부터 요약 훈련을 한다. 요약이 고차원적인 능력이라지만 그 시작은 간단한 것으로부터 시작하면 된다. 짧은 이야기를 들려주고 간단한 말로 요약하기, 그 이야기 속 핵심 키워드를 찾는 단순한 훈련은 요약 능력을 훈련하는 중요한 과정이다.

요약이라는 지식의 기둥 세우기

정보와 지식은 떨어져 있으면 힘이 없다. 연결되어야 한다. 서로의 관계가 정리되어야 한다. 책을 읽든 세상을 바라보든 분류하고 요약할 수 있어야 한다. 정리되지 않은 정보와 지식은 힘이 되지 않는다. 아무리 많은 책을 읽고 수많은 강의를 들었다 해도 자기만의 언어로 정리하지 않은 지식과 정보는 흩어진 퍼즐 조각에 지나지 않는다. 가치 있는 예술 작품이 아니라 깨진 사금파리 조각일 뿐이다. 들었다면 글과 말로 정리하라. 책을 읽었다면 말과 글로 정리해 보라. 핵심 키워드를 찾고 주제를 찾아 요약해 보라. 내 생각과 비교하며 나만의 주장을 더해 보라. 그때라야 내 지식의 기둥이 세워진다. 그러한 기둥 하나하나가 모일 때 어느 순간 나만의 든든한 작품이 탄생하게 된다. 자기 계발 도서 대다수는 정리되지 않은 파편의 나열인 경우가 많다. 자기화되지 않고 파편화된 지식의 열거에 지나지 않는다. 요약을 제대로 하지 못했기 때문이다. 이 모든 것이 요약이라는 과정을 통해 하나의 정리된 사실이 된다. 요약은 새로운 창조의 출발점이 된다.

요약 능력은
한 사람의 인생을 세우는 배경이 된다

유대인 공동체 어디를 가나 도서관이 있다. 가정에도 작은 도서관 수준의 서재가 있다. 유대교 회당 시나고그에도 잘 갖추어진 도서관이 있다. 세계 어느 곳을 가든지 유대인 거주지 인근에는 회당, 박물관, 도서관이 있다. 유대인이 교육, 문화, 수많은 분야에서 영향력을 행사할 수 있었던 요인도 여기에서 비롯되었다. 어린 시절부터 교육과 학습의 중요성을 강조해 온 유대 가정, 유대 공동체의 일상은 유대인 성공의 초깃값이 되어 주었다. 그런 환경 속에서 자라나는 아이에게 더 많은 선택의 기회가 찾아 드는 것은 기적이 아니다. 유대인의 성공을 내 삶 가운데에서 누리기를 바란다면 배움의 길을 만들어라. 내 삶의 도서관을 만들어라.

요약 능력을 세우는 노력은 내 인생의 든든한 배경을 디자인하는 일이다. 유대인에게 그들의 공동체와 도서관이 배움의 길이었고 성공의 초깃값이 되었듯이 요약 능력은 한 사람의 인생을 세우는 배경 능력이 된다.

정보를 받아들이고 지식을 수용하는 과정에서 요약이 빠진다면 정보와 지식은 나와 상관없는 쓰레기에 지나지 않는다. 요약을 통해서만 정보는 내 삶의 지식이 되고 바로 그곳이 창조의 출발점이 된다. 요약은 사실과 창조의 경계선에 놓여 있다.

유대인의 영향력을 내 삶에서 꿈꾸는 사람은 요약의 힘을 알고 그것을 세우기 위한 준비를 해야 한다. 요약은 배움의 과정 속에서 준비해야 할 한 가지 기술이 아니다. 요약 능력이 곧 사회 능력이자 관계 능력이다. 요약 능력이 예측 능력이며 문제 해결 능력이다. 효율적인 일의 수행을 위해 필요한 능력이 요약 능력이다. 인생의 성공을 위해, 변화와 성숙을 위해 오늘 요약 능력을 준비하는 노력을 진행하여야 한다.

어처구니가 없는
사회

어처구니는 맷돌의 손잡이를 일컫는 말이다. 이 작은 손잡이가 있기 때문에 무거운 맷돌을 작은 힘으로 돌릴 수 있다. 어처구니가 없는 맷돌은 무용지물이다. 한낱 무거운 돌에 지나지 않는다.

어처구니가 조선 시대 궁궐 처마에 올려진 도자기 인형을 뜻한다는 설도 있다. 조선시대에는 궁궐을 지은 뒤 반드시 어처구니를 처마에 올렸다고 한다. 어처구니를 악한 기운을 막는 부적처럼 여겼다. 궁궐 처마에 있던 어처구니가 갑자기 사라졌다면 당시 사람들은 아연실색했을 것이다. 뜻밖의 상황, 생각하지도 못하던 일이 일어나 당황스러운 순간을 '어처구니가 없다.'라고 표현하곤 한다.

의문은 있는데
질문이 없다!

2010년 9월, G20 서울 정상 회의 폐막식이 진행되고 있었다. 오바마 대통령은 연설 직후 한국 기자들에게 질문 기회를 준다. "한국 기자들에게 질문권을 드리고 싶군요. 정말 훌륭한 개최국 역할을 해 주었으니까요. 질문하실 기자분 있습니까?" 기자회견장엔 침묵만이 가득했다. 당황한 오바마는 한국 기자들을 배려한다. "한국어로 질문하면 아마도 통역이 필요할 겁니다." 청중들은 웃음을 터뜨렸다. 그때 한 중국 기자가 일어나 이야기한다. "제가 아시아를 대표해서 질문을 던져도 될까요?" 오바마는 바로 거절한다. "하지만 저는 공정하게 한국 기자에게 질문을 요청했어요. 제 생각에는……." 중국 기자는 오바마의 말을 이어받아 주변을 둘러보며 말한다. "한국 기자에게 제가 대신 질문해도 되는지 물어보면 어떻겠습니까?" 오바마는 "그건 한국 기자들이 질문하고 싶은지에 따라 결정됩니다." 그러고는 주위를 둘러보며 한국 기자의 질문을 기다린다. "아무도 없나요?" 이 상황에서도 질문자로 나서는 한국 기자는 없었다. 결국 질문 기회는 중국 기자에게 돌아갔다. 낯 뜨거운 장면이 아닐 수 없다. 이 순간이야말로 어처구니없는 상황이다. 기자가 질문을 피하다니. 그것도 평생 한 번 올까 말까 한 미국 대통령에게 직접 질문할 기회를 말이다.

오늘날 우리의 학교 현장이 그런 상황이다. 질문이라는 어처구니가 없다. 교실에서 질문이 사라졌다. '가르침'만 있고 '질문'이 허용되지 않는다. 어제오늘의 이야기가 아니다. 질문 없는 교실에서 진정한 배움이 진행될 리 없다. 아인슈타인은 "질문이 정답보다 중요하다. 죽을 상황에 부닥쳤고, 목숨을 구할 방법을 단 한 시간 안에 찾아야 한다면, 한 시간 중 55분은 올바른 질문을 찾는 데 사용하겠다. 올바른 질문을 찾고 나면 정답을 찾는 데는 5분도 걸리지 않기 때문이다."라고 말했다.

학창 시절 우리가 많이 들어야 했던 말 중 하나가 "그만 떠들어라." "조용히 해라."이었을 것이다. 질문이 금지된 것은 아니지만 누구나 다 안다. 질문이 교사도, 학생도 불편하게 한다는 것을. 수업 진행에 있어 질문에 대한 고려는 없다. 금지는 아닐지라도 허용되고 있지 않다는 게 솔직한 표현이다.

이것이 우리의 현실이며 개인과 사회의 발전을 가로막는 큰 장애물이다. 한 사람의 발전은 의문의 탐구 과정을 통해서 이루어진다. 의문이 해결되고 그다음 단계로 나아가는 과정이 개인의 삶의 진보다. 그런데 의문을 풀어낼 창구가 없다. 질문하고 생각을 나눌 친구도, 스승도 부족하다. 미국의 유명한 미식축구 감독이자 동기 부여 전문가인 루 홀츠는 말한다. "나는 그 어떤 경우에도 이야기를 나누는 것만으로는 배우지 않았다. 내 모든 배움은 대화 중에 질문을 던지면서 비로소 시작되었다."

배움과 질문은
같은 말이다

질문은 관심의 확장이다. 관심 있는 것에 질문을 던지면 이후 주어진 내용은 정답의 유무를 떠나 나의 일부가 된다. 유대인 부모의 질문도 같은 맥락의 이야기다. 학교를 마치고 돌아온 자녀에게 한국 부모는 "오늘 무엇을 배웠니?"라고 묻지만 유대 부모는 "오늘 무엇을 질문했니?" 하고 묻는다는 이야기는 교육 관련 책에 빠짐없이 등장하는 예화다. '무엇을 배웠느냐?'는 '배움의 내용'에 초점을 맞춘 질문이고 '무엇을 질문했니?'는 배움의 내용이 아니라 '자녀의 관심'과 '사고의 과정'이 무엇인지에 초점을 두고 있다. 배움의 과정이 아무리 훌륭하고 오랜 시간 지속되어도 '관심'이 결여되면 '그 좋은 것'은 나와 상관없는 것이 된다. 수업이 진행되었어도 관심이 없다면 분명 딴 생각에 빠졌을 것이고 배움은 발생하지 않는다. 그러나 질문을 던졌다는 것은 그 무엇에 대한 관심을 가졌다는 것이고 그 결과는 배움으로 연결된다. 질문은 생각의 산물이고 '질문이라는 생각' 뒤에 따라오는 답은 그것의 정답 유무와 관계없이 질문자에게 생각을 훈련하는 기회가 되기 때문이다. 한국 부모의 질문은 결과에 집중했고, 유대 부모의 질문은 배움의 과정, 사고 과정에 초점을 맞춘 것이다.

존 판던은 자신의 책 《옥스브릿지 생각의 힘》의 서문에서 이야기한다.

"내 책 《이것은 질문입니까? Do You Think You're Clever》가 나온 지도

벌써 몇 년이 흘렀다. (이 책의 원제인) '스스로 영리하다고 생각하나?'는 케임브리지와 옥스퍼드대학의 실제 면접시험에서 나온 질문이다. "자연은 자연스러운가?" "개미를 떨어뜨리면 어떻게 될까?" "걸스카우트 대원에게 정치 어젠다가 있을까?" 등 옥스브릿지의 면접 질문은 응시생을 당황케 하는 것으로 유명하다. 혹자는 옥스브릿지 면접 질문이 너무 황당한 나머지 사람을 가지고 노는 것 같다고 말한다. 역사와 전통을 자랑하는 명문 사학에 감히 응시한 '겁 없는 학생을 겁주기 위한 덫'이라고도 한다. 해리 포터에게 던져진 신비로운 수수께끼나 불의 시험 같은 거랄까? 정말 그럴 의도로 질문하는 심술궂은 교수도 있을 것이다. 나 역시 처음에 그렇게 생각했다. 하지만 실제로 이건 멋진 질문이다. 왜냐고? 당신을 생, 각, 하, 게 하니까. 인간은 생각하는 동물이다. 지적 호기심이 튈 때 살아 있다고 느낀다. 옥스브릿지의 놀라운 질문은 정신에 불꽃을 튀긴다."

옥스퍼드와 캠임브리지대학의 면접 질문은 그들이 무엇을 배웠는지에 관심이 없다. 지난 배움의 과정 속에서 어떤 생각의 능력을 가졌는지를 확인하는 것이다. 그것이 배움의 핵심이다. 내용은 그 능력이 갖춰질 때 관심사를 따라 자연스럽게 사람들의 삶에 들어온다. 우리 자녀들이 어떤 과목을 배우고 있는지보다 그 시간에 어떤 생각을 했는지가 중요하다. 그의 생각은 그가 던진 질문의 결과다. 배움에 대한 평가는 질문의 점검으로부터 시작되어야 한다.

질문 없는 배움은 정보의 주입에 지나지 않는다. 배움의 목적은 수용 그 자체에 있지 않다. 수용은 진정한 배움을 위한 첫 걸음일 뿐이다. 진정한 배움은 수용된 정보에 질문을 던질 때 시작된다. 듣는데 질문하지 않으면 들은 정보는 내게 머물지 않는다. 우리가 알고 있는 모든 것은 질문의 결과로 주어진 답에 대한 기억이다. 읽는 행위가 있어도 질문하지 않으면 지식과 정보는 나를 스쳐갈 뿐이다.

공부와 학습을 할 때 하는 고민이 여기에 있다. 공부한 내용을 기억하지 못한다는 것이다. 우리는 이러한 결과를 놓고 '공부하지 않았다'는 단순한 결론을 내리는 경향이 있다.

공부의 목표는 두 가지다. 착한 사람을 만드는 것과 똑똑한 사람을 만드는 것이다. 그중에서도 똑똑한 사람을 만드는 것에 많은 관심을 둔다. 그때 집중하는 것이 지능을 향상하는 것이다. 지능은 종합적인 사고 능력을 말한다. 아이큐라는 개념에 국한되는 것이 아니다. 종합적인 사고 능력으로서의 지능은 낱낱의 지식과 정보를 기억하는 것을 넘어서는 개념이다. 정보의 연결 고리를 파악하고 이해하는 것도 지능의 역할이다. 정보가 이야기하는 패턴을 발견하는 것이 지능이다. 이 지능을 어떻게 향상할까? 이 물음이 바로 질문이다. 질문을 통해 다양한 견해와 관점을 만나게 된다. 객관적이라고 인식된 사실에 질문을 던져서 전혀 다른 답변을 얻기도 한다. 창의성이 여기서 발현된다. 다르게 보는 것이다. 새로운 시각으로 보는 것이다. 이것을 가능하게 하는 것이 질문이다.

질문이 된 의문

유대인 학교에는 성적표가 없다고 한다. 독서 분량에 대한 진도 계획만 있을 뿐이다. 아이들에 대한 서열 평가도 없다. 잘하기보다는 다름을 강조하는 유대인의 특성 때문이다. 유대인은 대답을 평가하기보다 질문을 평가한다. 정답만을 추구하지 않는다. 삶의 현장에서 끊임없이 질문을 던지며 하나의 질문에 다양한 해법을 요구한다. 이들이 유대인이다.

질문은 표현된 생각이다. 생각이 말로 변화하고 의문이 질문으로 나아갈 때 세상에 없던 차이가 드러난다. 아는 것이 힘인 시대에서 알아내는 것이 힘인 시대로 변화한 오늘, 살아남고 경쟁에서 차이를 드러내기 위해 필요한 것도 질문이다.

지혜란 무엇일까! 지혜는 훌륭한 지식을 뛰어난 방법으로 기존 지식과 연결 짓는 사고 작용이다. 이스라엘의 전 대통령 시몬 페레스는 지혜를 자신의 말로 정의한다. "보지 못하는 것을 보는 것, 상상력과 창의력, 경험하지 못한 것을 경험하는 것이 지혜다." 요지는 '오늘 미래를 바라본다는 것'이다. 내일을 예측하며 다가오는 시대를 준비하는 것이 지혜라는 뜻이다. 먼저 보고, 먼저 준비하여 자신의 몫을 준비하는 것이다.

질문하는 사람은 불확실성 속에서 기회를 찾는 탐구자다. 질문을 통해 문제를 해결하기도 하지만 드러나지 않은 문제를 발견하는 마중물 또한 질문이다. 의문의 방향은 질문이다. 질문의 목표는 생각이다. 다른 생각, 없던 생각, 차이를 발생하게 하는 생각도 질문의 과정에서 창조된다. 질문은 훈련을 통해 그 능력을 세워 갈 수 있다.

의문을 일으키는 요소가 우리 주변에 많이 있다. 모순, 관심사, 관찰, 불일치, 호기심 등. 이러한 의문을 말로 표현하면 그것이 질문이 된다. 질문은 의문이 생기고 알고자 하는 의지가 있을 때 던지게 된다. 인간이라면 누구든 이런 상황을 매일 만나게 된다. 그런데 왜 질문하지 않는 걸까? 오늘날 우리 사회는 질문을 허용하지 않는다. 질문을 연습할 수 없다. 의문은 있지만 질문으로 나가지를 못한다.

첫째, 질문을 경시하는 풍조 때문이다. 질문을 허용하지 않는다.

둘째, 질문에 대한 부정적인 시각 때문이다. 질문자를 향해 '너만 잘났냐?' 하고 바라보는 시각이 있다. 질문에 대한 우리만의 독특한 반응이다.

셋째, 질문을 통한 사고보다 기존 지식의 수용을 중요시해 온 관습 때문이다. 새로움이 아니라 기존 것에 대한 답습을 배움과 학습의 전제로 생각해 왔다.

넷째, 정답만을 요구하는 대학 입시 때문이다. 평가가 정답만을 요구하니 의문, 질문, 창의적인 생각은 필요 없다. 평가 대상에서 제외되기 때문이다. 각종 차별 의식도 질문을 가로막는 장애물이다. 어른에게 질문하는 것은 버릇없는 짓이라는 인식에 사로잡혀 왔다. 스승에게 질문하는 것조차 학습의 차원이 아닌 따지는 것으로 여겼다.

배움의 과정에서 질문을 빼놓고 무엇을 논할 수 있는가! 질문은 그 자체로 가치가 있다. 지식을 습득하게 한다. 질문을 통해 새로운 세계를 열어 나간다. 하나의 작은 질문이 새로운 세계를 창조하고 30배, 60배, 100배의 결실을 보는 마중물이 된다. 지혜도 질문을 구성 요소로 삼아 맺은 열매다.

관계와 소통을 이어가는 중요한 기술 또한 질문이다. 질문을 통해 토론이 이루어지고 다양한 생각이 소통될 때 다양성이 인정받는 사회를 만들 수 있다.

질문은 결핍을 채우는 도구다. 나의 권한과 책임에 관한 것이며 새로움을 위한 창조적인 파괴도 가능하게 만든다. 질문은 무한 확장성이라는 특징을 지니고 있다. 한계가 없다. 끝없이 새로움을 추구한다. 질문은 기존 세력에 대한 견제, 균형을 잡아가는 공동체의 무기다. 질문하지 않는다는 것은 세상의 무수한 보물을 나의 것으로 소유할 기회를 포기하는 것과도 같다.

질문한다는 것은 나의 존재를 드러낸다는 뜻이다. 질문을 던져보라. 내가 누구인지 알게 된다. 나를 둘러싼 세상이 무엇인지도 알게 된다. 나의 장점과 단점을 발견하게 되고, 드러나지 않던 나의 문제를 발견하게 된다. 문제를 해결하는 것도 중요하지만 문제를 발견하는 것은 먼저 요구되는 과제다.

의사는 병을 치료하는 전문가이기도 하지만 병을 예방하는 최고의 전문가여야 한다. 심리학자 스톤 버그는 문제를 해결하는 능력이 아니라 의미 있고 독창적인 문제 제기 능력이 중요하다고 강조했다.

찰스 다윈도 "문제를 배움의 과정 속에서 질문하는 행위는 자연스러운 것이다."라고 말했다.

질문은 알아내는 힘을 키우는 핵심 키워드다. 질문이 방법과 기술 차원에 머물러 있어서는 안 된다. 질문은 삶에서 지속되어야 된다. 질문이 문화가 되어야 한다. 삶이 되어야 한다. 일상생활 속에서 끊임없이 질문을 던져야 한다. 다른 삶을 살기 원하는가?

질문하라. 나의 질문을 점검하라. 나의 질문에 변화를 줘라. 지금까지 한 번도 던지지 않던 질문이 내 삶에 필요하다. 정해진 시간에, 정해진 답을 찾는 배움의 과정이 요구하는 틀에 박힌 질문이 아니다. 자유로운 시간에 알려지지 않은 세계를 찾아 떠나는 질문이 필요하다. 질문이 있는 곳이 곧 배움터. 누군가 답을 알고 있는 어려운 문제를 풀기보다 질문을 던져 가며 아무도 생각해 보지 않은 쉬운 문제를 풀어 가는 과정이 필요하다.

당신은 무엇을 알고 있는가? 무엇을 보고 있는가? 나를 향한 질문을 던져야 한다. 누구도 던지지 않는 질문을 나에게 던져야 한다. 쉽게 답을 찾을 수 있는 질문은 좋은 질문이 아니다. 책과 인터넷에서 쉽게 찾을 수 있는 질문이라면 나의 변화와 성숙으로 이어지기 힘들다. 그 질문을 넘어서야 한다.

EBS 다큐멘터리 '왜 우리는 대학에 가는가.'에서는 한국의 교육에 대해 심층 탐구한다. 수많은 질문을 던지고 마지막 5부에서 그 결론을 내린다. '자신의 입으로 묻고 설명하기 위함이다. 질문하고 설명할 때 아는 것과 안다고 착각하는 것의 경계가 분명해지며 생각이 자라기 때문이다.'

역사의 발전은 어느 순간 누군가 던진 질문을 발판 삼아 진행되어 왔다. 던져진 질문과 해답을 찾으려는 노력의 결과로 역사가 진보한 것이다.

질문은 해결되어야 하는 미해결 과제다. 해답을 요구하는 생각이다. 정답은 아닐지라도 질문에 여러 생각이 더해지며 변화와 창조를 이뤄 왔다. 교육이란 가르침으로 시작하여 배움으로 열매 맺는다. 그런데 배움이라는 결과는 누구에게나 주어지는 것이 아니다. 그것을 가능하게 하는 것이 질문이다. 참된 교육은 기존 언어에 나의 언어가 더해지는 과정을 통해 이루어진다. 가르침과 배움 사이에 질문이 필요한 이유다.

질문하지 않는 사람, 질문이 허용되지 않는 학교, 질문이 사라진 사회, 그곳에는 희망은 없다. 인공 지능의 시대에 요구되는 능력이 바로 질문하는 힘이다. 시대를 살릴, 위기 속에서 다시 일어설 수 있는 능력이 필요하다. 나의 인생을 살리고 역사의 수레바퀴를 돌릴 어처구니가 필요하다.

"가장 중요한 것은 질문을 멈추지 않는 것이다. 호기심은 그 자체만으로도 존재 이유가 있다. 영원성, 생명, 현실의 놀라운 구조를 숙고하는 사람은 경외감을 느끼게 된다. 매일 이러한 비밀의 실타래를 한 가닥씩 푸는 것으로 족하다. 신성한 호기심을 절대 잃지 말라!"

_ 알베르트 아인슈타인

관주위보 사고력 : Logic Workshop

1) 생활 질문 노트

의문을 질문으로 바꾸는 훈련을 하는 워크시트다. 반복의 힘이 자신의 역량이 되는 것을 경험할 수 있는 학습 도구다. 하루에 의문 한 가지라도 질문화해 그것에 대한 답을 찾아가는 노력을 진행해 보자. 유대인의 특별함은 결코 거창함 속에 있지 않다. 작은 변화의 원리를 삶에서 반복하였고 그것이 지속된 결과로 주어진 특별함이다.

의문의 영역을 제한하지 마라. 생활 질문 아래의 작은 항목에는 질문의 영역을 표기한다. 예를 들어 초등학생 자녀가 "사람은 한 달에 평균적으로 얼마나 키가 자라나요?" 하는 질문을 생활 질문으로 던졌다고 하자. 질문의 영역을 도서관 십진분류로 본다면 500 기술과학 중 510 의학에 속하는 질문이다.

질문 탐구는 어떤 통로를 통해서도 가능하다. 자녀가 하는 것이 가장 좋겠지만 경우에 따라서는 책을 통해 질문에 대한 답을 스스로 찾도록 하는 것도 좋다. 부모에게 던지는 질문이나, 인터넷 자료를 통한 리서치도 가능하다. 출처에 표시를 한 뒤 탐구한 내용을 기록하면 된다. 성인도 자신만의 질문 노트를 만들자. 질문 노트에 적게 될 의문을 제기한 분야를 넘어 다양한 분야, 사소한 일상의 의문을 풀어가는 통로로 삼아보자. 창의력은 자신이 가진 전문성 위에 전혀 다른 분야의 상식, 교양적인 내용이 더해질 때 세워져 가는 사고력임을 기억하자.

	년	월	일	요일

510
의학

세상에서 가장 오래 산 사람은 몇 살까지 살았나요?

출처	도서	스승	부모님	친구	인터넷
	(○)				

My
질문
탐구

성경에 보면 무드셀라가 969년을 살았다고 기록되어 있다. 물론 기독교인 이외 사람들은 믿지 않는다.

비공식 최 장수자는 중국의 약초상이자 무술가인 리칭원(1677년~1933년)으로 256년을 살았다고 전해진다. 1930년 뉴욕 타임스는 청두 대학의 후중첸 교수가 청나라 조정 기록에서 1827년 리칭원의 150세 생일 축연과 1877년 200세 생일 축연이 있었다는 기록을 발견했다고 보도했다. 뉴욕 타임스의 기자는 리칭원 이웃집 노인들의 말을 전했다. 말인 즉, 그 노인들의 조부가 어렸을 때부터 성인 리칭원을 알고 지냈다는 것이다. 그러나 출생년도가 1736년이고 197세에 사망했다는 다른 언급이 존재하며, 양 측의 주장 모두 확정적인 근거가 없어 노인 학계에서는 출생연도의 조작 가능성을 제기하였다. 공식적인 장수 기록은 122년 6개월을 살고 1997년 세상을 떠난 프랑스의 잔 칼맹 할머니다.

	년	월	일	요일

출처	도서	스승	부모님	친구	인터넷

My
질문
탐구

2) 호도애 7단계 질문법 : 질문 사고 트리비움 워크숍

질문이란 무엇인가? 배움의 과정에서 질문은 항상 강조되어 왔다. 창의력이란 과제 앞에서도 질문은 항상 핵심 키워드다. 유대 교육을 이야기할 때도 질문의 중요성은 어김없이 강조된다. 누구나 중요함을 알고 있고 다양하게 정의할 수 있는 질문에 대해 나는 무엇이라고 정의할 수 있는가? 스스로 브레인스토밍해 본다.

내가 근무하는 호도애 도서관의 7단계 질문법을 활용하여 부모와 교사는 자녀의 독서 질문지와 다양한 형태의 질문 학습지 제작에 도전해 보기를 바란다. 각 단계의 흐름을 이해한다면 여기에 포함되어 있지 않은 다양한 개념의 질문도 단계별로 추가해 가며 제작할 수 있을 것이다. 7단계 질문은 질문법의 절대 기준도 최선의 모델도 아니다. 하지만 하나의 좋은 유형이며 사고능력을 향상하는데 필요한 정교한 프로세스라는 점만은 부인할 수 없다. 질문 유형에 대한 설명을 참조하여 자신만의 독서 질문지를 작성하여 보자.

1단계   바탕 – 준비 질문

제목 읽기 / 표지 읽기 / 정보 읽기 / 목차 읽기/ 훑어 읽기 / 예측 읽기

2단계   내용 – 지식 질문

본문 읽기 / 내용 읽기 / 회상 읽기 / 기억 읽기 / 점검 읽기 / 반복 읽기

3단계   생각 – 이해 질문

어휘 읽기 / 문장 읽기 / 생각 읽기 / 이해 읽기 / 추론 읽기 / 개념 읽기

4단계   구조 – 분석 질문

문단 읽기 / 구조 읽기 / 요약 읽기 / 비교 읽기 / 분석 읽기 / 근거 읽기

5단계   핵심 – 주제 질문

핵심 읽기 / 주제 읽기 / 요점 읽기 / 전체 읽기 / 의미 읽기 / 가치 읽기

6단계   적용 – 토론 질문

가정 읽기 / 토론 읽기 / 적용 읽기 / 관계 읽기 / 해석 읽기 / 평가 읽기

7단계   융합 – 창의 질문

종합 읽기 / 강조 읽기 / 융합 읽기 / 창의 읽기 / 결단 읽기 / 앵커 읽기

Hodoe 7 Q.T. Trivium

Question & Thinking

| 1단계 | 바탕 - 준비 질문 | 제목 읽기/표지 읽기/정보 읽기/목차 읽기/훑어 읽기/예측 읽기 |

정보 읽기 : 제목, 출판사, 십진분류(KDC) 영역 등 책의 기본 정보를 기록한다.

정보 읽기	제목				출판사			
	KDC		판쇄		초판일		페이지	

제목 읽기 : 책 제목 자체에 던지는 질문이다. 제목에 대한 스키마를 확인하는 질문이다.

제목 읽기	질문	
	답변	

표지 읽기 : 표지의 그림과 카피 문구로 질문을 만들어 내용을 예측한다.

표지 읽기	질문	
	답변	

목차 읽기 : 책의 목차를 보고 목차의 내용을 예측 및 상상하여 기록한다.

목차 읽기	

훑어 읽기 : 책을 빠르게 훑어 읽고 핵심 키워드로 여겨지는 어휘를 찾아 기록한다.

훑어 읽기	키워드					

2단계	내용 - 지식 질문	본문 읽기/내용 읽기/회상 읽기/기억 읽기/점검 읽기/반복 읽기

내용 읽기 : 책을 정독한 뒤 핵심 주제를 중심으로 내용 질문을 만든다. 책 내용의 회상, 기억 읽기 단계다.

내용 읽기	질문	
	답변	

어휘 읽기 : 핵심 키워드에 대한 나의 정의와 사전적인 정의를 정리한다.

어휘 읽기		나의 정의	
		사전 정의	

문장 읽기 : 핵심 문장(원문장)을 나의 표현으로 바꿔 기록한다.

문장 읽기	원 문장	
	나의 문장	

생각·이해 읽기 : 책에 있는 내용에 대한 내 생각과 견해를 묻는 질문 단계다.

생각 · 이해 읽기	질문	
	답변	

추론 읽기 : 주어진 책의 내용을 통해 추론하고 예측하는 질문을 던지는 단계다.

추론 읽기	질문	
	답변	

개념 읽기 : 책이 이야기하는 핵심 개념을 이해했는지 점검하는 질문을 던진다.

개념 읽기	질문	
	답변	

4단계 구조 - 분석 질문	문단 읽기/구조 읽기/요약 읽기/비교 읽기/분석 읽기/근거 읽기

문단 읽기 : 문단의 핵심 주제 및 문단 간의 관계에 대한 질문을 던진다.

문단 읽기	질문	
	답변	

구조 읽기 : 책의 구조, 구성을 중심으로 내용을 요약하는 단계다.

구조 읽기		

요약 읽기 : 구조 읽기 뒤 정리된 내용을 한 문단으로 요약·정리하는 단계다.

요약 읽기	

비교·분석·근거 읽기 : 주제, 인물, 상황을 비교 분석하고 근거를 찾는 질문 단계다.

비교 · 분석 · 근거 읽기	질문	
	답변	

5단계 핵심 - 주제 질문

핵심 읽기/주제 읽기/요점 읽기/전체 읽기/의미 읽기/가치 읽기

요점 읽기 : 이 책의 요점이 무엇인지 확인하는 질문 단계다.

요점 읽기	질문	
	답변	

주제 읽기 : 이 책의 주제를 한 문장으로 정리하는 질문 단계다.

주제 읽기	질문	
	답변	

의미·가치 읽기 : 이 책과 책의 주제가 지니는 가치와, 던지는 의미를 중심으로 질문을 만든다.

의미 · 가치 읽기	질문	
	답변	

6단계 적용 - 토론 질문

가정 읽기 : 책의 주제, 인물, 상황, 사건이 내 삶에 일어났을 때를 가정한 질문.

가정 읽기	질문	
	답변	

토론 읽기 : 주제를 중심으로, 특수한 상황을 위주로 의견을 나누는 토론 질문 단계다.

토론 읽기	질문	
	답변	

적용 읽기 : 책의 주제를 나에게 구체적으로 적용하는 질문 단계다.

적용 읽기	질문	
	답변	

종합 읽기 : 책 내용을 복습하며 주제를 다시 돌아보는 단계의 질문이다.

종합 읽기	질문	
	답변	

강조 읽기 : 책의 주제를 현실적인 입장에서 생각하도록 다시 한번 강조하는 질문 단계.

강조 읽기	질문	
	답변	

융합·창의 읽기 : 어떤 질문도 좋다. 새로운 생각으로 연결되는 창의적인 질문을 하자.

융합 · 창의 읽기	질문	
	답변	

결단 읽기 : 책의 주제와 나를 연결하여 오늘부터 적용 가능한 결단의 내용을 촉구하는 질문 단계.

결단 읽기	질문	
	답변	

앵커 읽기 : 책의 주제를 중심으로 나와 삶, 깨달음과 결단을 정리하는 마무리 에세이.

주제 :

적용 읽기	개요 Out Line	서론				
		본론				
		결론				

3) 질문법 활용 워크시트 사례 : 독서 포트폴리오 레벨 4

7단계 질문법의 내용을 활용하여 만든 독서 포트폴리오 사례 중 하나다. 초등학교 1, 2학년이 사용하는 레벨 1부터 초등학교 4학년에게 적용하는 4단계까지로 구성된 독서 포트폴리오다. 저자가 활동하는 현장에서는 1년에 1단계씩 수준을 높여가는 것을 기본으로 하나 개인별 차이가 크다. 본 레벨 4 워크시트는 저자의 자녀가 초등학교 4학년 때 작성한 것이다. 주 2회씩 워크시트를 활용한 질문 독서 훈련이 진행되었다.

같은 워크시트, 같은 독서 질문지라 해도 아이들의 답변, 생각이 모두 다르다. 아이들이 처음부터 정답에 가까운 생각을 하면 좋겠지만 그렇지 않더라도 괜찮다. 아이들이 이러한 질문 학습을 재미를 잃지 않고 꾸준히 지속해 간다면 아이들 생각의 깊이와 넓이는 자연스럽게 확장될 것이다. 7단계 질문법을 이해하고 아이들의 수준에 맞춘 질문 워크시트를 적용해 만드는 것이 중요하다.

날짜	년 월 일		장소	호도애도서관	소요 시간	
책 제목	마당을 나온 암탉					
판쇄	1판 1쇄	초판일	2000. 5. 29	출판사	사계절출판사	
KDC	808			페이지		

저자는 어떤 사람인가? 국가, 사상, 그의 작품 등			
저자 소개	황선미	나이	1963년생
	대한민국	역자 or 그림 작가	김환영

1963년 충청남도 홍성에서 태어나 서울예술대학 문예창작과를 졸업했다.
1977년 제1회 탐라문학상 동상 부문을 수상했다.
그의 작품은 《내 푸른 자전거》《앵초의 노란집》《여름나무》《샘나물 몽당개비》

예측 상상 읽기	표지 그림을 통한 예측 상상 읽기	어떤 암탉이 오리를 낳았다. 완전 신기한 일이지만 암탉이 태연하게 기르는 내용.
	제목을 통한 예측 상상 읽기	마당에서 어떤 한 닭이 동물 학대를 받았는데 그 마당에서 탈출한 얘기.
	목차를 통한 예측 상상 읽기	암탉이 알을 낳지 않으면서 벌어지는 그 집의 마당에서 일어나는 사건.
배경 읽기	시간적 배경	봄, 겨울, 현대
	공간적 배경	마당, 산, 저수지, 동굴
	사회, 문화, 역사적 배경	지금은 현대인데 이 책에서는 한 1990년을 나타내는 것 같다.

	마당	잎싹	나그네	초록 머리	족제비
핵심 어휘 읽기	저자가 이 책을 통해 이야기하고자 하는 것을 한 단어로 표현한다면? 그 이유는?				
	마당				
	잎싹은 마당을 바라보았다. 마당에 나가는 것이 꿈이었다. 잎싹은 마당에 나갔지만 거기서는 좋은 일만 있지는 않았다. 좋은 일도, 나쁜 일도 모두 마당에서 일어났다.				
책의 주제 읽기	할 수 있다고 생각하면 할 수 있다.				
작가의 주장 읽기	할 수 없다는 편견을 버려라.				
스키마 읽기	영화	감독	황선미		사인
책 읽을 때 떠오른 것들 나의 경험을 중심으로 & 느낌 쓰기	사인		황선미 작가를 실제로 만나서 사인을 받았다!		

내용 지식 깨달음 읽기	1	새롭게 알게 된 사실	쪽제비는 태어날 때 털이 없다.
		나의 느낌과 깨달음	아하, 그렇구나!
	2	새롭게 알게 된 사실	
		나의 느낌과 깨달음	

주제를 중심 으로 내용 지식 질문 **핵심 내용 읽기**	1	잎싹은 무슨 닭인가요?
		난용종
	2	잎싹의 첫 소원은 무엇인가요?
		마당으로 가는 것.
	3	나그네는 왜 밤에 계속 춤을 췄나요?
		족제비 때문에.
	4	초록 머리는 오리 떼의 무엇이 되었나요?
		파수꾼
생각 이해 **가정 읽기**	1	만일 내가 (족제비)라면(였다면)
		나의 새끼들을 위해서 다른 동물을 잡아먹었을 것이다.
	2	만일 (그곳 마당의 친구들이 착한 친구들이)라면(였다면)
		잎싹이 거기서 살다가 그 아줌마에게 먹혔을 것이다.
	3	만일 (암탉이 그 오리알을 못 찾았더)라면(였다면)
		초록이는 죽었겠지? 것이다.
생각 이해 **관계 적용 질문**	1	잎싹이 마당으로 나오지 못했다면 어떻게 되었을까?
	2	초록 머리는 잎싹이 자신의 엄마라는 것이 부끄러웠을까?
	3	내가 족제비였다면?
	4	

구조 파악하며 **요약 읽기**	**발단** 잎싹은 난용종 암탉이다. 그리고 마당에 있는 암탉은 다른 종의 닭이다. 잎싹은 마당을 나가길 소원했다. 그리고 잎싹은 자신의 알을 품는 것이 소원이었다.
	전개 그는 밥도 며칠째 굶고 알도 안 낳아서 버려졌다. 잎싹은 그렇게 원하던 마당으로 갔다. 하지만 대우를 받지 못했다.
	위기 잎싹이 구렁텅이에 버려졌을 때 구해 준 나그네와 하얀 오리가 사귀었다. 그런데 그 하얀 오리가 죽었다. 그런데 거기에는 하얀 오리가 낳은 알이 있었다. 잎싹은 그 알을 돌보았다.
	절정 그 알은 커서 청둥오리가 되었다. 처음에는 자신이 엄마와 다르다는 것을 안 초록 머리는 절망했지만 나중에는 한 오리 떼의 파수꾼이 되었다.
	결말 초록 머리는 떠나고 족제비는 잎싹을 잡아먹었다. 지금까지 희생자는 나그네, 잎싹, 하얀 오리다.

	발단	전개	위기	절정	결말
그림으로 **요약 읽기**					

인물 읽기	1	잎싹		용감하고 끈기가 있다. 그리고 초록 머리를 아낀다.
				이 책의 주인공은 난용종 암탉이다. 그는 작은 꿈을 가지고 있다.
	2	초록 머리		조금 까칠하다. 하지만 착할 땐 착하다.
				잎싹의 아들, 원래는 나그네와 하얀 오리의 아들이다.
비판 읽기	작가의 표현이 잘못되었습니다.		문장	이 친구야, 난 이제 다 알았어.
			이유	이게 조금 더 강력하게 표현되기는 했지만 조금 부자연스럽다.
			나의 표현	친구야 난 이제 다 알았어.
	작가의 생각에 대해 저는 이렇게 생각합니다.		작가의 주장	작가는 잎싹이 철망 때문에 털이 다 빠졌다고 표현했다.
			내 생각	그런 식으로 따지면 다른 닭도 다 빠져야되는 것 아닌가?
궁금해요 ? 의문 읽기	1		의문	수탉은 왜 새벽에 울어요?
			탐구	
	2		의문	그런데 그 알을 잎싹이 품었다고 엄마가 되나요?
			탐구	
디베이트 토론 읽기	1	수탉		수탉의 뇌 속에는 새벽마다 일어날 수 있는 장치가 있을까요? 어떻게 수탉이 우는 것일까요? 과학적인 근거는 무엇이죠?

창의 읽기	내가 붙인 책 제목	제목 : 나그네와 잎싹, 그리고 초록 머리
		이유 : 이 셋이 중심적으로 나와서.
	추천사 이 책을 추천합니다!	추천사 신문 광고 문구 : 마당을 나온 암탉이 살아가는 힘겨운 이야기, 암탉을 위로해 주실래요?

주제 : 사랑은 똑같다.

종합 읽기	개요 Out Line	서론	잎싹	꿈	행복	나
		본론	황선미	오성윤	사인	세바시
		결론	사람	마음	족제비	악역

제목 : 잎싹도 족제비도 똑같다.

종합 읽기

독후감상문

잎싹은 두 가지 꿈을 가졌다. 하나는 마당을 나가서 사는 것이고 두 번째 꿈은 알을 낳아서 품어 보는 것이다.

내가 만약 암탉, 잎싹이었다면 실망했을 것이다.

"내가 가진 꿈이 고작 그런 거였어?"

하지만 잎싹은 자신이 가진 것에 만족했다. 나라면 그 꿈을 이루고 좀 그럴 것 같은데 잎싹은 그것을 이루고 행복해 했다. 잎싹은 정말 조그마한 것에도 감사해 하는 것 같다.

근데 우리 아빠는 이 책을 지으신 황선미 선생님을 만났다. 그리고 그분을 찍으신 동영상도 있다. 나는 엄청 유명하지는 않지만 어쨌든 감독을 만나서 기뻤다.

그리고 난 이 분의 〈세상을 바꾸는 시간〉도 봐서 강의 학습을 했다. (이제 책으로 돌아가 볼까?)

사람의 마음과 동물의 마음은 다르겠지만 어미 사랑은 똑같은 것 같다. 족제비 같은 악역도 그 족제비의 새끼, 그러니까 자기의 자식 때문에 먹고 그러니까 족제비의 사정으로 역지사지해 보면 족제비도 족제비의 상황이 있기 때문에 족제비도 착한 거다. 잎싹이도 벌레를 잡아먹는데 그 럼 그 벌레의 입장에서 따지면 암탉이 악역이다. 솔직히 여긴 족제비가 악역이 아니다.

Part 3

융합 창의 표현력 : 수사학 rhetoric

재구성된 지혜 - 창의 표현력을 길러라

수사학은
인간의 정점에서
우리의 사고 능력을 훈련하는
과정이다.

수사학,
나를 표현하라

나를 표현하라

수사修辭는 전달의 기술이다. 전달하고자 하는 내용을 설득력 있게 말과 글로 표현하는 기술이다. 문명의 변화와 발전은 수사학의 역사와 맥을 같이 한다. 변화는 표현의 통로를 통해 진행되었다. 표현되지 않았다면 우리가 아는 오늘은 없었을 것이다. 이와 마찬가지로 우리가 말하지 않는다면, 글에 생각을 담아 전하지 않는다면 오늘 우리가 누리는 문명은 우리 대에서 끝나게 된다. 그것이 표현되고 전달 및 수용되는 과정에서 변화와 발전이 진행되며 역사의 유산으로 남는다.

인간은 자신을 표현하며 만족을 얻는다. 나를 표현한다는 것은 그 자체로 큰 보상이 된다. 누구나 자신을 효과적으로 전달하기 위해 노력해야 한다. 내가 표현하지 않는다면 나의 나됨을 다른 사람에게 알릴 수 없다. "저 사람은 무슨 생각을 가지고 사는지 도통 알 수가 없어!" 이 말은 결코 칭찬이 아니다. 관계 속에서 소통이 부족했다는 뜻이다. 자신을 표현하는 기회를 부여받지 못했고 적극적으로 어필할 기회를 만들지 않았기 때문이다. 수사학의 첫걸음은 나를 위한 것이어야 한다. 나의, 나에 의한, 나를 위한 학문이어야 한다.

말을 잘하고 글을 잘 쓰는 것은 가치 있는 능력이다. 교육의 목표 가운데 구체적으로 계획하며 세워야 할 능력이 바로 수사로서의 말하기와 글쓰기다. 21세기에 들어 수사학의 영향력이 더 주목받고 있다. 수많은 SNS를 통해 어느 시대도 없던 나를 표현하는 글쓰기가 진행 중이다. 유튜브 크리에이터 신드롬은 사람들에게 말하기를 통한 자기 표현에 관심을 끌게 하고 있다. 사회적으로 부정적인 영향이 있는 것도 사실이나 수사학적인 측면에서는 좋은 기회가 분명하다. 이 기회를 이용해야 한다. 지금 수준에 머물러서는 안 된다. 나의 가치와 생각이 소중하고 옳은 것이라면 더 적극적으로 표현해야 한다. 동시에 신중해야 한다. 나를 대충 표현해서는 안 된다. 말과 글에 사실을 담아야 한다. 표현은 명확해야 한다. 모호함을 피해야 한다. 말만 잘하고 글만 잘 쓰는 사람이 되어서는 안 된다. 표현에 담길 내 생각을 가다듬어야 한다. 지식을 유통하는 사람을 넘어 나만의 이야기를 만들어야 한다. '표현되지 않은 사랑은 사랑이 아니다.'라고 했던가. 이와 마찬가지다. '표현할 수 없는 지식은 내 것이 아니다.'는 명제는 수사학에서도 유효하다. 레토릭의 시간을 이 세상을 살아갈 나의 기준을 점검하는 기회로 삼아야 한다.

수사를 훈련하라

수사修辭는 연습이 필요하다. 훈련을 통해 갈고 닦아야 한다. 알고 이해했다면 표현의 과정을 통해 점검하고 보완해야 한다. 풍부한 어휘력과 적절한 단어 선택도 필요하다. 나를 표현하는 말과 글은 충분히, 자세히, 여러 차례 점검하는 과정을 거쳐야 한다. 수사는 자신의 표현을 살피고 다듬어 질을 높이려는 노력이다. 몸에 맞는 옷처럼, 내 손에 맞는 연장이나 도구처럼 말과 글을 활용할 수 있도록 연습해야 한다. 훈련된 능력으로서의 말과 글이 될 때 정확하고 명확히 상대방에게 전달된다. 그런 과정을 거치다 보면 말과 글은 학습 도구를 넘어 자연스러운 삶의 누림이 된다. 표현이 누림이 될 때, 표현은 힘이 되고 능력이 된다.

표현은 배움이 내 안에서 숙성되어 타인과 소통하는 통로가 된다. 수용하는 지식을 뛰어난 방법으로 기존 지식과 연결 지으며 자신만의 정의로 표현한다. 그때 지식은 내면화되고 확장된다. 삶의 현장에서 배움의 진보를 평가받는 시간이 되어 준다. 표현은 새로움이 창조되는 단계며 이미 알고 있는 것에 대해 질을 높여

가는 배움의 과정이다.

자녀에게 표현의 기회를 줘야 한다. 부모와 가족은 기꺼이 청중이 되어야 한다. 반복적일수록 좋다. 밖으로 안의 것을 표현할 수 있는 시간은 자녀에게 그 자신을 더 잘 알 수 있는 기회며 변화의 기회가 되어 준다. 표현의 과정을 통해 우리의 사고는 더욱 섬세해진다. 더 분석적이고 논리적인 사고를 세우게 된다. 이것은 또다시 우리의 수사 능력을 향상하는 기회가 된다. 이 단계를 통과할 때 다른 이들과의 관계 속에서도 의미를 만들어 갈 수 있다. 자녀에게 주어지는 표현의 훈련 시간은 지금 미래를 디자인하는 구체적인 행동이다. 자녀에게 미래를 선물하고 싶다면 그들에게 트리비움 능력을 세워 줘야 한다. 훈련된 수사의 능력을 자신의 원천 능력으로 삼을 기회를 제공해 주어야 한다.

유대 정신의 비밀 통로, 수사로서의 암송

유대인은 암송이라는 수사학을 활용해 그들의 토라를 보호했다. 토라는 글로 쓰인 선물인 동시에 인간 지능에 각인된 유대인만의 선물이 되었다. 유대인이 현대 교육 과정 속에서도 암송을 포기하지 않는 이유다. 수사학적인 관점에서도 암송은 충분히 유용하다. 우리의 주입식 암기와는 차원이 다른 것이다. 주입식 암기는 단기 기억으로 끝나곤 한다. 시험에는 유용할지 몰라도 사람을 변화하게 하는 수단이 되지는 못한다. 유대인의 암송은 시험을 위한 것이 아니었다. 유대인의, 유대인에 의한, 유대인을 위한 수사학으로 유일신인 여호와를 사랑하고 자신을 사랑하는 도구였다. 그렇게 암송은 유대인 변화의 마중물이 되었다.

생각은 읽기와 듣기를 통해서도 생겨나지만, 말을 하고 글을 쓸 때 구체화된다. 그때서야 진정한 내 생각으로 빚어진다. 읽고 들은 지식이 나의 것이 되는 시간은 글로 표현되고 말의 논리 속에서 점검될 때다. 지식을 수용하고 논리를 세워 가는 일이 가치 있다는 것은 그것이 표현된다는 것을 전제할 때다. 나무를 심고 비료를 뿌리고 물을 주는 행위가 나무의 열매를 기다리고 따 먹기 위함이듯 트리비움은 문법으로 씨를 뿌리고 논리로 물을 주며 수사학의 다양한 표현으로 그 열매를 맺게 한다. 표현된 나는 누구인가? 무엇을 표현했고 남이 인식하는 나를 구성하고 있는 나의 표현에는 어떤 것이 있는가? 나의 수사는 돌아보고 점검해야 한다. 수사는 훈련을 통해 내 삶의 강력한 무기가 되도록 해야 할 충분히 가치 있는 것이다.

생각의 완성

: 글쓰기에 도전하라

왜 글을 써야 할까? 간단한 질문이 아니다. 이 질문에 답하는 책이 셀 수 없을 만큼 도서관에 즐비하다. 이유와 동기도 다양하다. 목적과 목표가 제각각이다. 하지만 이를 종합하면 크게 세 가지로 정리할 수 있다.

첫째, 글쓰기를 통해 분석력을 키우고 조직적인 사고 능력을 갖추게 된다. 수많은 정보가 수용되는 가운데 비교 분석의 과정을 거치고 분류하고 조직화하는 능력이 향상된다. 한마디로 생각하는 능력이 자란다. 사고의 너비와 깊이를 동시에 키우는 학습 과정으로 글쓰기를 강조한다.

둘째, 상상력이 자란다. 글쓰는 과정을 창조적 세계로 나가는 연결 고리로 여긴다. 글을 쓰다 보면 자신이 생각하지도 못했던 내용이 튀어나오는 것을 경험하게 된다. 이미 갖고 있는 나의 스키마에 무엇인가가 더해져서 아직 내가 알지 못하는 창조의 작업이 일어나게 된다. 무한한 상상의 나래를 글자로 펼친다는 것은 충분히 매력적이다. 오늘의 문명은 그 상상이 이뤄 낸 결과일지도 모른다.

셋째, 자기 자신을 정립하는 탁월한 수단이 된다. 글을 쓰다 보면 언어와 자기 생각이 정리된다. 정리된 언어, 자신만의 정의精義를 갖게 되는 과정이 글쓰기다. 가치관과 자기 정체성을 세우는 것도 글쓰기를 통해 얻게 되는 선물이다.

비단 글쓰기의 장점이 세 가지뿐이겠는가? 더 많은 이유와 목표를 제시할 수 있다. 그렇다면 글쓰기 과정의 수많은 성취는 궁극적으로 우리에게 무엇을 가져다주는가? 그것은 바로 의결권議決權이다.

내 삶의 의결권을 갖게 하는
글쓰기

책은 읽지 않아도 당장 큰일이 일어나지는 않는다. 글을 쓰지 않아도 마찬가지다. 눈에 띄는 변화는 쉽게 일어나지 않는다. 다만, 시간이 흘러갈수록 내 인생의 의결권은 상실해 갈 것이다.

어려서는 부모의 의결을 따른다. 자라면서 교육 정책 책임자와 교사의 의결을 따른다. 성인이 되어서는 상급자와 회사의 의결을 따른다. 자신의 주장도 내세워 보았다. 하지만 의결권이 자신에게는 없다. 대부분의 경우 주장할 기회조차 주어지지 않는다. 그렇게 성인으로 살아간다.

위기의 순간이 찾아온다. 성인이 되어서조차 남의 의결에 따라 기뻐하고 슬퍼하며 행동해야 하는 자신이 한심스럽게 느껴질 때가 찾아온다. 그래서 사람들은 아주 가끔 '시간 속에서 세워진 자신의 존재'를 넘어서는 의결을 할 때가 있다. 자기 삶의 의결권을 찾기 위한 노력이다. 사업을 시작한다. 지금까지 번 모든 돈을 쏟아붓는다. 그것도 모자라 빚을 내어 일을 진행한다. 결국 자신이 최고 의결권자의 자리에 선다. 잠시 즐거움을 만끽한다. 대다수의 경우 결과가 참혹하다. 잠깐 의결권을 마음대로 행사한 결과치고는 결과가 너무 비참하다. 가족과 주변인의 삶까지 영향이 미친다. 영육이 피폐해진다. 피해 수습에 여러 해가 걸린다. 잘못된 선택의 결과가 생을 마치는 그 순간까지 올무가 되기도 한다.

의결에 실패한 사람은 현실에 주눅 들기 시작한다. 자신이 있어야 할 자리를 깨달아 간다. 이전에 있던 자리로 돌아간다. 원해서 돌아가는 것은 아니다.

있어야 할 곳이 있는 사람은 그나마 나은 편이다. 어떤 사람은 돌아갈 곳이 없어 방황한다. 누가 위기를 기회라고 했던가! 대부분의 경우 위기는 절망으로 끝난다. 위기를 극복하고 드라마의 주인공처럼 성공하는 일은 쉽게 일어나지 않는다. 그런 일이 가끔 일어나기도 하지만 너무 드물어 뉴스에 소개되고 미담으로 회자한다.

다시 돌아간 삶의 자리, 다른 사람의 의결권에 자신을 내어 맡긴다. 그들의 선택에 따라 또다시 살아가기 시작한다. 그 결과로 주어지는 것이 돈뿐일 때가 많다. 그것도 넉넉하지 않다. 항상 부족하다. 그래도 그 일에 목을 맨다. 그들의 의결권의 선처를 기다린다.

정말 많은 것을 포기하고 살아간 결과로 주어진 삶이 이러하다면 얼마나 슬픈가! 그런데 그것이 현실이다. 우리 주변을 살아가는 수많은 사람의 삶 속에서 이 모습을 발견한다.

그런데 의결권과 글쓰기가 무슨 연관이 있다는 것인가? 글쓰기 과정은 우리가 의결하는 자리에서 필요한 능력을 세워 주는 탁월한 도구다. 모든 배움이 그러하겠지만 글쓰기는 그저 하나의 교과목이 아니다. 사회에 진출하기 전 배움의 자리에서 세워야 할 수많은 능력이 글쓰기 과정과 상관관계 속에서 세워진다. 분석력이 자라고, 상상력이 더해지며 분명한 가치관을 정립하도록 한다.

글쓰기의 효과와 영향력은 우리에게 충분히 강조되지 않았다. 우리가 알고 있는 것 이상의 능력이 글을 쓰는 가운데 우리 사고 체계 속에서 일어난다. 우리가 받아 온 교육은 읽기와 쓰기를 상실한 교육이었다. 충분히 가치를 인정받고 존중받아야 할 읽기와 쓰기는 학업의 뒷전에 밀려 취미 활동으로 취급받았다.

아이와 성인의 차이는 의결권 여부에 있다. 성인이 되기 전 배움의 과정에서 세워야 할 능력은 결국 의결권의 강화로 집약된다. 의결의 순간을 기다리고기획 의결실행하고 책임문제 해결질 힘이다. 글쓰기로 시작해 트리비움을 훈련하여 강화된 우리의 역량만큼 우리의 의결권의 크기는 커지고 영향력은 확대된다.

하버드대학 출판사 역사상 최고의 베스트셀러 중 하나인《하버드 수재 1,600명의 공부법》의 저자 리처드 라이트는 말한다.

"나는 졸업반 학생 60명에게 다음과 같은 질문을 했다. '여러분이 대학에서 공부했던 모든 과목을 생각해 보라. 사고방식, 학습, 생활 같은 것에 대해서 가장 큰 영향을 준 과목은 무엇인가? 또한 특별한 가치가 있는 과목은 어떻게 조직되어 있었는가?' 여기서 나온 결과는 예상하지 못한 것이었다. 학생들은 자기에게 가장 큰 영향을 준 과목은 리포트 과제가 있는 과목이었다고 말한다."

리처드 라이트는 15년 동안 1,600명을 대상으로 심층 인터뷰를 진행하여 하버드 학생들의 공부 방법을 정리한다. 여기에서 하버스대학 학생들의 시간 관리, 스터디 그룹을 통한 학습, 교수 그룹과의 친밀성 등 효과적인 공부에 영향을 미친 여러 주제에 대해 언급한다. 라이트는 효과적인 대학 생활을 마치고 사회에서 영향력 있게 활동하는 사람이 무엇보다 글쓰기에 주력했음을 강조한다. 하버드대학 학생 대부분은 1년에 100페이지 이상의 글을 쓴다는 것이다. 4년의 대학 생활에서 가장 신경 쓰는 분야가 글쓰기인데 이 능력의 향상을 위해 동료, 교수의 지도를 받기 위해 힘썼다는 것이다. 자신의 의견을 글을 통해 효과적으로 표현하는 능력을 세워 간 사람이 학교생활은 물론 사회에 진출해 성공적인 직장 생활을 이어간다는 것이다.

트리비움의 관점에서 바라보는 글쓰기는 인간 지능의 정점에서 우리의 사고 능력을 훈련하는 과정이다. 우리가 알고 있는 글쓰기의 정의를 새롭게 내려야 한다. 수많은 과목 중 하나로 취급해 온 글쓰기에게 제자리를 찾아 주어야 한다. 그것이 나를 위한 길이요 자녀의 미래를 위한 중요한 선택이다.

홈스쿨링과 글쓰기

나의 두 자녀는 홈스쿨링 중이다. 고등학생 나이인 첫째는 체험 학습 차원으로 초등학교 1학년 때 한 학기 학교에 다닌 것이 전부다. 초등학생 나이인 둘째는 유치원도, 학교 근처도 가 보지 않았다.

나는 학교 제도 자체를 부정하지 않는다. 나도 그 과정을 통과했고 오늘을 사는 지도자 대다수도 마찬가지다. 학교가 주는 유익을 이야기하자면 셀 수 없이 많다. 그럼에도 내가 홈스쿨링을 하는 이유는 학교 현장에서의 배움의 과정이 내 자녀에게 트리비움 능력을 훈련하는데 충분치 못하다고 판단했기 때문이다. 당면한 문제이기에 해결해야만 했다. 해결이라기보다 어떤 선택을 해야만 하는 순간이 다가왔다. 결국 학교가 가진 결함과 함께 학교가 약속한 적지 않은 혜택을 포기하기로 부모로서 의결권을 행사했다. 지금 이 시간에도 내가 한 의결의 결과가 진행되고 있으며 동시에 책임져야 할 수많은 일에 둘러싸여 있다.

홈스쿨의 여정 속에서 독서와 표현으로서의 쓰기는 나, 자녀, 가족에게 중요한 영역을 차지하고 있다. 읽기와 쓰기만이 중요하다는 뜻이 아니다. 그것만 하면 모든 문제가 해결된다는 것 또한 아니다. 다만 삶의 여정, 제한된 시간 속에서 독서와 쓰기는 사람이 이야기하는 중요성 이상의 가치가 있음을 알기에 나는 조금 남다르게 그것을 다루며 살아간다.

이러한 교육을 받은 모두가 의결권을 부여받고 행사하는 것은 아니지만, 최고의 의결권을 행사하는 자리, 그곳에서 의결하는 사람은 배움 과정에서 많은 책을 읽고 자기표현으로서의 글쓰기를 누렸던 사람이라는 것은 분명한 사실이다.

나는 자녀에게 물려줄 금전적인 유산을 갖고 있지 않다. 물려줄 동산도, 부동산도 소유하고 있지 않다. 다만 자녀에게 트리비움 능력을 세워 주기 위해 힘쓰고 있다. 그 능력을 통해 바른 의결권, 영향력 있는 의결권을 행사하기에 부족함이 없는 능력을 세워 주는 일에 최선을 다하고 있다. 이것을 일컬어 유대인의 교육이 물고기 잡는 능력을 세워 주는 교육이라 한 것은 아닐까!

많은 사람이 독서가 중요하다고 말한다. 글쓰기가 중요하다고 말한다. 질문이 중요하다고 말하며 토론을 강조한다. 그런데 삶의 우선순위에서 이 모든 것이 밀려나 있는 경우가 많다. 교과 공부가, 시험이, 사회생활과 취미 활동이 빈자리 없이 우리 삶의 자리를 가득 채우고 있다.

독서가 중요하다면서 책을 읽지 않는 자는 어리석은 자다!
질문이 중요하다면서 책을 읽지 않는 자는 어리석은 자다!
토론이 중요하다면서 의견을 말하며 논의하지 않는 자는 어
리석은 자다!
글쓰기가 중요하다면서 쓰지 않는 자 또한 어리석은 자다!

왜

글을 쓰지 않을까?

제도적인 이유, 사회 분위기를 떠나 사람들은 왜 글을 쓰지 않을까? 아니 왜 글을 쓰지 못하는 사람이 되었을까?

첫째, 써야 한다는 생각 자체를 하지 못한다. 누구도 글을 써야 한다고 가르치지 않았고 지지하지 않았고 도와주지 않았다. 제도적인 장치와 사회 분위기의 영향 때문인 경우가 많다.

둘째, 많은 사람이 글을 쓰지 못한다는 선입견에 빠져 있다. 글에 대한 두려움에 사로잡혀 있다. 글은 아무나 쓰는 것이 아니라는 생각에 눌려 있다. 글은 나와는 상관없는, 특별한 것이라는 관념에 사로잡혀 어떤 시도도 해 보지 않는다.

셋째, 글은 잘 써야 한다는 선입견에 사로잡혀 있다. 글을 잘 쓰

려고 하다 보니 쓰지 못한다. 좋은 평가에 대한 기대가 부담되어 쓰기는 시작도 못한다. 이러한 편견을 이기지 못하면 글쓰기는 항상 힘들다. 거의 불가능하다.

넷째, 완성된 글에 대한 부담감이 있다. 글을 쓰면 마무리를 해야 한다는 부담감에 시작도 못 한다. 기승전결, 서론 본론 결론, 발단 전개 위기 절정 결말. 우리가 배움의 과정에서 들어 왔던 글의 구조다. 그러한 구조를 나의 글에 반영하려고 하니 부담이 크다. 논리가 부족하다, 내용이 빈약하다, 완성할 자신이 없어서 글은 시작도 못한다.

다섯째, 첫 줄에 대한 고민이 글쓰기를 가로막는다. 완성된 글에 대한 부담감과는 조금 다른 고민이다. 글의 첫 문장에 대한 부담이다. 어떻게 글을 시작해야 할까 하는 부담감에 정작 글쓰기는 시작도 못 하고 만다.

여섯째, 글감에 대한 부담감도 글쓰기의 장애물이다. 무엇을 써야 하는지에 대해 막막해한다. 글의 소재는 특별한 것이어야 한다고 여긴다. 거창한 것을 쓰려 한다. 멋진 글을 쓰려 한다. 심오한 주제를 글에 담아내려 노력한다. 이런 생각은 글쓰기의 가장 큰 적이다.

일곱째, 자기 생각을 드러내는 것에 대한 두려움이 있다. 판단 받는 것에 대한 두려움이다. 글에 나의 부족함이 드러나지는 않을까? 나의 얕은 지식이 조롱받지는 않을까? 무식이 탄로 날 것에 대한 두려움이 있다. 나는 논리적이지도 못한데 무슨 글을 쓰겠는가? 글쓰기를 방해하는 요인은 외부에서도 찾을 수 있겠으나 심리적인 요인을 우선 해결해야만 한다.

여덟째, 우리 사회의 평가 시스템이 글쓰기를 가로막고 있다. 글쓰기를 통한 제대로 된 평가가 이루어지지 않고 있다. 지식의 수용은 강조한다. 논리와 사고는 강조한다. 하지만 표현에 대한 평가는 제대로 이루어지지 않고 있다. 글이 무엇이며 어떠한 기준 위에서 평가해야 하는 가에 대한 바른 기준이 세워져 있지 않다. 배움의 과정에서도 그러하며 평가의 과정에서도 올바른 평가 시스템이 구축되어 있지 않다. 인정도 하지 않고 평가도 제대로 이루어지지 않으니 많은 사람이 그것에 관심조차 가지려 하지 않는다. 가장 큰 기회를 잃고 있음을 모른 체 말이다. 글쓰기는 과제가 아니라 기회다. 부담이 아니라 축복이다. 평가의 대상이 아니라 표현 그 자체로 소중한 것이다. 대한민국 교육은 배움의 과정에서 쓰기를 거세했다.

직면하라!
용납하라!

지금까지 글쓰기의 기회를 박탈당했다고 해서 기회가 없는 것은 아니다. 지금부터 시작하면 된다. 나와 자녀의 삶에 공부로서의 글쓰기가 아닌 삶의 누림으로서의 글쓰기를 회복해야 한다. 지난 시간의 훈련된 무능력이 나를 주춤하게 할 수 있다. 그래서 글쓰기가 여전히 두려운 사람 또한 많을 것이다. 어떻게 해야 할까? 글쓰기의 진보를 이루기 위해 필요한 것은 무엇인가?

먼저 나를 직면해야 한다. 글쓰기 수준이 형편없는 나를 직면해야 한다. 생각이 부족한 나를 직면해야 한다. 정보가 부족한 나를 직면해야 한다.

글을 잘 쓰려면 나를 용납해야 한다. 나를 있는 모습 그대로 받아들여야 한다. 자신의 글쓰기 수준도 용납해야 한다. 지금까지 하지 않았거나 큰 관심을 두지 않았기에 잘하지 못하는 것은 당연하다. 나에게 기회를 줘야 한다. 사람들 대부분은 자신에게 기회를 주지 않는다. 자기 생각을 표현할 기회를 주지 않는다. 음식을 먹으면 피가 되고 살이 되지만 일부는 몸 밖으로 배출해야만 한다. 인체의 원리이자 자연의 원리다. 마찬가지로 인간에게도 변하지 않는 원리가 있다. 그것은 바로 지능을 가진 인격체로서 표현해야만 한다는 원리다. 글을 쓰지 않는 것은 음식을 먹은 사람이 배설하지 않는 것과 마찬가지다. 우리 신체는 찌꺼기를 배출하지 않으면 죽고, 사람은 자기 생각을 표현하지 못하면 불행하다고 느낀다. 나의 의견을 내세우고 싶어 한다. 주장하고 싶어 한다. 내 의견을 관철하고 싶어 한다. 아기가 울고 떼쓰는 것도 자신을 표현하는 방법이다. 표현은 인간의 기본적인 욕망이고 그 표현을 통해 자신의 존재감을 확인한다. 표현을 통해 참된 기쁨과 슬픔을 느낀다. 그런데 사람들 대부분은 지식과 정보를 받아들이면서도 자신에게 표현할 기회는 주지 않는다. 자신을 용납하지 못하기 때문이다. 그러다 보니 다른 사람에게 나를 노출하는 것에 대한 자신감도 부족하다.

자신에게 기회를 주어라. 나의 수준이 드러나는 것을 두려워하지 말아라. 내 수준을 용납하는 것, 나의 오늘을 부끄러워하지 않는 것, 그것이 성장을 위한 첫걸음이다.

문제가 드러나야 해결의 기회를 얻는다. 병명이 밝혀져야 치료법을 마련할 수 있다. 글을 잘 쓰려면 자신을 용납해야 한다. 나와 남에게 나의 부족함을 드러내는 것을 두려워하지 않는 것만으로도 당신의 글은 보암직한 글이 될 것이다. 아무것도 하지 않았는데, 글쓰기 훈련을 받지 않았는데 자기 생각을 다른 사람에게 막힘없이 표현하게 될 것이다

글쓰기를 방해하는 주범은 체면이다. 체면의 실체는 자신이 창조한 존재하지 않는 허상이다. 존재하지도 않는 자신의 체면을 위해 오늘의 가능성을 제한하지 말아야 한다. 글쓰기는 다른 누구를 위한 것이 아니다. 나를 위한 것이어야 한다. 진정 나를 위한 글을 쓸 때 다른 사람에게도 영향을 주는 글로 세워진다.

나의 수준을 용납한다는 것은 용기가 필요한 일이다. 이 단계를 넘어서지 않으면 글쓰기는 나의 삶과는 관계없는 것이 된다. 글을 잘 쓰려고 하지 말라. 일단 써야 한다. 쓰는 사람에게는 반드시 더 잘 쓸 기회가 주어진다. 쓰지 않는 사람에게 방법은 필요 없다. 오직 쓰는 사람에게만 방법이 필요하다.

글쓰기, 생각에 생명을 부여하는 힘

글은 유대인에게 매우 친숙하다. 어디를 가든 성스러운 언어인 히브리어를 잊지 않기 위해 노력했다. 문자에 대한 관심이 아니었다. 히브리어를 신의 언어로 생각했다. 문자 안에 담겨 있는 신의 마음을 자신들의 마음에 새겼다. 그래서인지 유대인은 전 세계에서 가장 많이 글을 쓰는 민족으로 유명하다. 유대인 9명 중 1명이 책을 쓴다고 한다. 책을 읽고 글을 쓰는 것만이 아니라 책을 쓰는 그들만의 문화가 일상에 자리 잡혔다. 오늘날 유대인이 보이는 성취는 그냥 주어진 것이 아니다. 유대 종교의 신비함이 가져다준 결과도 아니다. 그들의 문화가 유대인의 두뇌를 더욱 명철하게 만들었다. 트리비움의 훈련이 일상화된 그들의 문화가 많은 유대인에게 역량을 세워 주었다. 유대인은 일상에서 준비된 역량을 통해 성취를 이루었을 뿐이다. 그 과정 속에서 글이라는 도구는 그들의 생각에 생명을 불어 넣는 도구가 되어 주었다.

누구나 향상심向上心을 갖고 있다. 모든 면에서 현재보다 더 발전하고자 하는 마음이다. 오늘보다 내일의 자리가 더 향상된 자리이기를 꿈꾸는 마음이다. 글쓰기를 시작하라. 글로 나를 표현하라. 글쓰기는 나의 향상심을 현실에서 이뤄내는 탁월한 도구가 되어 줄 것이다. 표현한다는 것은 인간의 본능이다. 말하고 글을 쓰며 행위로 표현하는 것은 살아 있다는 증거다. 글에 자신의 경험을 담아라. 꿈, 희망, 소망을 품는 그릇으로 글이 제격이다. 글을 쓰는 가운데 살아 역동하는 자신을 마주하게 될 것이다.

글이 된 질문

: 생각을 가다듬는 힘

어떻게 글을 써야 할까?

질문을 글로 써 보자. 우리 문화권에서 질문이 자유롭지 않다는 것은 우리 모두가 알고 있다. 학교에서 수업을 마친 뒤 "질문할 사람?"이라고 교수가 물으면 시선을 피하며 질문자가 되지 않겠다는 의도를 전달한다. 배움이란 질문이 있는 곳에서 발생한다. 아무리 읽는 양이 많고 듣는 분량이 많을지라도 질문이 없이 진행된다면 수용된 정보와 지식은 내 것이 되지 않는다. 금방 잊어버릴 수밖에 없다.

가정에서 자녀를 교육하고 학교에서 자녀를 지도할 때 이 초깃값을 인정하고 다음으로 나아가자. 현장에서 즉석으로 질문하는 것은 쉬운 일이 아니다. 두려움이 앞선다. 내가 할 질문을 질문의 현장 이전에 준비하도록 하자. 그 질문을 글로 적어 보게 하자. 물론 글로 된 질문이라고 부담이 없는 것은 아니다. 하지만 현장에서 하는 질문과는 달리 준비하는 시간이 주어진다는 점에서 부담을 덜 수 있다. 질문자 대부분이 자신의 질문이 무시당할 수도 있다는 두려움 때문에 질문을 꺼린다. 잘못을 바로잡을 기회가 주어지지 않는 상황에 대한 두려움이 우리에게 질문하고 발언하는 것을 주춤하게 만든다. 질문을 글로 쓰면 스스로 조금 더 신중하게 퇴고 과정에 임하게 된다. 의문점을 찾아낸다고 그것이 바로 질문이 되고 글이 되지는 않는다. 자신이 알고 있는 모든 어휘를 총동원해 문장을 디자인해 간다. 쓰고 지우고 쓰고 지우고를 수없이 반복한다. 그러는 가운데 문장이 완성되어 간다. 과정 속에서 다듬어지는 것은 문장만이 아니다. 내 생각이 정돈된다. 흩어졌던 생각이 제자리를 찾으며 질문의 목적이 분명해진다. 글을 쓰기는 어려워도 누구나 자신이 쓴 글을 보며 가슴이 벅차오르는 경험이 있을 것이다. '이 글을 내가 썼단 말인가?' 글이 대단한 명문이어서가 아니다. 준비된 글, 매만져진 글은 일상에서 쏟아 내는 말과는 다르기에 그 차이를 느끼는 것이다.

짧은 순간이지만 자신이 쓴 질문에 뿌듯해한다. 누구든 타인 앞에서 발표하는 질문이라면 신중하게 처리한다. 자신이 뽑아낼 수 있는 최고의 문장을 쓰기 위해 최고의 사고 능력을 총동원한다. 이 지점에서 교육의 목적, 글쓰기의 목표는 어느 정도 달성된 것이다. 왜 글을 쓰는가? 생각하기 위해서다. 왜 질문하는가? 의문을 의문으로 남겨 두지 않기 위함이다. 많은 경우 자신이 만든 질문에 대한 자신만의 답변을 이 과정에서 찾아가게 된다. 이제 질문 대상자에게 질문을 던지는 순간은 단순히 질문하는 시간이 아니다. 나의 배움의 진보를 다른 사람 앞에서 뽐내는 순간이다. 내가 인정받는 시간이며 정돈된 나의 문장에 스스로 동기 부여를 받는 시간이다. 이제 답변자의 답변을 들으며 내 생각과 연결하면 된다. 이렇게 던져진 질문에 주어진 답변은 나의 피가 되고 살이 된다.

질문을 던져야 할 그들에게 약간의 시간을 주자. 스스로 사고하며 자신의 최고 사고력을 동원할 기회를 주자. 이 작은 배려를 지속한다면 어느 순간 훈련된 사고가 빛을 발할 것이다. 갑자기 주어진 상황 가운데서도 청산유수로 자기 생각을 표현하는 과정의 진보를 경험하게 될 것이다.

질문과 글에 대한 중요성과 강조는 충분히 나누었으니 글이 된 다양한 질문 사례를 나눠 보고자 한다. 질문을 보는 순간 이런 생각을 할 수도 있다. '정말 아이들이 직접 쓴 글일까? 부모나 선생님이 첨삭한 것은 아닐까?' '이 아이는 준비된 특별한 아이겠지!'

아니다. 지극히 평범한 아이가 쓴 질문이다. 어떤 아이는 이 과정을 반복하며 수준 이상의 사고가 담긴 질문을 던지기도 하나 아이들 대다수는 우리가 쉽게 만나는 평범한 아이이다. 당신과 당신의 자녀에게 질문이 글이 될 수 있는 기회를 주라. 스스로 놀랄 것이다. 자신도 발견하지 못한 자신과 자녀의 진지함과 준비된 사고를 만나게 될 것이다. 또한 트리비움의 훈련을 통해 학습의 진보, 과정의 진보를 꿈꾸고 미래를 새롭게 그려 볼 마음의 동기를 발견할 것이다.

질문을 글로 쓸 때 주의해야 할 두 가지를 소개한다.

첫째, 단문 질문은 피한다. 밑도 끝도 없는 질문이 아니라 자신의 의문이 무엇인지 충분히 설명할 정도의 길이로 질문을 문장화하라.

둘째, 의문을 질문화할 때 자신의 기존 지식과 연결 지어가며 질문하라. 추상적인 질문은 추상적인 답변을 이끈다. 답변자에게 조금 더 명확한 답변을 끌어 낼 수 있도록 자신의 의문을 구체화하라.

~ 장경철 교수 강연회 ~

"교수님께서는 죽음은 사람을 죽이지만 죽음에 대한 깨달음은 사람을 새롭게 변하게 한다고 하셨습니다. 그렇다면 죽음에 대한 깨달음은 사람을 어떠한 형태로 새롭게 변화하게 하나요?"

[질문자 : 초등학교 6학년 이○○]

"'금방 잊어버릴 것은 읽지도 마라.' 이 말은 그러한 책은 읽지 말고 좋은 책을 읽으라는 말씀이시겠지요. 교수님은 책을 쓰고 계시고, 우리는 책을 통해 이러한 것을 배우고 깨닫고 생각하게 됩니다. 인생의 많은 부분이 책을 통해 이루어지고, 책이 우리에게 주는 영향이 적지 않습니다. 그렇다면 책은 과연 무엇이라고 생각하세요? 책의 대한 정의는 무엇일까요? 교수님께서 생각하시는 바를 알고 싶습니다."

[질문자 : 중학교 2학년 장○○]

~ 강헌구 교수 강연회 ~

"안녕하세요. 저는 인천에 사는 장○○라고 합니다. 저의 소개를 먼저 할게요. 저의 나이는 12살이며 가족은 아빠 엄마 오빠 저 이렇게 넷입니다. 저는 《아들아 머뭇거리기에는 인생이 너무 짧다》에서 '따뜻한 물속의 개구리'를 감명 깊게 읽었어요. '따뜻한 물속의 개구리'에서는 자신이 죽는데 깨닫지 못하는 것이 곧 우리의 삶이라고 말씀하셨지요. 저는 그 말을 잘 이해하지 못하겠어요. 죽는 것을 깨닫지 못하는 개구리의 삶이 왜 우리의 삶이죠? 리더 스쿨을 모르는 학생들이 똑바르지 못한 길로 가기 때문인가요? 아니면 그들이 예수님을 몰라서 그러는 걸까요? 그것도 아니면 목표와 목적이 없기 때문인가요? 예화를 들어 자세하게 대답해 주세요."

[질문자 : 초등학교 5학년 장○○]

"비전을 생각하고 이루는 것이 중요하다고 생각합니다. 지금은 비전에 관해 흔히 말하곤 하지만 우리가 이렇게 사용하기까지는 시작이 있어야 한다고 봅니다. 비전의 출발은 어디서부터 시작되어야 한다고 생각하십니까? 다시 말해 어떤 비전이 가치 있는 것이며, 우리가 추구해야 하는 비전은 어떠한 것이어야 하나요? 이에 대한 답변과 그 이유를 설명해 주세요."

[질문자 : 중학교 3학년 백○○]

~ 박노해 시인 강연회 ~

"옛날에는 성냥이 매우 귀중한 것이었습니다. 책에서 읽어 보니 성냥이 너무 귀중하기도 하고 비싸서 가난한 사람은 성냥을 한 개씩밖에는 쓰지 못했다고 하더군요. 그러나 성냥을 대량 생산하고 모두 쓸 수 있게 된 오늘날에는 더는 성냥이 귀중하지도 비싸지도 않습니다. 음식점 같은 곳에서 그냥 나눠주기까지 합니다. 더는 성냥의 가치를 볼 수가 없죠.
아름다움을 누린다는 것은 흔치 않은 일입니다. 그러나 시인님의 말처럼 모두가 아름다움을 누리게 된다면 그만큼 아름다움의 가치가 떨어지는 게 아닐까요?"

[질문자 : 중학교 1학년 고○○]

"'머리보다 손발이다.'라는 이야기 중에서 어디선가 밥 3끼만 먹어 가면서 노동하는 사람들이 있어야만 무엇인가를 만들 수도 있고 사회가 돌아갈 수도 있다는 말씀을 하셨습니다. 하지만 저는 손발보다는 머리라고 하고 싶습니다. 왜냐하면 손발보다는 머리가 영향력이 크기 때문입니다. 손발은 아무리 열심히 뛰어도 많은 사람을 도울 수가 없지만 머리를 이용하면 아이디어 하나로도 먹고 살 수 있으며 그 아이디어가 많은 사람에게 편리함과 도움을 주게 됩니다. 아인슈타인, 에디슨 등은 모두가 지식으로 성공한 사람들이며 링컨 같은 사람도 인격도 있었지만 지혜가 있었기에 미국 역사상 가장 위대한 대통령이 되지 않았을까요? 게다가 손발을 주로 쓰는 무장도 지혜가 모자라면 성공할 수 없습니다. 그래서 책에 보면 문무를 겸비했다고 합니다. 이것에 대하여 시인님은 어떻게 생각하십니까?"

[질문자 : 고등학교 1학년 김○○]

"어른들 말에 사람은 어느 정도 욕심을 가져야 한다고 합니다. 욕심이 없는 사람은 이것도 저것도 아니고 무덤덤해서 뭘 이루지 못할 뿐 더러 다른 사람에게 늘 치이며 산다고 생각하기 때문입니다. 실제로 지지 않으려는 욕심으로 공부를 악착같이 하거나 사회적 야망 때문에 열심히 일하는 사람이 있습니다. 하지만 선생님의 글에는 '나뭇잎만큼만 내 인생에 성실하고 싶다. 나뭇잎 하나만큼만 티 없이 최선을 다하여 진지하게 살고 싶다. 늦가을 가지 끝에 남아 있는 저 갈색 나뭇잎만큼만 미련 없이 욕심 없이 그렇게 무심無心으로 나부끼는 인생이 되고 싶다.' 라는 내용이 있습니다. 도대체 욕심 없이 무심으로 무엇을 어떻게 이룰 수가 있습니까?

음, 잠깐 돌려서 말해보겠습니다. 우리에게는 사랑받을 자유도 사랑할 자유도 없습니다. 왜? 우리의 사랑은 불완전해서 사랑을 할 때 대가를 바라지 않을 수 없습니다. 대가가 안 돌아온다면 섭섭해 합니다. 거기에 내 마음이 묶이기 때문에 사랑할 자유가 없고요. 또 사랑을 계속 받기만 했을 때 부담이나 거리낌을 느낌으로써 사랑받을 자유를 상실해 버리기도 합니다. 이것을 떨쳐 버리고 비어 있는 마음, 즉 무욕, 무심일 때 온전하게 사랑할 수 있다고 합니다. 하지만 전 이 개념이 잘 이해되지 않습니다. 우리가 무심이라고 불렀을 때 그것은 곧 있는 것처럼 느껴지는데요, 그러니까 무가 무라는 게 있는 것처럼 생각되는 것이죠. 우리가 훌륭한 사람이 되려고 하는 것도 하나의 욕심입니다. 무심의 상태에 이르렀을 때 삶의 목표나 방식은 어떻게 변화되는 것입니까? 또 그 무심의 상태란 정확히 무엇입니까? 너무 궁금한데, 그 개념에 대해서 설명을 해 주세요."

[질문자 : 중학교 2학년 강○○○]

~ 정병국 의원과 허태균 교수가 참여한 정치 포럼 ~

"안녕하세요. 분당에서 온 장○○라고 합니다. 먼저 허태균 교수님께 질문을 드리겠습니다. 저는 유치원 시절부터 공교육을 받지 않고 지금까지 홈스쿨링을 해 왔고 앞으로도 그럴 계획입니다. 처음에는 부모의 결정으로 시작한 홈스쿨이지만 지금은 저 스스로 홈스쿨링을 즐기며 공부하고 있습니다. 얼마 전 홈스쿨 친구들과 함께 '어쩌다 어른'이라는 프로그램에서 강의하시는 허태균 교수님의 영상을 보았습니다. 한국 교육의 여러 가지 문제에 대하여 이야기하시며 나름대로 처방을 내리셨습니다. 교수님께서는 '지금까지 우리는 속도에만 초점을 맞추고 있었지만 문제는 방향성에 있으며 이러한 문제를 알고 우리에게 방향을 제시해 줄 리더가 있어야 한다.'

라고 말씀하셨습니다. 제가 생각할 때 교수님께서 제기하신 문제에 대한 해결책은 조금 부족하다는 느낌이 드는데요, 저와 같은 청소년이 이해할 수 있는 조금 더 구체적인 한국 교육 문제의 해결책에 대한 설명을 부탁드립니다.

정병국 의원님께도 질문을 하나 드리고 싶습니다. 정치와는 관계없을 것처럼 보이는 어린 저희의 대화 가운데서도 요즘 정치 문제가 이야기의 중심이 되는 경우가 많습니다. 또한 제 또래의 어린 친구들이 정확한 정보 없이 그저 가까운 어른들이 이야기하는 것을 듣고 무조건 우리나라의 정치와 정치인을 비판하는 모습을 많이 보았습니다. 물론 저도 예외는 아닙니다. 이런 시기일수록 어른뿐만 아니라 어린이나 청소년 또한 우리나라의 정치에 대해 올바르게 알 필요가 있다고 생각하는데요. 저와 같은 또래 아이들이 정치를 어떻게 바라보아야 하며, 받아들여야 하는지요? 그리고 어떻게 판단하는 것이 지혜로운 것인지 알고 싶습니다. 저희 청소년을 위한 현실적인 조언을 부탁드립니다."

[질문자 : 중학교 2학년 장○○]

어떤가? 어린아이들의 질문 수준이 놀랍지 않은가?
독서와 글쓰기 교육 현장에서 지낸 지도 25년이 다 되어 간다. 그동안 아이들과 질문하고 토론하며 시간을 보냈다. 그들의 읽기와 쓰기를 지도하며 느끼는 것은 우리 아이들은 성인이 알고 있는 것 이상으로 생각이 깊다는 사실이다. 그런데 표현의 기회를 얻지 못했다. 표현이 훈련되지 않아 자신 안에 있는 소리조차 충분히 드러낼 수 없었다. 그들에게 기회를 주자. 지금까지 달려온 속도보다 한 박자 여유를 갖고 그들을 바라보자. 그들에게 생각할 시간을 주고 훈련되지 않은 표현에 진심을 담을 수 있도록 해 보자.

질문을 글로 옮기는 작업은 충분히 시도할 만하다. 그것이 꼭 질문의 형태일 필요는 없다. 감상문, 에세이도 괜찮다. 글이 신기한 이유는 어떠한 형태가 되었든 우리의 의문, 질문, 생각을 담아 내는 그릇이 된다는 것이다.

누군가에게 평가받는 표현으로서의 글이 아니라 세상을 살아 가며 나를 세워 가는 글쓰기의 자유를 누리는 독자가 되기를 소망한다.

한국형 하브루타,
쓰기로 시작하라

유대인은 말 잘하기로 유명하다. 유대인 두 명이 모이면 정당 세 개가 생긴다는 말이 있을 정도다. 어린 시절부터 가정과 회당에서 말하는 것이 유대인의 삶에서 중요한 부분이었다. 책을 읽고 자기 생각을 표현하는 법을 생활 속에서 배우고 실천했다.

그들은 절대로 혼자 공부하지 않았다. 대화하며 서로의 생각을 나누는 것을 즐겼다. 하브루타가 대표적인 사례다. 하브루타는 학습할 때 서로 짝을 지어 질문하고 대화하며 토론하는 유대인의 전통 토론 학습 방식이다. 서로에게 질문하고 토론하며 공부했다. 어려서는 부모와 가정에서 토론했다. 성장해서 학교나 회당에 가서도 토론은 끊이지 않았다.

유대교의 율법서 토라를 해석할 때도 마찬가지였다. 혼자만의 생각에 사로잡혀서는 안 된다고 여겼다. 경전임에도 정답만을 고집하지 않았다. 토라를 공부하면서도 다양한 생각을 받아들이는 법을 배웠다. 탈무드의 학습 과정이 그러했다. 다양한 생각을 나누는 것이 기본이었다. 그 과정은 진지하면서도 격렬했다. 모르는 사람이 보면 싸우는 모습이라고 오해하기에 십상이다. 그렇다고 자신의 주장만 고집하지는 않았다. 하브루타에 있어 자기 생각만큼 중요한 것이 상대방의 생각이다. 하브루타를 하며 유대인이 가장 많이 사용하는 말이 "네 생각은 어떠니?" "왜 그렇게 생각하니?" 등이다.

유대인에게 있어 하브루타는 표현의 통로만이 아니었다. 지식을 배우는 수용 과정으로서의 의미도 강했다. 하브루타에 있어 결과보다 중요한 것이 과정이다. 하브루타를 하는 과정 속에서 하나의 사건, 사고, 사실에 대한 다양한 스펙트럼이 존재한다는 사실을 발견하게 된다. 나와 생각이 다른 사람이 있어서 힘들기도 하지만 같은 생각을 하는 사람을 만나 힘을 얻기도 한다. 토론에서는 결론이 중요하지만 하브루타는 결론을 내리는 데 모든 힘을 쏟지 않는다. 꼭 결론을 내야만 한다는 생각이 없다. 토론의 결과만이 내 삶에 영향으로 다가오는 것이 아님을 알기 때문이다. 나눔 이전과 이후에 나타나는 작은 변화에서 자신의 진보를 확인하는 것만으로도 유대인은 만족한다. 나의 주장을 관철해서 승리하는 것에 목표를 두지 않는다. 상반된 의견이 충돌하는 지점에서 나타나는 '또 다른 견해'를 소중하게 여긴다. 유대인은 자신의 주장과 다른 주장이 충돌하는 의견의 불일치, 그 지점을 확인하는 것도 배움이라 여긴다. 판단하기보다 판단을 잠시 유보하며 더 깊이 숙고하는 계기로 삼는다.

그런 까닭에 하브루타를 하면 할수록 다양한 생각이 수용되었다. 기존 생각에 다른 지식을 쌓을 수 있었다. 하브루타가 반복되면 자신의 지식이 더욱 선명해지고 명확해진다. 쌓여가는 정보의 양은 완성된 지식이 되어 간다. 정보의 질은 구체적이고 세밀하게 다듬어지며 사고력의 향상으로 이어진다. 오류 지식과 부분 지식이 전체상을 가진 바른 지식으로 완성되어 간다. 정보와 지식의 질이 변해 가는 과정에서 생각하는 능력이 자라나며, 이는 우리가 부러워하는 유대인의 역량이 되었다. 유대인의 영향력은 신비로움이 아니다. 우리가 범접할 수 없는 천재의 재능이 아니다. 유대인의 삶에 반복되던 일상의 알고리즘이 가져다준 너무나 당연한 결과물이다. 배움의 과정 속에서 세워진 다르게 사고하는 능력이 역량이 되어 유대인은 다양한 분야에서 업적을 세울 수 있었다.

유대인의 영향력은 분야를 불문한다. 그중에서도 법률계에서의 영향력은 절대적이다. 뉴욕의 법률가 중 25%가 유대인이라고 한다. 유대 교육 자체가 법률가 양성에 초점을 맞춘 것은 아니다. 유대인이 일상에서 받아 왔던 교육 그 자체가 법률 논쟁에서 필요한 능력을 준비하는 탁월한 과정이었을 뿐이다. 그들의 일상 속

배움의 문화는 법률가에게 필요한 논쟁의 시각을 더욱 날카롭게 세워 가는 기회가 되어 주었다. 이것이 유대인의 저력이다. 일상이 배움이 되고 변화와 성숙의 장이 되었다.

비단 유대인만이 아니다. 서양의 토론 역사는 매우 깊다. 토론의 역사를 이야기할 때 많은 사람이 그리스 아테네의 아고라를 떠올린다. 아테네 광장 아고라의 토론에서 민주주의가 시작되었다고 할 정도다. 그리스 시대의 토론은 하나의 문화로 자리 잡혀 있었다. 일부 지도자만의 학습 방식이 아니었다. 시민에게도 토론과 말하기가 일상이었다. 신분 상승과 관련하여, 자녀 교육 문제에 있어 높은 관심의 대상이었다.

기원전 5세기경에 소피스트라 불리는 사람들이 등장한다. 그리스어로 '현자', '알고 있는 사람', '지식을 가르치는 사람'을 뜻하는 소피스트는 아테네를 중심으로 활동했던 고대 그리스의 사설 교사다. 그들이 했던 일은 사람들에게 변론술, 토론술을 가르치는 것이었다. 소피스트는 신분 상승을 원하는 사람들의 욕구를 채워 주었다. 자녀 교육의 문제에 있어 이전과는 다른 선택지였다. 소피스트가 운영하는 자신만의 아카데미도 있었고 그들을 가정 교사로 채용하는 사람도 있었다. 화술과 토론을 직업으로 삼고 살아가는 소피스트가 활동할 정도로 그리스 사회는 토론의 중요성이 어느 시대보다 강조되던 때였다.

토론에 대한 관심은 어제오늘의 일이 아니다. 지난 역사 속에서 토론은 끊임없이 개인의 변화, 성숙, 성공에 이르는 핵심 키워드로 사람들에게 인식되며 강조되어 왔다.

　이러한 영향 때문일까! 우리 사회에서도 토론이 여느 때보다 강조되고 있다. 유대인의 하브루타는 열풍이라고 할 정도로 확산되고 있다. 가정, 학교, 기업에서도 하브루타를 적용하며 정착시키려 노력 중이다. 서양의 다양한 토론 프로그램에도 관심이 있다. 하버드대학이 인정한 토론 프로그램인 하크니스 테이블이 대표적이다. 미국의 명문 사립학교 필립스 엑시터 아카데미는 페이스북의 창업자 마크 저커버그의 출신 학교이기도 하다. 페이스북이라는 명칭이 이 학교의 출석부 명칭임이 알려지면서 더 많은 사람에게 주목받기 시작했다. 필립스 엑시터 아카데미는 19개 분야, 세부 학과목 350개 모두 특정 교과서를 두지 않고 독서와 토론으로 수업을 진행하는 것으로 유명하다. 사전에 독서를 통해 준비한 내용을 수업 시간에 하크니스 테이블에 마주 앉아 토론하는 방식이다.

　이러한 토론 방식에 관심을 두고 학교를 방문하는 세계적인 토론가들이 적지 않다고 한다. 노벨상 수상자 가운데도 필립스 엑시터 아카데미의 하크니스 토론에 관심을 보이고 수업에 참관하는 사람이 있을 정도라니 그 효과는 어느 정도 인정받았음에 틀림없다.

　이 외에도 다양한 이름을 내건 토론 프로그램이 우리 사회 각 영역에서 개인, 학부모, 기관의 관심 속에 진행되고 있다. 토론의 달인으로 알려진 소크라테스의 이름을 딴 질문 토론 프로그램도

트리비움 일상 수업

많은 사람의 관심을 받고 있으며, 토론을 통해 우리 교육의 문제를 해결하려는 시도가 지금도 진행 중이다.

그런데 우리 사회의 토론 문화 정착은 그리 성공적이지만은 않다. 여전히 다른 견해를 받아들이는 데 주저한다. '다름'을 인정하려 하지 않는다. '다름'을 보는 마음에 여유 공간이 없다. 모 아니면 도를 선택하는 방식이 우리의 토론이다. 생각이 조금만 달라도 경계심을 갖고 대하기 시작한다. 내 편이 아니면 '적'으로 간주하는 식의 토론이 진행되곤 한다. 이야기를 들을 생각도, 말할 기회를 줄 마음의 여유도 없다. 토론의 과정을 통해 다른 사람의 생각이 자기 생각을 깊게 하고 지평을 넓혀 준다는 사실은 우리에게 중요하지 않은 듯하다. 우리나라를 포함한 동양의 문화 때문일까! 토론에 보이는 관심에도 불구하고 우리의 토론 문화는 여전히 우리 교육의 남겨진 과제가 분명하다.

그렇다면 어떻게 해야 할까? 토론은 앞으로도 해결되지 않은 채 우리 교육의 미해결 과제로 미뤄 둬야 할까? 요즘 대세인 하브루타에 희망을 걸어 보는 건 어떨까! 그것도 중요한 시도이기에 노력은 계속되어야 한다. 다만, 하브루타를 유대인의 탁월함을 이룬 비법, 도깨비방망이처럼 여기는 태도만큼은 주의해야 한다. 실망은 기대치에 비례한다. 하브루타를 향한 오늘의 관심이 중심을 잃은 듯하다. 유대인의 특별함이 하브루타 하나만으로 이룩된 것이 아닌데도 많은 사람이 하브루타라는 부분 지식을 유대인의 성공을 우리에게 가져다줄 절대 진리처럼 바라보는 듯하다. 많은 하브루타 관련 서적이 바른 토론을 지향하면서도 하브루타를 절대 지식으로 보는 것을 부추기는 듯하다. 하브루타를 삶의 태도, 일상의 누림이 아닌 프로그램으로 여길 때 결과는 불 보듯 뻔하다. 잘못된 기대치와 일상을 통한 지속성, 일관성의 원리를 배제한 체 프로그램화된 하브루타는 아무런 결과도 가져다주지 않는다. 얼마나 많은 성공 프로그램이 이 길을 걸어왔는지 살펴보아야 한다. 하브루타 이전에도 유대인의 질문법에 얼마나 많은 관심을 가졌는가! 독서에 대한 관심도 다르지 않다. 오늘날 인문학에 대한 열풍도, 고전 교육에 관한 사람들의 관심도 마찬가지다. 많은 사람에게 과정의 실패로 마무리되곤 했다.

하브루타에 문제가 있기 때문이 아니다. 독서도, 질문도, 글쓰기도 아무런 문제가 없다. 독서, 질문, 글쓰기가 교육의 중심이며 역사 속에서 그래왔듯이 오늘날 우리의 현장에서도 지속해서 연구하며 적용해야 한다. 인문학에 대한 관심도, 고전 교육에 관한 태도도 마찬가지다.

답은 분명하다. 토론을 일상의 문화로 만들어야 한다. 프로그램으로서의 토론에 대한 노력도 그것이 주는 효과에 대한 기대치를 분명히 하며 지속하되, 일상으로서의 문화를 만드는 일은 별도로 진행해야 한다.

토론,
쓰기로 시작하자

적극적인 토론에 앞서 소극적인 쓰기로 토론을 준비해 보자. 우리의 토론 문화의 현실을 직시하고 그 한계와 부족을 채울 대안, 일상의 토론 준비 '쓰기의 활용'을 제안한다. 하브루타를 쓰기로 시작해 보자. 남겨진 과제로서의 토론을 쓰기로 준비해 보자. 말하기로 표현하는데 익숙하지 않은 우리에게 쓰기는 토론에 있어 하나의 수단, 방편, 도구로 활용할 수 있다.

쓰기로 시작하는 토론은 트래픽 브레이크와 같다. 트래픽 브레이크는 자동차 전용 도로나 고속도로에서 사고가 발생할 때 사고를 인지하지 못한 상태에서 추가로 발생하는 2차적 사고를 방지하기 위한 법규다. 미국, 캐나다 등 일부 국가에서 트래픽 브레이크 제도를 도입한 뒤 2차 사고 발생률을 떨어뜨리는 효과를 보았고, 우리나라와 다른 국가에서도 이 제도를 도입하기 시작했다. 이러한 트래픽 브레이크는 우리나라의 토론 문화를 정착하는 마중물의 역할을 감당할 수 있다. 토론 브레이크라고나 할까! 하브루타 열풍이 불고 있는 토론계의 분위기를 반영해 하브루타 브레이크라고 해도 무관하다.

우리 교육에서 터진 대형 사고는 어제오늘의 이야기가 아니다. 문제를 모르지 않는다. 누구나 다 알고도 개혁하지 못하고 변화를 이루지 못하는 것이 한국 교육이다. 우리의 토론도 마찬가지다. 토론 교육은 항상 있었으나 성공적이지 못했다. 토론을 위한 문화, 평가 시스템이 만들어지지 않은 상태에서 토론의 모양만을 취했다. 하브루타가 진행되기 이전에 준비된 유대인의 학습 역량이 갖추어지지 않은 상태에서 몸에 맞지 않는 옷을 취하려다 보니 그것은 프로그램 이상도 이하도 아니게 되었다. 오늘 우리의 상황을 직시해야 한다. 토론 교육이라는 환경이 조성되지 않은 큰 사고 앞에 토론 브레이크, 하브루타 브레이크를 걸어 주어야 한다. 조급해하지 말고 한 발짝씩 내디딜 필요가 있다. 토론 문화를 만들기 위한 노력을 구체화하여야 한다. 성급하게 모양만 취하지 말로 천천히 서행하며 도약을 준비해야 한다. 무엇보다 토론에 필요한 역량을 준비해야 한다. 말하기가 훈련되지 않고 익숙하지 않은 현실을 직시하고 말하기와 쓰기를 병행하며 토론 지능을 준비하는 지혜가 필요하다.

트래픽 브레이크는 별도의 장비 없이 진행된다. 최고의 장점은 신속한 초기 대응이 가능하다는 것이다. 조금의 주의를 통해 2차 사고를 예방해 준다. 도로 혼잡도 완화해 주어 사고를 수습할 수 있는 공간을 확보해 준다. 토론 브레이크도 동일하다. 별도의 상대가 필요 없다. 최고의 장점은 자문자답하면 된다는 것이다. 토론에서 나의 무논리와 준비되지 않은 생각 때문에 창피당할 염려가 적다. 나의 무논리에 질서를 부여할 시간과 기회가 주어진다. 글로 나의 논리를 확인하며 사고 체계를 정비할 수 있다.

책이 출판되어 나오는 데 있어 교정, 교열, 윤문 과정은 매우 중요하다. 교정과 교열을 통해 잘못된 내용을 점검하고 논리에 수정을 가한다. 잘못을 바로잡아 고치는 과정이다. 윤문의 과정을 통해 준비된 글의 매무새를 바꾸고 손질한다. 구두에 광을 내는 작업이며 자신을 곱게 꾸미기 위해 거울을 보듯 나의 글을 다시 한번 생각의 거울로 비쳐 보며 읽기 부드럽게 매만지는 시간이다. 제품이 될 수 있는 글을 작품으로 거듭나게 하는 과정이다.

토론 문화 개선을 위해 중요한 것이 '교육 과정'이다. 토론 문화 정착을 위한 체계적인 교육 과정이 필요하다. 교육은 크게 연구와 가르침, 학습과 평가로 나뉜다. 이것은 바른 교육을 위해 분리해서는 안 되는 요소다. 안타까운 것은 우리 교육 현장에서 이것이 철저히 분리되어 운영된다는 사실이다. 유대인에게 있어 이 모든 것은 연결되어 있다. 그리고 그것을 이어 주는 역할을 토론이 맡는다. 연구는 혼자 하는 것이지만 토론을 통한 나눔 없이 연구는 깊어질 수 없다. 가르침에서도 교수는 말하고 학생은 듣는 방식의 한계를 우리는 잘 알고 있다. 유대인뿐만 아니라 성공적인 수업을 진행하는 현장에서는 가르침과 토론이 항상 함께한다. 학습은 두말할 나위 없다.

우리 교육에서는 평가에 있어서 그 균형이 더 무너져 있다. 연구와 학습의 결과를 평가하는 방식이 사지선다형 평가 시스템이 유일하다면 올바른 평가가 가능하겠는가! 오늘날 학교 현장의 평가는 여러 가지 한계적인 상황을 핑계로 오랜 기간 이러한 평가 방식을 고수해 왔다. 하지만 평가자가 묻고 학습자가 답변하는 가운데 진정한 평가가 가능하다.

우리에게 진정으로 필요한 것은 토론의 분위기와 더 좋은 토론을 위해 준비하는 과정이다. 잃어버린 인간 지능 개발의 도구인 토론 능력을 다시 세워 가며 토론의 기술을 준비하는 일은 매우 중요하다. 하지만 우리 주변에서 바른 토론을 찾아보기 힘들다. 장려하지도 않고 하려고 해도 할 수가 없다. 그 이유는 간단하다. 해 본 적이 없기 때문이다. 누구도 가르치지 않았다. 독려하지 않았다. 토론은 우리에게 잃어버린 교육이다.

다치바나 다카시는 《나는 이런 책을 읽어 왔다》에서 인터뷰하는 사람의 준비 과정에 대해 다음과 같이 말한다.

'최신 정보를 가지고 있는 연구자를 인터뷰하기 위해서는 사전에 충분한 준비가 필요합니다. 어떠한 분야의 전문가이든 대부분 취재하려는 사람의 질문을 들으면, 그 문제에 대해서 질문자가 어느 정도의 기초 지식을 지니고 있는지 금방 눈치를 챕니다. 그래서 그 질문 내용이 너무 깊이가 없고 표면적이다 싶으면 전문가는 적당히 대답을 합니다. 그러나 질문의 방법을 조금 바꾸어 이쪽에서 어느 정도 정확한 예비지식을 가지고 인터뷰하러 왔다는 것을 상대에게 깨닫게 하면, 그 대답의 수준은 확 달라집니다. 그런데도 여전히 간단하게 대답한다면, 그 대답에 대해 조금 더 깊이 파고드는 질문을 계속해야 합니다. 그러면 상대방도 '아, 이 사람에게는 적당하게 넘어가는 대답을 해서는 안 되겠구나!' 하고 깨닫

고 그때부터 대답하는 태도가 완전히 바뀝니다.'

토론이라고 다르지 않다. 다치바나 다카시가 말한 인터뷰하는 사람의 준비와 태도는 모두 토론자에게 그대로 적용된다. 우리가 못해 온 것은 어쩌면 토론이 아니라 토론 이전에 해야 하는 준비인지도 모른다. 서로에 대해 너무 모르기 때문에 자기 것만 고집한 지도 모른다. 스피노자는 말했다. "사람은 한 번 형성된 의식을 고집하는 경향이 있다." 우리 토론의 모습이다. 여지를 두지 않는다. 한 번 자리 잡은 생각 이외의 생각에 대해 열린 마음으로 다가가지 않는다.

토론을 불가능하게 하는 요소를 찾고 바꿀 것은 바꿔야 한다. 준비되지 않은 것은 준비해야 한다. 익숙하지 않다고 이전 것만 고집해서는 발전이 없다.

글은 표현된 생각이다. 생각을 가다듬는 뛰어난 기술이다. 생각이 말로 이어질 때 거기에는 중복과 누락과 오류가 가득하다. 사고의 과정에 누락이나 중복이 발생하면 결과물에 오류가 생긴다. 알고리즘의 오류다. 말이 된 생각을 글로 옮기는 과정에서 중복과 누락과 오류가 수정 및 보완되어 간다. 생각을 훈련하는 최고의 방법이 글이다.

글은 질문에 대한 자신의 답변으로 이루어진다. 꼬리에 꼬리를 무는 질문, 질문 뒤 이어지는 답변, 답변 뒤에 이어지는 해답과 또 다른 질문이 글이 된다.

말의 표현은 충분한 논리를 담는 그릇이 되어야 한다. 말의 표현을 준비하는 과정에서 쓰기를 통한 점검은 논리를 준비하는 좋은 기회가 된다.

인터넷 활용 글쓰기도 토론 준비의 좋은 대안 중 하나다. 대안으로 제시하지 않아도 인터넷을 통한 쓰기 문화는 우리 사회에 이미 많이 자리 잡혀 있다. 인터넷을 통해 양산되는 글쓰기를 '쓰레기'라 여기는 일각의 시선이 있다. 하지만 인터넷을 활용한 글쓰기는 위험성과 문제점을 지적하며 멀리한다고 해서 멀리할 수 없는 우리 삶의 일부가 되었다. 인터넷 글쓰기의 무한한 장점과 발전 가능성은 우리가 상상하는 것 이상이다. 그렇다면 적극적으로 대처해야만 한다. 피하기보다는 활용해야 한다. 수동적으로 대처하기보다 적극적인 우리만의 방법과 기술을 디자인해야 한다. 교육이라는 이름으로 그것을 활용하는 일은 매우 중요하다. 문화를 만드는 근간 가운데 하나가 체계화된 커리큘럼과 성공 경험이기 때문이다.

우리나라 인터넷 문화의 독특성은 리플 즉, 댓글 문화다. 표현에 억눌려 왔고 익숙하지 않던 사람에게 인터넷은 표현의 아고라가 되어 주었다. 수많은 의견이 쏟아져 나왔다. 예전이라면 상상도 할 수 없는 제안과 아이디어가 나왔다. 오프라인 토론과 다른 것은 익명성이 주를 이룬다는 점이다. 표현을 자유롭게 하는 기초가 되기도 하지만, 익명성이라는 요소는 토론의 악재로 작용하기도 한다. 마주 보았다면 할 수 없는 이야기를 쏟아 낸다. 표현이라기보다 말의 배설이라고 할 수 있는 지나친 표현이 난무한다. 인터넷의 위험성을 이야기하는 수많은 근거 가운데 항상 지적받는 요소 중 하나다. 그래서 교육이 필요하다. 지금까지 이런 시도가 없었던 것은 아니다. 지금도 진행 중이다. 그다지 성공적이지는 않다. 위험 요소가 줄어들지 않고 부정적인 사례가 늘어나곤 한다. 유일한 대안은 인터넷을 피하고 금하는 것이라 말하는 사람이 등장한다. 스마트폰의 폐해를 열거하며 아이의 손에 절대로 스마트폰을 쥐어 주어서는 안 된다고 강조하는 이야기가 설득력 있게 들린다.

인터넷이 지닌 위험성 때문에 거리를 두었기에 인터넷을 적극적이고 직접적으로 활용할 기회가 부족한 것이 사실이다. 도리어 부모와 교사의 눈을 피해 우리가 우려하는 익명성의 부정적인 영향을 우리 자녀가 받고 있는지도 모른다.

우리나라만큼 인터넷 인프라가 잘 갖춰진 나라가 어디 있는가? 지금까지 취한 소극적인 자세에서 조금 더 적극적인 활용이 요구된다. 가르쳐서 지킬 수 있도록 지도해야 한다. 쓰레기와 같은 댓글이 난무하는 인터넷이 아니라 자신의 가치를 담아 표현하는 사고의 향연이 될 수 있도록 힘써야 한다. 익명성 뒤에 숨은 비겁한 생각의 배설자가 아니라 자신의 이름을 내걸고 주도적이고 책임감 있는 발언을 연습하는 장으로 인터넷 문화의 질서를 잡아야 한다.

다시 강조하지만 조금 더 구체적인 교육이 필요하다. 외면이 최선이 아니라면 적극적인 간섭을 통해 문제의 중심에서 문제점을 찾고 해결하려는 시도가 필요하다. 위임이 아닌 지시, 지도, 지원이 적절하게 이루어져야 한다. 관계 속에 에티켓이 있듯이 인터넷 글쓰기, 댓글을 통한 나눔의 활성화와 함께 꼭 지켜야 할 가이드라인을 분명히 할 필요가 있다.

인터넷 공간의 통제는 어쩌면 불가능할지도 모른다. 그러나 작은 공동체, 교육 공동체, 가정 안에서의 인터넷 공간은 어느 정도 통제가 가능한 공간으로 디자인할 수 있다. 그룹 운영자는 인터넷 활동 지침을 분명히 하고 구성원이 지킬 수 있도록 적절하게 지도해야 한다. 인터넷을 적절히 활용하고 그 문화를 조심스럽게 만들어 간다면 인터넷 공간이 주는 자유로움에 힘입어 한 번도 표현된 적 없는 다양한 정보를 주고받는 표현의 연습장으로 인터넷을 활용할 수 있을 것이다.

만만한 일은 아니다. 결코 쉬운 과제가 아니다. 그러나 그만큼 인터넷이 매력적인 공간임에는 분명하다. 한국인의 장점을 잘 드러낼 수 있는 토론의 장으로서 인터넷 공간을 활용해야 한다. 손안에 주어진 세계로 통하는 문인 스마트폰의 통제권을 부정적인 문화의 흐름에 내어 주어서는 안 된다. 교육 디자인을 통해 한 단계 도약해 나가려는 노력이 요구된다.

집을 팔아 하베르를 사라

히브리어로 '하베르'는 친구를 의미한다. 토론 프로그램인 하브루타는 학습 대상인 하베르 즉, 토론 상대자가 필요하다. 우리나라에서는 대체로 일주일에 한두 번 정해진 장소에서 만나 하브루타를 한다. 토론과 같은 듯 다른 조금은 낯선 하브루타 모임 참여 뒤 각자의 삶의 자리로 돌아간다. 일상에서 하브루타를 적용하는 일이 쉽지 않다. 하브루타가 좋다지만 우리의 입시 현실에서 일상에 적용하는 것은 거의 불가능하다. 중요하다고 말하면서도 필요성을 크게 느끼지 못하는 것도 이유 중 하나다.

사전에서는 친구를 '가깝게 오래 사귄 사람', '나이가 비슷하거나 아래인 사람을 낮추거나 친근하게 이르는 말'이라고 정의한다. 유대인에게 하베르는 또래 친구만을 의미하지 않는다. 그 폭은 매우 넓다. 우선은 가정의 부모다. 육체의 부모인 동시에 삶의 동반자다. 유대 경전 토라를 가르치는 첫 번째 스승이며 하브루타의 첫 번째 하베르다. 회당의 랍비도 그들의 하베르가 된다. 학교에서 만나는 교사도, 학습 과정에서 만나는 선후배도 그들의 토론 친구가 된다. 유대인에게 있어 하베르는 삶의 동반자다. 프로그램을 통해 만나는 학습 대상자가 아니다. 단순히 나의 토론 실력을 북돋아 주는 토론 상대가 아니다. 일상의 친구며 배움의 길을 함께 걷는 동역자다. 인생의 동반자며, 신앙 공동체의 일원이다.

친구 상실의
시대

2009년 1월, 호도애도서관의 '아침 학교'가 문을 열었다. 흙 놀이 학교와 함께 호도애도서관의 기본 프로그램 중 하나로 매일 아침 한 시간(7:45~8:45) 동안 진행되는 등교 전 독서 학교다. 아침 등교 시간을 9시로 늦추는 지자체가 늘어나며 아침 대안 프로그램으로 여러 매체에 보도되었다. 덕분에 작은 도서관의 성공 케이스로 전국 강연회에서 여러 차례 소개되기도 했다.

아침 학교를 9년간 진행하며 가진 목표는 두 가지다. 첫째는 십진분류법을 도서관에 정착하는 일이다. 십진분류를 통해 아이들에게 다양한 책을 접할 수 있는 계기를 마련해 주고자 힘썼다. 20

년 이상 독서 지도를 한 노하우를 통해 아이들의 독서력을 향상해 주려고 했다. 동네 도서관을 매일 드나들며 자연스럽게 세상을 알아가고 능력도 세워가는 시간을 선물해 주고 싶었다.

두 번째 목표는 아이들의 어른 친구가 되는 것이었다. 마음을 터놓고 이야기할 수 있는 '좋은 어른 친구'가 된다면 아이들의 인생에 적지 않은 영향을 주리라 생각했다.

오늘날 우리 사회는 세대와 세대의 단절을 꿈꾸는 듯 쉼 없이 달려왔다. 뒤는 돌아보지 않고 그 어떤 목표만을 향해 내어 달리는 경주마와도 같은 느낌을 받는다. 학교, 교사, 학부모 모두가 너무나 바쁘고 급하다. 우리 아이들도 그러한 분위기에 전염된 듯하다. 여유가 없다. 시간의 여유, 삶의 여유가 없다 보니 누군가가 디자인해 놓은 일상을 헉헉거리며 살아간다. 그러한 현실 속에서 우리의 아이들은 많은 친구를 상실해 왔다.

'부모 친구'를 상실했다. 그들은 단순히 아이의 밥을 챙겨 주고 학원비를 벌어다 주는 '물주'에 지나지 않는다. '교사 친구'를 상실했다. 그들은 단지 좋은 대학에 입학하게 해 주는 가이드에 지나지 않는다. '또래 친구'를 상실했다. 그들은 단지 경쟁자일 뿐이다. '선후배 친구'를 상실했다. 몇 학년 몇 반이라는 담장에 쌓여 세상과 철저히 단절된 채 살아가고 있는 아이들. 이 사회가 디자인해 놓은 길을 걸으며 그것을 자신의 비전이라 여기며 살아가는 것이 오늘이라는 시대를 살아가는 아이들의 비극이다. 무엇보다도 걱정되는 것은 우리 아이들에게 '어른 친구'가 사라졌다는 것이다. 어른과 소통할 창구라고는 존재하지 않는다. 소통하는 어른 이라고는 단지 대학을 가기 위해 공부하는 과정에 관계된 '어른' 뿐이다.

도서관 아침 학교를 통해 꿈꿨던 것은 아이들에게 무엇인가를 가르치겠다는 큰 목표가 아니다. 그들의 미래를 생각하는 지도자 이기 전에 그들의 '친구'가 되어 주고 싶었다. 진정한 친구가 된다 면 그들은 친구라 여기는 사람에게서 나오는 가르침에 귀를 기울 일 것이라고 생각했다.

아침 학교를 준비하며 '친구'에 대한 나의 정의를 내려 보았다. '친구란 상대방의 영혼을 사랑하는 자다. 오늘 그가 처한 자리에 서 자기 자신의 삶을 살아갈 수 있도록 그의 인생을 세워 주는 삶 의 조력자요 상담가요 이야기 상대다.'

아침 학교뿐만 아니라 호도애도서관의 일상은 아이들에게 친 구가 되어 주고 친구를 만들어 주는 데 집중되어 있다. 우리에게 있어 호도애 도서관의 일상은 단순 프로그램이 아닌 삶 그 자체 다. 유대인에게 있어 하브루타가 그러하리라.

유대 교육의 뛰어남과 함께 드러나는 프로그램으로서의 하브 루타가 아닌 일상의 하브루타가 필요하다. 프로그램 하브루타의 토론 파트너 하베르가 아니라 내 삶의 동반자로서의 하베르가 필 요하다.

하베르는
페이스메이커다

운동 경기에 페이스메이커란 것이 있다. 페이스메이커란 육상, 사이클 등에서 다른 선수를 위해 속도를 조절해 주는 사람이다. 특정 선수가 대회에서 좋은 기록을 낼 수 있도록 자신을 희생하는 사람을 지칭한다. 페이스메이커는 파트너를 위해 경기 초반 오버페이스를 하는 경우가 많다. 공기 저항을 대신 받아 주거나 다른 팀 선수의 페이스를 흐트러뜨리기 위함이다. 페이스메이커의 이 같은 도움으로 파트너는 체력을 비축할 수 있다. 이들이 있기에 대표 선수는 막판에 스퍼트하여 좋은 기록을 달성할 수 있다.

하브루타에서 하베르는 서로에게 페이스메이커가 되어 주어야 한다. 자신만의 유익을 위한다면 참된 하브루타는 불가능하다. 상대가 있어야 하는데 그 상대는 운동 경기의 경쟁자가 아니다. 나를 위해 고용된 페이스메이커도 아니다. 일방적인 관계여서는 안 된다. 함께 그 길을 가는 동역자여야 한다. 토론 파트너를 넘어 생각을 나누고 인생을 함께 세워 가는 비전 메이커가 참된 하베르다. 서로가 상대를 위해 페이스메이커의 역할을 해 주겠다는 마음이 있을 때 진정한 하브루타가 가능하다.

유대인은 토라에 나온 율법으로 동족인 유대인을 사랑하고 섬길 것을 규정하고 있다. 어려움에 처한 동족을 외면해서는 안 된다. 인간의 도리를 넘어 그것을 율법으로 규정한 민족이 유대인이다. 중요한 것은 그것을 실행하는 유대인 자신이 그것을 의무로만 여기지 않는다는 점이다. 도리어 축복으로 여긴다. 율법의 준수를 통해 구원을 얻는다는 믿음에서 온 그들의 삶의 태도다. 그들에게 하베르가 단순한 토론 상대일 수 없는 이유다. 그런 하베르와 함께하는 하브루타를 어찌 프로그램 하브루타로 대신할 수 있겠는가!

사업과 하브루타의
공통점

사업은 주고받는 관계의 질서를 세우는 것이다. 일방적으로 주고, 일방적으로 받아서는 사업이 형성되지 않는다. 일방적인 이익과 일방적인 손해의 관계도 성립되지 않는다. 아니 오래가지 않는다. 관계가 깨어질 수밖에 없다. 가장 지혜로운 관계는 서로 간에 얻고자 하는 것을 분명히 하고 서로가 주고받는 것에 관해 균형을 잡는 것이다. 계약서를 작성하는 이유도 이 때문이다.

하브루타도 마찬가지다. 하브루타의 하베르가 일방적인 관계여서는 안 된다. 내가 스승인 하베르가 필요하다고 하여 일방적으로 배우는 관계에 있어서는 안 된다. 자신도 상대의 스승이 되어주어야 한다. 때로는 동생, 친구로서의 역할이 서로에게 필요하다. 하브루타의 배움과 가르침은 동시에 발생해야 한다. 하브루타의 두 날개는 배움과 가르침이다. 이것의 균형을 잘 잡는 관계가 최고의 하베르다. 배우고 가르치는 것이 일상이 되어야 한다. 이

때에도 트리비움의 수사학이 큰 역할을 한다. 하브루타의 기본 원리가 트리비움이라는 것을 잊지 말자.

집을 팔아
하베르를 사라

유대 속담에 집을 팔아 스승을 사라는 말이 있다. 하베르에 있어서도 동일하다. 하브루타를 통해 유대인의 성취를 내 삶에서 누리기를 원하는가? 그렇다면 집을 팔고 하베르를 사라. 나의 소중한 재산을 팔아 하베르를 사라. 중요한 것은 집을 팔고 재산을 파는 데 있지 않다. 하베르가 소중하다는 것을 인식해야 한다는 점이 중요하다. 우리에게는 인생의 동반자로서의 하베르가 필요하다. 또래 친구를 넘어 어른 친구로서의 하베르가 필요하다. 스승으로서의 친구가 필요하다. 진정한 하베르를 옆에 둔 자, 그가 바로 행복자다.

융합 창의 표현력 : Rhetoric Workshop

1) 하브루타 워크숍 (하브루타 전 준비 학습 : 글로 쓰는 하브루타)

토론 주제에 대한 찬반 논리를 기록해 보는 워크시트다. 개인이 찬반 논리를 모두 기록해도 되며 팀원이 워크시트를 주고받으며 글로 하는 하브루타를 연습해도 좋다. 워크시트를 작성한 뒤 그것을 기반으로 실전 하브루타를 진행하는 것도 가능하다.

토론 주제	제주도에 입국한 예멘 난민을 받아들여야 하는가? 추방해야 하는가?				
일시		하베르		지 도	

많은 양을 소유한 주인이 있었다. 그는 양치기를 시켜 날마다 양을 살피도록 했다. 어느 날 양과는 전혀 다르게 생긴 동물 한 마리가 양 떼 속에 끼어들었다. 양치기가 주인에게 물었다.

"이상한 동물 한 마리가 양 떼 속에 끼어들었는데 어떻게 할까요?"

"그 동물을 특별히 더 잘 보살펴 주어라."

양치기가 의아스러운 표정을 짓자 주인이 말했다.

"양은 처음부터 내 양으로 길러 왔으니 걱정할 것이 없지만 그 낯선 동물은 지금까지 전혀 다른 환경에서 자랐는데도 내 양과 똑같이 행동하고 있으니, 그 얼마나 반가운 일이냐?"

* 스스로 찬성과 반대 입장에서 의견을 기록해 보자.

찬성 측	분석	반대 측	
찬성 근거 1	같은 사람이고 같은 이웃으로 살아가는데 받아주지 않으면 그건 진짜 이기적이다. 만약 당신이 가족 모두를 잃고 살어가 있는 바다 위에서 나무 하나를 붙잡고 있다면 어떻게 하겠는가? 그 사람들도 쉴 곳이 필요하고 서로 가족도 있고 의식주가 필요한 사람들이다. [초등학교 4학년 강○○]	⟺	우리나라에 예멘 사람이 들어서면 우리나라 사람이 설 자리가 사라진다. 제주도는 안그래도 좁은데 그 자리에 어느 부분을 예멘 사람이 차지해 버리면 그 땅은 예멘 사람의 땅이 되 버릴지도 모른다. [초등학교 5학년 홍○○]	반대 근거 1
찬성 근거 2	난민은 사람이 아닌가? 난민이 사람을 죽이려고 피난을 온 것이 아니고 제주도에 테러를 하려고 온 것이 아니기 때문에 추방하면 안된다. 우리도 나중에 상황이 바뀌어 난민으로 피난을 갈 수도 있다. [초등학교 4학년 강○○]	⟺	난민들이 처음 들어올 때부터 나쁜 사람이 아니라 들어와서 나쁜 사람이 되는 것이다. 그들과 우리는 문화가 다르고 그 문화의 차이가 다름으로 인해 서로가 힘들어질 수 있다. [초등학교 5학년 홍○○]	반대 근거 2

융합 창의 표현력 : Rhetoric Workshop

토론 주제	악인을 벌해야 하는가?				
일시		하베르		지 도	

랍비 몇 사람이 길을 걷다 악인의 무리와 마주쳤다. 그 악인들은 세상에서 가장 교활하고 잔인한 인간이었다. 랍비 한 명이 "이런 자들은 몽땅 물에 빠져 죽어 버렸으면 좋겠군." 하고 말했다. 그러자 그들 중 가장 윗사람인 랍비가 이렇게 타일렀다. "그것은 안 될 말이야. 유대인으로서 그런 생각을 한다는 건 옳지가 않아. 이 악인들이 죽어 버리는 게 세상에 도움이 된다고 해도 그런 생각을 하면 안 돼. 악한 자들이 죽기를 바라는 것보다는 참회하기를 바라는 것이 옳은 일이야."

* 찬성 측 의견에 대하여 반대 의견을 기록해 보라.

찬성 측		분석	반대 측	
찬성 근거 1	아무리 교활하고 잔인하다고 해도 누구나 살고 싶어 하기 때문에 그 사람들을 죽이기보다는 살려서 사람들에게 도움을 주는 사람이 되도록 만드는게 더 이득이다. [초등학교 6학년 하○○]	⇔		반대 근거 1

트리비움 워크숍

찬성 근거 2	악한 자들을 사형시켜 없애는 것보다는 그들 이 스스로 그들의 잘못을 뉘우치게 하는 것이 정 말로 그들이 바뀌게 하 는 길이다. [초등학교 4학년 하○○]	⟺		반 대 근 거 2
찬 성 근 거 3	그 사람들이 죄를 저질렀 다고 해서 죽여 버린다 면 이 세상에는 살 수 있 는 사람이 없을 것이다. [초등학교 3학년 조○○]	⟺		반 대 근 거 3
찬 성 근 거 4	예수님은 말씀하셨다. 악인도 사람이고 하나님 의 자녀라고. 모든 사람 의 본성은 선하기 때문 에 악한 사람도 선해질 수 있다. 모든 사람은 흙 으로 태어났다. 흙도 역시 선한 본성을 가지고 생물, 식물이 살 수 있도록 도와 준다. 그러니 흙으로 태어 난 인간은 흙의 본성을 이 어받아야 한다. [초4 강○○]	⟺		반 대 근 거 4

토론 주제	누구와 결혼을 시켜야 하는가?				
일시		하베르		지 도	

한 나라의 임금에게 어여쁜 딸이 하나 있었다. 그런데 그 딸이 몹쓸 병에 걸려 사경을 헤매게 되었다. 의사는 자신의 능력으로는 살려 낼 가망이 없다고 판단해 임금에게 사실대로 말했다. 이에 임금은 딸의 병을 낫게 하는 자에게 딸을 시집 보내고, 자신의 뒤를 이어 왕으로 삼겠다는 포고를 내렸다. 이 소식은 금세 온 나라로 퍼졌고, 먼 지방에 사는 삼 형제의 귀에도 들어가게 되었다.

삼 형제 중 맏이는 성능 좋은 망원경을 갖고 있었는데, 천리 밖의 모습을 볼 수 있는 신기한 물건이었다. 이 망원경을 통해 첫째는 임금의 포고령을 형제들에게 알렸고, 삼 형제는 어떻게 해서든지 공주의 병을 낫게 해 주고자 의논했다.

둘째는 마술의 양탄자를, 셋째는 마술의 사과를 갖고 있었다. 아무리 먼 거리도 순식간에 갈 수 있는 양탄자와 죽은 목숨도 살린다는 마법의 사과. 삼 형제는 양탄자를 타고 왕궁에 도착했고 사과를 공주에게 먹게 했다. 그러자 공주의 병은 거짓말처럼 나았다.

사람들은 모두 뛸 듯이 기뻐했고, 임금은 큰 잔치를 열어 왕위 계승자를 발표하려고 했다. 그런데 난처한 일이 발생했다. 삼 형제 중 누구에게 왕위를 계승한단 말인가.

"내가 망원경으로 포고문을 보지 않았다면 여기에 올 수 없었습니다."

맏형이 주장하자 둘째가 소리쳤다.

"마술의 양탄자가 아니었더라면 이곳까지 올 수 없었습니다."

이번에는 셋째가 나섰다.

"내 사과가 아니었다면 공주님의 병은 고칠 수 없었습니다."

만일 당신이 임금이라면 누구에게 딸을 주겠는가?

* 스스로 찬성과 반대 입장에서 의견을 기록해 보자.

	찬성 측	분석	반대 측	
찬성 근거 1		⇔		반대 근거 1
찬성 근거 2		⇔		반대 근거 2
찬성 근거 3		⇔		반대 근거 3

융합 창의 표현력 : Rhetoric Workshop

토론 주제	대한민국은 개천에서 용 나는 사회인가			
일시		하베르		지 도

	찬성 측	분석	반대 측	
찬 성 근 거 1		⇔		반 대 근 거 1
찬 성 근 거 2		⇔		반 대 근 거 2
찬 성 근 거 3		⇔		반 대 근 거 3

2) 작가 노트

길을 걷다 간판의 문구가 마음에 들어올 때가 있다. 신문의 광고 문구에서, 책을 읽는 가운데 마음을 울리는 명문장을 만나곤 한다. 곧 기억에서 사라질 문장을 기록으로 남겨 보자. 한 걸음 나아가 나만의 표현으로 바꿔 보거나 자신의 의견으로 기록해 보자. 시간이 지날수록 자신만의 멋진 작가 노트가 완성되어 갈 것이다. 자신도 모르는 사이에 향상되는 문장력을 확인할 수 있을 것이다.

001	인상 깊은 표현 및 문장	어디에서 보았는가? (책 또는 다른 매체)	누가 쓴(사용한) 표현인가?
		인터넷	복사기 업체(광고)
		내용	기록은 기억을 지배한다.
	문장 만들기 (나만의 표현으로)	기록은 기억을 지배하지만 삶을 살아가며 우리를 이끄는 능력은 기억된 지식과 정보가 발효되어 우리에게 체화된 지혜다. 기록은 기억을 보조하는 수단임을 잊지 말아야 한다.	
002	인상 깊은 표현 및 문장	어디에서 보았는가? (책 또는 다른 매체)	누가 쓴(사용한) 표현인가?
		내용	
	문장 만들기 (나만의 표현으로)		

융합 창의 표현력 : Rhetoric Workshop

		어디에서 보았는가? (책 또는 다른 매체)		누가 쓴(사용한) 표현인가?
003	인상 깊은 표현 및 문장			
		내용		
	문장 만들기 (나만의 표현으로)			

3) 영화 Q.T.(Question Thinking) 노트

호도애 7단계 질문법의 내용을 영화 학습 워크시트로 만들어 보았다. 질문법 워크시트는 논리 사고를 훈련하는 과정 학습으로 활용하지만, 문장력을 훈련하는 도구로도 활용할 수 있다. 글쓰기는 한 줄, 한 문장을 쓰는 일부터 시작하면 된다. 흘러 지나가는 영화이지만 학습을 통해 나의 기억에 복원해 보는 것에 또 다른 즐거움이 있다. 영화 시청 뒤 내 생각을 글로 옮기는 학습 차원의 기회를 가끔 가져 보는 것을 추천한다.

*호도애 7단계 질문법과 독서 워크시트를 참조해 가며 질문을 만들어 보자.

Hodoe 영화 Q.T.		image & imagination	

상황 읽기	시청일		작성일	

상황 읽기 : 영화 시청일과 워크북 작성일, 영화 추천인을 기록합니다.

정보 읽기	제목			원제목			
	감독		주연				
	제작 국가		제작 년도		상영 시간		등급
	영화 종류		원작				

정보 읽기 : 영화에 대한 모든 기본 정보를 찾아 기록합니다.

예측 상상 읽기	제목 읽기	
	포스터 읽기	
	광고 읽기	

예측 상상 읽기 : 제목, 포스터 이미지, 광고 문구를 통해 영화의 내용을 상상, 예측해 봅니다.

감독 읽기	이름		나라		나이		성별	
	소개							
	작품							

감독 읽기 : 영화 연출자의 배경과 사상 이해는 영화를 이해하는 첫걸음입니다. 조사하여 기록해 봅니다.

융합 창의 표현력 : Rhetoric Workshop

키워드 읽기					

⇩ 감독이 이 영화를 통해 이야기하고자 하는 것을 한 단어로 표현한다면? 그 이유는?

Main Keyword	

키워드 읽기 : 핵심 키워드로 풀어 보는 영화 읽기. 이야기를 풀어 가는 핵심 어휘를 찾아 기록합니다.

주제 읽기

주제 읽기 : 이 영화가 이야기하는 바를 한 문장으로 정리한다면 ?

내용 읽기	1	
	2	

내용 읽기 : 영화를 이해하기 위해 꼭 기억해야 할 내용을 중심으로 친구에게 던져 보는 퀴즈식 질문을 만들어 봅니다.

의문 읽기	1	
	2	

의문 읽기 : 이해되지 않았던 내용을 회상하고 그 내용을 기록합니다.

구조 파악하며 요약 읽기	이야기의 발단	
	사건의 발생과 전개	
	주인공의 위기	
	위기의 반전과 절정	
	이야기의 결말	

요약 읽기 : 핵심 줄거리(내용)를 일목요연하게 정리하여 기록합니다.

| 감동 읽기 | 1 | 장면 | |
| | | 느낌 | |

감동 읽기 : 인상 깊었던 장면, 감동받았던 장면을 기억해 보고 그 느낌을 기록합니다.

| 왜곡 읽기 | 1 | 내용 | |
| | | 사실 | |

왜곡 읽기 : 영화 이야기 중 사실과 다른 내용, 바로잡아야 할 정보와 이미지를 찾아 왜곡된 내용과, 실제 사실을 기록합니다.

| 복선 읽기 | 1 | |

복선 읽기 : 영화의 사건과 주제를 들어내기 위해 등장시킨 장면, 또는 대사를 찾아 기록합니다.

| 연출 읽기 | 1 | 장면 | |
| | | 연출 기법 | |

연출 읽기 : 쇼트와 앵클, 조명 같은 촬영 기법과 무대 장치, 미술 등을 통한 의도된 주제 제기 장면과 연출 기법을 찾아 기록합니다.

| 음악 읽기 | |

음악 읽기 : 영화의 주제 음악 또는 배경 음악에 대한 정보를 찾아 기록합니다.

| 오류 읽기 | |

오류 읽기 : 본 영화의 '옥의 티'를 찾아 기록합니다.

대사 읽기 명문 읽기	1	

대사 읽기 : 영화 대사 중 가장 멋있었던, 의미 있는, 기억에 남는 대사를 기록합니다. (말한 사람도 기록)

평가 읽기	스토리	1점	2점	3점	4점	5점	6점	7점	8점	9점	10점
	연출	1점	2점	3점	4점	5점	6점	7점	8점	9점	10점
	연기	1점	2점	3점	4점	5점	6점	7점	8점	9점	10점
	비주얼	1점	2점	3점	4점	5점	6점	7점	8점	9점	10점

평가 읽기 : 영화의 스토리, 연출, 연기, 비주얼 등에 대해 자신만의 평점 매기기.

주제 :

종합 읽기 영화 감상문	개요 Out Line	서론	1	2	3	4
		본론	1	2	3	4
		결론	1	2	3	4

무지의 평범성

나는 여행을 즐기는 편이다. 아직 가 보지 못한 나라가 더 많지만 4개 대륙 28개국을 여행했다. 가족과 방문하고 싶은 나라를 셈하고 책과 다큐멘터리로 학습하며 여행의 기회를 항상 엿본다.

　해외여행도 즐겁지만 국내 여행은 또 다른 즐거움이 가득하다. 강의 목적으로 지방을 방문할 때면 가족들만의 시간을 갖곤 한다. 강의 전후로 명승지를 돌아보며 방문지 주변의 풍광을 살핀다. 여행에서 맛난 음식을 누리는 즐거움은 빼놓을 수 없는 기쁨이다. 여행지의 낯섦, 눈 귀 피부로 다가오는 새로운 체험은 예전에 없던 느낌을 선물해 준다. 오고 가는 길, 차 안에서의 지루한 일상조차 소중한 추억이 되게 하는 것이 여행의 매력이다.

　배움의 즐거움도 이와 다르지 않다. 그중에서도 독서가 주는 기쁨은 여행이 주는 그것과 많은 부분에서 일치한다. 의문이 해결되고 새로운 깨달음이 있는 배움의 자리, 과정의 진보가 주는 즐거움이 크다. 배움의 길이 외롭고 힘들기는 하지만 그 무엇과도 바꿀 수 없는 기쁨과 즐거움이 가득하다.

안타까운 점은 우리의 일상이 이러한 즐거움을 상실한 채 진행되어 왔다는 것이다. 많은 사람에게 배움은 재미없는 것으로 인식되어 있다. 우리는 공부라는 이름에 각인된 배움을 마지못해서 하는 것, 어려운 것, 벗어나고 싶은 것처럼 여기곤 한다. 학창 시절의 경험 때문일 것이다. 수없는 노력을 했지만 크고 작은 실패를 경험한다. 그래서인지 많은 사람이 학창 시절의 졸업과 함께 배움 대부분을 떠나보낸다. 이전의 공부는 억압이요 성인이 되어 누리는 공부 없는 일상은 자유라 여긴다. 그러다 보니 시간 속에서 자연스럽게 수용되는 배움 이외의 공부는 더는 진행되지 않는다. 지적 배움만이 유일한 배움은 아니지만 보통 사람의 프로그래밍으로 디자인된 세상을 살며 무엇과도 바꿀 수 없는 배움의 즐거움의 자리를 다른 것에게 내준다. 시간이 흐를수록 훈련된 무능력은 개인의 삶에 자리 잡아 갔다. 이러한 분위기는 개인의 선택만이 아닌 사회의 문화가 되었다. 나는 이러한 현상을 '무지無知의 평범성'이라 일컫는다.

독일의 정치 철학자 한나 아렌트는 나치스가 자행한 유대인 학살, 홀로코스트는 반사회적 범죄자의 악한 의도나 분명한 동기가 없는 가운데 지극히 평범한 사람들이 저지른 악이라 말하며 이 현상을 '악의 평범성Banality of evil'이라 이름 붙인다. 이 사회에서 저질러지는 많은 죄가 우리가 생각하는 악한 의도나 동기에 의한 것이 아니라 평범한 일상을 사는 사람에게서 일어난다는 뜻이다. 아렌트는 그 이유를 '생각의 무능' 때문이라 진단한다. 죄가 저질러지는 상황 속에서 다른 사람의 처지를 생각할 줄 모르는 생각의 무능은 말하기의 무능을 낳고 행동의 무능을 낳는다는 것이다. 사람이라면 느끼는 잘못됨과 악함에 분명한 의견을 제시하지 않고 이후 벌어질 일에 대해 깊이 사고하지 않은 결과로 악이 발생한다고 말한다. 아렌트는 자신의 저서 《예루살렘의 아이히만》에서 나치스에 부역한 책임을 물어 교수형 당하는 아이히만을 지켜보며 다음과 같이 말한다. "아히히만의 최후의 모습을 보고 나는 그가 인간의 연약함 속에서 이루어진 이 오랜 과정이 우리에게 가르쳐 준 교훈을 요약하고 있는 듯했다. 매우 두려운 교훈, 자신이 주도한 건 아무것도 없고 선이든 악이든 의도가 없었어도 악한 명령에 자기 생각과 의견 없는 단순한 복종만으로 악은 진행될 수 있다는 악의 평범성을 보여 주었으며, 이것이 인간 존재의 연약함이다."

우리의 교육 현실이 그렇다. 무지의 평범성이 우리의 목표였을 리 없다. 우리나라의 교육 열기는 세계적으로도 유명하지 않은가. 그런데 왜 그러한 관심과 노력 속에서도 끊임없이 실패가 반복되고 무능력이 훈련되는가. 물론 우리가 이룬 업적은 과소평가할 수 없는 놀라운 업적이다. 한강의 기적을 넘어 인공지능 시대에도 세계에 이름을 드러내며 영향력을 확장해 가는 그룹과 개인의 소식이 지금도 들려온다. 그러나 충분하지 않다. 어느 특별한 소수, 특정 기업을 제외하고 공공의 삶을 사는 대한민국 국민 대다수에게 이러한 기회는 원천 차단되었다고 말하는 것은 결코 과장이 아니다. 아무리 노력해도 노력한 만큼의 결과를 얻지 못하는 보통 사람의 프로그래밍, 노력하면 할수록 무능력을 훈련하는 것이 오늘날 우리 교육 시스템이다. 악한 의도가 있어서가 아니다. 우리도 모르는 사이에 무지의 평범성이 이 사회에 자리 잡았다.

우리의 노력이 유대인의 노력에 비하여 결코 부족한 것이 아니다. 그들의 종교와 제도가 우리의 그것들보다 원천적으로 뛰어나서도 아니다. 다만, 유대인의 일상이 한 인간의 능력을 발견하고 세워 가기에 적합하게 디자인되었다는 것만큼은 부정할 수 없다. 유대인이 삶 가운데에서 디자인한 일상이 '무지의 평범성'이 아닌 '창의의 평범성'을 디자인하는 알고리즘이라는 것을 발견하게 된다.

이 책을 통해 다시 한번 유대인의 대단함을 강조하려는 것은 아니다. 그들의 뛰어난 프로그램을 벤치마킹하자는 것도 아니다. 내가 이 책을 쓴 이유는 어쩌면 그들도 알지 못하는 성공의 요소들, 우리가 잊고 살아가는 삶의 원칙 '창의의 평범성'의 원리를 찾아 세우기 위함이다. 유대인처럼 되기 위해서가 아니라 진정한 나로 살기 위한 몸짓이다. 나는 그 대안으로 트리비움을 제시한다.

오늘의 나는 충분한 내가 아니다. 나에 대한 부정이 아니다. 내일의 나에 대한 기대를 하자는 것이다. 이 책에서 트리비움을 통해 그 가능성을 이야기했다. 트리비움은 사실이며 원리다. 유대인의 이름과 함께 우리에게 소개되는 모든 프로그램의 성취는 트리비움의 역량이 세워짐과 함께 진행되어 왔다. 트리비움은 유대인의 핵심 키워드가 아니다. 그리스인의 어휘를 빌어 한 인간 존재의 근본 역량에 관한 이야기다. 트리비움 역량을 세워감으로 유대인의 변화를 부러워하는 사람이 아니라 내 삶의 변화를 이뤄 내는 사람이 되기 위해서 이 책을 썼다. 그것은 나의 문제이며 우리 자녀가 당면한 문제다. 이 책을 통해 그 변화를 시도하려 한다. 여행이 즐겁다고 한들 나 자신의 변화, 성숙, 과정의 진보를 눈으로 확인하는 즐거움에 비할까! 많은 독자가 삶의 여정 속에서 이 즐거움을 만끽하기를 바란다. 트리비움의 역량을 세우는 것이 도깨비방망이만큼은 아니어도 우리의 꿈과 비전을 이루는 일에 있어 큰 힘이 되어 줄 것이다. 이 책이 서점에 깔린 수많은 책 더미 위에 던져진 또 하나의 책이 아닌 독자의 삶에 의미 있는 결과로 이어져 가는 마중물로서의 작은 몸짓이기를 기도한다.

장대은 드림

트리비움 일상 수업

장대은 지음

발행처 | 도서출판 평단
발행인 | 최석두

초판 1쇄 인쇄 | 2019년 2월 1일
초판 1쇄 발행 | 2019년 2월 8일

신고번호 | 제2015-000132호 / **신고연월일** | 1988년 7월 6일
주소 | (10594) 경기도 고양시 덕양구 통일로 140(동산동 376)
　　　　삼송테크노밸리 A동 351호
전화번호 | (02)325-8144(代)
팩스번호 | (02)325-8143
이메일 | pyongdan@daum.net

ISBN | 978-89-7343-516-6 (03370)

값 14,800원

이 도서의 국립중앙도서관 출판예정도서목록(CIP)은 서지정보유통지원시스템 홈페이지(http://seoji.nl.go.kr)와 국가자료공동
목록시스템(http://www.nl.go.kr/kolisnet)에서 이용하실 수 있습니다. (CIP제어번호 : CIP2019001141)